उत्तर प्रदेश का स्वतंत्रता संग्राम

मथुरा

उत्तर प्रदेश का स्वतंत्रता संग्राम

मथुरा

डॉ. उमेश चंद्र शर्मा

कार्यकारी संपादक

डॉ. आनन्द कुमार सिंह

राजकमल प्रकाशन

उत्तर प्रदेश
संग्रहालय निदेशालय
(संस्कृति विभाग, उ. प्र.)

उत्तर प्रदेश संग्रहालय निदेशालय, लखनऊ (संस्कृति विभाग, उ.प्र.) के सहयोग से

ISBN : 978-93-94902-53-4

मूल्य : ₹500

पहला संस्करण : 2023

प्रकाशक : राजकमल प्रकाशन प्रा. लि.
1-बी, नेताजी सुभाष मार्ग, दरियागंज
नई दिल्ली-110 002

शाखाएँ : अशोक राजपथ, साइंस कॉलेज के सामने, पटना-800 006
पहली मंजिल, दरबारी बिल्डिंग, महात्मा गांधी मार्ग, प्रयागराज-211 001

वेबसाइट : www.rajkamalprakashan.com
ई-मेल : info@rajkamalprakashan.com

शब्द संयोजन : राजकमल प्रकाशन प्राइवेट लिमिटेड, दिल्ली-110 002

मुद्रक : बी.के. ऑफसेट
नवीन शाहदरा, दिल्ली-110 032

Uttar Pradesh Ka Swatantrata Sangram : MATHURA
by Dr. Umesh Chander Sharma
Executive Editor : Dr. Anand Kumar Singh

भूमिका

'माता भूमिः पुत्रोऽहं पृथिव्याः' माता भूमि है और मैं इसका पुत्र हूँ। यह उक्ति राष्ट्रीय भावना से संवलित अपूर्व है। भारतीय जनमानस इसी का अनुब्रजन कर रहा है। भारत एक महान राष्ट्र है। यह अवतारों की भूमि है; यह ऋषि, मुनि, साधु, संत, दार्शनिक, विद्वान, राजनीतिज्ञों की भूमि है, विश्व शांति, विश्व बंधुत्व एवं 'वसुधैव कुटुंबकम्' का संगीत इसी शस्य-श्यामला भूमि ने ही गुनगुनाया है।

इस पावन भूमि पर अनेक अभूतपूर्व युद्ध भी होते रहे हैं। देवासुर संग्राम भी एक प्रकार से स्वतंत्रता संग्राम ही था। राम-रावण युद्ध भी अन्याय का प्रतिकार था। महाभारत युद्ध की विभीषिका आज भी विश्वपटल पर परिव्याप्त है, किंतु इस आर्य सनातन देश में ब्रिटिश उपनिवेश की स्थापना किन परिस्थितियों में निर्मित हुई? अति संक्षिप्त रूप से विचार करना यहाँ समीचीन होगा—

सोलहवीं शताब्दी में महारानी एलिजाबेथ ने एक चार्टर द्वारा लंदन के कुछ मुख्य व्यापारियों की एक संस्था या कंपनी का गठन करके उसे दक्षिण एशिया के साथ व्यापार करने का एकाधिकार पत्र प्रदान किया।

ईस्ट इंडिया कंपनी ने तत्कालीन भारत के मुगल बादशाह व हैदराबाद के गोलकुंडा के नवाब से फरमान प्राप्त कर नवाब के संरक्षण में उनके राज्य में व्यापार करने का निश्चय किया और सन् 1660 तक कंपनी ने शुद्ध व्यापार की नीति का पालन किया, परंतु 1662 के पश्चात सम्राट चार्ल्स द्वितीय ने कंपनी को सैनिक तथा राजनीतिक अधिकार भी प्रदान कर दिए। इस प्रकार व्यापार से आरंभ कर अंग्रेजी तथा फ्रांसीसी व्यापारिक कंपनियाँ भारत की राजनीति में उलझने लगीं तथा अपना कूटनीतिक विष घोलने लगीं।

अंग्रेजी एवं फ्रांसीसी कंपनियों का एकमात्र उद्देश्य व्यापार से अधिकाधिक लाभ प्राप्त करना था। अतः इन दोनों कंपनियों में आपसी संघर्ष चलता रहा। सन् 1746 से 1748 तक अंग्रेजों व फ्रांसीसियों के मध्य कर्नाटक का प्रथम युद्ध हुआ।

1749 से 1734 तक कर्नाटक का द्वितीय युद्ध हुआ तथा 1758 से 1763 तक कर्नाटक का तृतीय युद्ध लड़ा गया। इस युद्ध में फ्रांसीसी पराजित हुए।

अंग्रेजों ने व्यापार के लिए प्रथम कोठी गोदाम 1651 में हुगली में बनाई। सन् 1756 ई. में सिराजुद्दौला के नवाब बनने पर बंगाल में संघर्ष हो रहा था। उसी समय नवाब व अंग्रेजों में आर्थिक कारणों को लेकर झगड़ा बनने लगा। वस्तुतः अंग्रेज-मुगल नवाब फारूख सिमर के 1717 के आदेश-पत्र के आधार पर अंग्रेज बिना कर दिए व्यापार करते थे। इससे भारतीय व्यापारियों को विशेष हानि होती थी। नवाब की आय भी प्रभावित होती थी। इससे नवाब असंतुष्ट था। इधर अंग्रेज अपने विशेषाधिकार को छोड़ना नहीं चाहते थे।

इसी ऊहापोह में प्लासी का युद्ध 1756 में हुआ। 2 जनवरी, 1759 को अंग्रेज लॉर्ड क्लाइव की सेना ने कोलकाता पर अपना अधिकार जमा लिया। 23 जून, 1757 में पुनः प्लासी का युद्ध हुआ।

सन् 1764 ई. में बक्सर का युद्ध महत्त्वपूर्ण हुआ, जो कि बंगाल के मुगल बादशाह और अंग्रेजों की सेना के मध्य लड़ा गया। इसमें नवाब और मुगल बादशाह की पराजय हुई। इस प्रकार भारत में अंग्रेजी राज्य का प्रवेश हो गया।

विश्व में समय-समय पर अनेक क्रांतियाँ हुई हैं। इन क्रांतियों की पृष्ठभूमि में जन-मानस के हृदय में दीर्घकालीन पीड़ा व असंतोष की अग्नि विद्यमान होती है। समय पाकर उनके मानस का ज्वालामुखी फूटता है, उसका रूप भयानक होता है। उसी को 'मूर्तिमान क्रांति' के नाम से अभिहित किया जाता है। वह क्रांति जिसके भी विरोध में प्रकट होती है, उसका विध्वंस होना निश्चित हो जाता है। यह प्रायः अत्याचार और दुराचार के विरुद्ध एक प्रकार से दमित भावनाओं की उग्रवादी आंदोलनात्मक प्रतिक्रिया होती है। विश्व का इतिहास इसका साक्षी है कि जब स्वतंत्र जीवन के प्रवाह के लिए कोई मार्ग, कोई क्षेत्र नहीं रह जाता और जब मदांध शासक उसे रोकने का प्रयास करता है, तब मानव प्रकृति ठोकरें खा-खाकर एक प्रचंड बवंडर की भाँति उठती है। जिस प्रकार प्रकृति विरुद्ध अमिताचार से शरीर फूटकर रोग

निकलते हैं वैसे ही देश और समाज की रुद्ध गति से क्रांतियों का सूत्रपात होता है। हॉलैंड की मध्ययुगीन धार्मिक क्रांति, इटली का पुनर्जागरण, फ्रांस की राज्य-क्रांति, अमेरिका एवं रूस की क्रांतियों ने समाज में सर्वथा नूतन विचारधारा को प्रवाह दिया। पंगु पीड़ा से पीड़ित मानव समाज को उन्नति के पथ पर प्रशस्त किया।

सन् 1857 की क्रांति की पृष्ठभूमि में लगभग एक शताब्दी में अंग्रेजों के घोर अत्याचार और शोषण की करुण कथा विद्यमान थी। अतएव जो भावनाएँ दमित होती रहीं, उन्होंने प्रचंड रूप लेकर एक विद्रोहात्मक स्वरूप को ग्रहण किया, जिसने प्रमुख रूप से राजनीतिक, आर्थिक, सामाजिक कारणों से अंग्रेजी राज्य की चूलें हिला दीं।

अनेक महापुरुषों का विचार था कि सन् 1857 की क्रांति की नींव तो 1757 के प्लासी के युद्ध में ही रखी जा चुकी थी। इसीलिए क्रांतिकारियों के मुख से पुनः-पुनः यह कथन उच्चरित हो रहा था कि आज हमें प्लासी के युद्ध का बदला चुकाना है क्योंकि प्लासी के युद्ध में अंग्रेजों ने जिस छल-कपट से अन्याय के द्वारा विजय प्राप्त की थी, उसकी पीड़ा भारतीयों के हृदय पर रह-रहकर कराह रही थी, रोम-रोम उस टीस से सिहर रहा था। विगत क्रंदन की अनुगूँज देशवासियों को पुनः-पुनः क्रोध और असंतोष के गरल का वमन करा रही थी। लॉर्ड डलहौजी के कुकृत्यों से जनमानस कराह रहा था।

करौली, भौसला और झाँसी के राज्यों के प्रति डलहौजी की राज्य हड़प कार्यवाहियों ने इस विश्वास को अधिक डिगा दिया था, लेकिन अवध के अपहरण ने उससे भी अधिक सैनिकों को उद्विग्न बना दिया था। अतएव अवध के आक्रोशित सैनिकों ने अंग्रेजों की दासता से मुक्ति पाने के लिए सन् 1857 की क्रांति में राष्ट्र धर्म का पालन करते ही सर्वाधिक रक्तरंजित आहुतियाँ दी थीं।

सन् 1806 में शाह आलम की मृत्यु के बाद उसके उत्तराधिकारी अकबर शाह के प्रति अंग्रेजों का व्यवहार षड्यंत्रपूर्ण रहा। अकबर शाह की मृत्यु के पश्चात बहादुरशाह उत्तराधिकारी बना। दिन दूनी, रात चौगुनी शक्ति-संपन्न होते अंग्रेजों ने उसका अपमान करना प्रारंभ कर दिया। नजर भेंट करने का क्रम भी उन्होंने बंद कर दिया। मुगल दरबार में रहनेवाले रेजिडेंटों ने युवराज के प्रश्न पर षड्यंत्र करना प्रारंभ कर दिया। इस षड्यंत्र के कारण दुर्बल मुगल सम्राट जबाबख्त को युवराज नहीं बनाया जा सका। अंत में अंग्रेजों ने आठ

शहजादों में से मिर्जा कोयाश को अपनी ओर कर लिया। गवर्नर जनरल ने मिर्जा कोयाश को इन तीन शर्तों पर कि—

1. उसे 'बादशाह' के स्थान पर 'युवराज' कहा जाएगा।
2. उसे दिल्ली का किला खाली करना पड़ेगा।
3. 1 लाख रुपये के स्थान पर मात्र 15,000 रुपया मासिक खर्च के रूप में मिलेगा।

ये सब मिलकर सन् 1857 की क्रांति का सूत्र बना, यहीं से बहादुरशाह अंग्रेजों का कट्टर शत्रु बन गया था। यह घटना 1856 की थी। अल्प माह पश्चात ही भारत में विशद क्रांति का रूप निर्मित हुआ जो कि अंग्रेजों के लिए नितांत अकल्पनीय था।

पंजाब के महाराज रणजीत सिंह की मृत्यु के बाद सिक्ख दरबार में अंत:कलह और गृहयुद्ध की स्थिति उत्पन्न हुई। साम्राज्यवादी अंग्रेजों ने इस अस्थिर स्थिति का लाभ उठाया। 15 मई, 1848 को महाराजा रणजीत सिंह की विधवा महारानी और दिलीप सिंह की माता झिंदा कौर को शेखूपुरा के महल में बंदी बनाकर शीघ्र ही बनारस भेज दिया गया। इन सब घटनाक्रम ने सिख जाति का मन अंग्रेजों के प्रति उदासी और घृणा से भर दिया। अंत में डलहौजी ने अन्यायपूर्वक महाराजा दिलीप सिंह का राज्य छीनकर उसे अंग्रेजी राज्य में मिला दिया। इस प्रकार पंजाब की जनता में अंग्रेजों के प्रति आक्रोश पनपता रहा जो सन् 1857 में क्रांति के समय उनका भावनात्मक ज्वार निकला।

नाना साहब और झाँसी की रानी के साथ जो अन्यायपूर्ण-बर्बरतापूर्ण उनके राज्यों को कंपनी के राज्य में मिलाने का षड्यंत्र इतना घिनौना होता चला गया कि चारों ओर अंग्रेजों के प्रति घोर विद्रोह जनमानस में पनपता रहा। इस अन्याय का फल यह हुआ कि 'अन्याय सहन करने से अच्छा है कि मृत्यु वरण कर ली जाए' की भावना का उदय होता है। शाश्वत सिद्धांतों को स्वीकार करते हुए सन् 1857-58 के विप्लव में झाँसी की वीरांगना रानी लक्ष्मीबाई ने तलवार उठाकर अद्भुत शौर्य और वीरता के साथ देश के शत्रुओं के विरुद्ध युद्ध करते हुए वीरगति को प्राप्त किया।

इन्हीं सब अत्याचारों की वेदनाओं की आह और कराह के घर्षण से जो चिनगारियाँ विस्फूर्जित हुईं, उन्हीं से 1857 की क्रांति जन-जन के लिए

लोक युद्ध बनकर राष्ट्रीय स्तर पर सर्वप्रथम इस जन-युद्ध में विदेशी सत्ता के उन्मूलन का एक व्यापक प्रयास हुआ।

लॉर्ड डलहौजी के भारतवर्ष से जाने के पश्चात ब्रिटिश पार्लियामेंट ने महारानी की आज्ञा से लॉर्ड कनिंग को भारत का गवर्नर जनरल बनाकर भारत भेजा था। कनिंग के आने के एक वर्ष के अंदर ही सन् 1857 का महान स्वतंत्रता संग्राम छिड़ गया। इस क्रांति को अंग्रेज लेखकों ने 'सैनिक विद्रोह' कहा है लेकिन यह भारतीयों का प्रथम स्वतंत्रता संग्राम था। इस संग्राम में भारतवर्ष के वैष्णव साधुओं और संन्यासियों की बहुत बड़ी गोपनीय भूमिका थी। इस संग्राम का उद्देश्य संपूर्ण राष्ट्र से अंग्रेजी ईस्ट इंडिया कंपनी के शासन को उखाड़ फेंकना था। 1857 के इस विद्रोह द्वारा भारत को परतंत्रता की बेड़ियों से मुक्त करने का भरसक प्रयास किया गया।

विदेशी शासन की दमन नीति के कारण देश के अन्य भागों की तरह मथुरा में भी क्रांतिकारी हलचलों का प्रारंभ हुआ। 1919 ई. में क्रांति के स्पष्ट लक्षण दिखाई पड़ने लगे। इसका प्रमुख कारण रौलट बिल था। 6 अप्रैल को मथुरा में इस बिल के विरुद्ध बहुत बड़ी हड़ताल की गई। इस पर यहाँ के कई नेताओं का चालान कर उन पर मुकदमा चलाया गया, परंतु अंत में साक्ष्यों के अभाव में वे छोड़ दिए गए। मथुरा में स्वतंत्रता की अग्नि का ऐसा प्रज्वलन हुआ कि वह विदेशी आक्रांताओं द्वारा बुझाई न जा सकी। ब्रज क्षेत्र की राजनीति का मथुरा जनपद प्रधान केंद्र बन गया। 1919 के जलियाँवाला बाग कांड से मथुरा में बड़ी उत्तेजना फैल गई। उसने अग्नि में घी का कार्य कर दिया। यहाँ उस कांड के विरोध में एक विशाल सभा आयोजित हुई। इसी वर्ष मथुरा के गांधी पार्क में होम रूल लीग की भी विशेष बैठक हुई।

10 मार्च, 1922 को महात्मा गांधी बंदी बना लिये गए। उन्हें 6 वर्ष का कारावास हुआ। इससे देश-भर में और भी क्षोभ फैल गया। कुछ समय के अंतराल से नेतृत्व के अभाव में 'असहयोग आंदोलन' प्रभावित हुआ। वृंदावन ने इस समय राजनैतिक क्षेत्र में विशेष कार्य किया। आचार्य गिडवानी के नेतृत्व में इस प्रेम महाविद्यालय की विशेष प्रगति हुई। यहाँ स्वयं महात्मा गांधी, मोतीलाल नेहरू, सुचेता कृपलानी, लाला लाजपत राय, डॉ. अंसारी आदि विभूतियों के विद्यालय में आगमन से विद्यालय का गौरव बढ़ा और वह राष्ट्रीय चेतना का प्रमुख केंद्र बन गया।

मथुरा जनपद का इतिहास अत्यंत प्राचीन है। यहाँ के भू-भाग पर अनेक राज्य वंशों का उत्थान-पतन हुआ है। 19वीं शताब्दी के प्रथम दशाब्द में अंग्रेजों की विदेशी शक्ति का इस पर प्रभुत्व स्थापित हुआ। दासताजन्य राजनैतिक, सामाजिक, आर्थिक एवं सांस्कृतिक अध:पतन के कारण ब्रज वसुंधरा पर भी शेष भारत की भाँति विदेशी शासन के विरोध में घोर असंतोष उत्पन्न हुआ। इसी कारण सन् 1857 के प्रथम स्वतंत्रता संग्राम एवं गांधीयुगीन स्वतंत्रता संग्रामों के नेताओं के आह्वान पर ब्रज के निवासियों ने इसमें भाग लेकर अपने राष्ट्र धर्म का पालन किया।

1857 के प्रथम स्वतंत्रता संग्राम के प्रमुख नेता नाना साहब, झाँसी की रानी लक्ष्मीबाई, तात्या टोपे, अजीमुल्ला खाँ, बहादुरशाह जफर, मौलवी अहमदुल्ला आदि थे। आप सबने ब्रिटिश शासन के विरुद्ध देशवासियों को तैयार करने के लिए गाँवों में भारतीय फौजी सैनिकों में कमल के फूल पहुँचाए थे। मथुरा के गाँवों के समरांगण में सम्मिलित होने का संदेश दिया था। साधु-संत भी भगवद आराधन छोड़कर स्वाधीनता हेतु जन-जागृति के लिए चल दिए थे। उस समय स्वतंत्रता के झंडे के समक्ष काव्यमयी अभिनंदन की अनुगूँज मथुरा जनपद के गाँव-गाँव में प्रसारित हो रही थी—

आज शहीदों ने है तुमको, अहले वतन ललकारा,
तोड़ो गुलामी की जंजीरें, बरसाओ अंगारा,
हिंदू-मुस्लिम-सिख हमारा, भाई-भाई प्यारा,
यह है आजादी का झंडा, इसे सलाम हमारा॥

1856 में मथुरा के वनों में एक पंचायत हुई थी। यह एक गुप्त बैठक थी, जो कि आगामी तूफान अथवा क्रांति की सूचक थी। वैसे तो मथुरा जनपद में चपातियों और कमल के फूलों ने आम जनमानस एवं सैनिकों को 1857 की क्रांति के लिए सन्नद्ध होने का संदेश पहुँचा दिया था। मथुरा के जिलाधिकारी थार्नहिल की टेबल पर 4 चपातियों का मिलना भी अंतस्तल में छिपे हुए एक तूफान की घटना थी।

मई माह के द्वितीय सप्ताह में 1857 की क्रांति का विस्फोट मथुरा जनपद में हुआ। 15 मई तक मथुरा के यूरोपियन स्त्री-बच्चों को आगरा पहुँचा दिया गया। मथुरा के सेठों ने बड़ी संख्या में रक्षकों की भर्ती और 2 तोपें अंग्रेजी अधिकारियों को प्रदान कर उनकी सहायता की थी।

क्रांति का जागरण जनपद के ग्रामीण अंचलों में भी हुआ। मांट तहसील के नौहझील का क्षेत्र विशेष रूप से प्रभावित हुआ। कई विदेशी शासन भक्त क्रांतिकारियों के कोप भाजन हुए। 30 मई को मथुरा का खजाना लूट लिया गया। बर्टन की हत्या इसी कांड में हुई थी। 67वीं और 44वीं भारतीय पलटनों ने उस समय विद्रोह कर दिया था। कोसी और छाता के क्षेत्रों में भी क्रांति का बिगुल बज उठा था। छाता की सराय को विदेशी शासकों ने तोप से उड़ाया तथा उसी समय 22 लोगों को गोली से उड़ाया गया। मांट क्षेत्र का बाजना विशेष रूप से क्रांतिमय हो गया था। नौहबारी के जाटों ने नौहझील के किले पर आक्रमण किया था। 14 जून को मथुरा जिला के प्रसिद्ध क्रांतिकारी राया क्षेत्र के देवी सिंह को फाँसी दे दी गई थी। राजा देवी सिंह ने राया के थाने को लूटा था। थाने में आग लगा दी थी। परिणामस्वरूप, जुलाई के महीने में सराय पुख्ता वर्तमान गांधी पार्क भी क्रांतिकारियों की केंद्र बन गई थी। ब्रिटिश शासकों ने यहाँ के अनेक लोगों को फाँसी पर लटका दिया था। सितंबर के आते-आते मथुरा में स्वतंत्र शासन की स्थापना कर दी गई थी। इसी माह में सूबेदार हीरा सिंह की एक सप्ताह तक मथुरा में क्रांतिकारी हलचल बनी रही थी। 9 नवंबर को नाना साहब के मथुरा स्थित निवास स्थान और बाग को ध्वस्त कर दिया गया था।

अक्टूबर 1857 से धीरे-धीरे क्रांति शिथिल होती चली गई और ब्रिटिश शासन पुष्ट होता चला गया। इसी मध्य अनेक देशभक्तों को फाँसी पर लटका दिया गया। कुछेक को गोलियों से उड़ाया गया था और अनेक ग्रामों को ध्वस्त ही नहीं किया गया बल्कि उसमें आग भी लगा दी गई थी।

स्वतंत्रता संग्राम के नेताओं ने यहाँ के प्रत्येक गाँव में जाकर जनमानस को जागृत किया। यही नहीं, नेताओं के ओजस्वी भाषणों को हजारों लोगों ने एकत्र होकर सुना था। 1857 के भावी स्वतंत्रता संग्राम में आहुति देने का संकल्प लिया था।

1856 में मथुरा के वन प्रांतों में देश के नेता संगठित हुए थे, जहाँ प्रज्ञा चक्षु श्री विरजानंद जी, जिनके दयानंद सरस्वती जी शिष्य थे, वे भी उपस्थित रहे। उन्हें अभिनंदित किया था। विरजानंद जी ने अपने वक्तव्य में स्वाधीनता को स्वर्ग और दासता को नरक के समान बताया। अंग्रेज हमारे साथ पशुओं जैसा व्यवहार करते हैं। इस प्रकार विरजानंद जी के ओजस्वी भाषण ने सभी के हृदय में स्वाधीनता की चिनगारी सुलगा दी।

स्वामी दयानंद सरस्वती ने विदेशी शासन से पीड़ित झाँसी की रानी लक्ष्मीबाई को सांत्वना देते हुए कहा था कि देवी! यह शरीर क्षणभंगुर है, यह सदैव नहीं रह सकता। धन्य हैं वे व्यक्ति जो देश-धर्म पर इसे बलिदान कर देते हैं।

भारत के स्वतंत्रता संग्राम के अंतर्गत मथुरा जनपद के महनीय योगदान की कहानी त्याग और तपस्या के साथ राष्ट्रीयता के प्रति अपने-आपको समर्पित करने की अनुपम गाथा है। महात्मा गांधी ने जब यहाँ के युवाओं को आहूत किया ही था कि सभी युवाओं में एक स्पर्धा की लहर जैसी आ गई। 'पहले मेरा नाम लिखा जाए' सभी युवाओं के मुख पर ये शब्द गूँजने लगे और वे सभी किसी-न-किसी आंदोलन में बंदी बनाए गए। जिसको जितने दिनों तक बंदीगृह में रहने की समय सीमा का निर्धारण हुआ, उतने समय वे बंदी बनकर रहे। स्वतंत्रता के पचहत्तर वर्ष पूर्ण होने पर समूचे देश में अमृत महोत्सव मनाया जा रहा है। इसी अवसर पर मथुरा जनपद के उन महान आत्माओं को जिन्होंने सेनानियों के रूप में अपना सहयोग उन आंदोलनों में दिया था, जो 1857 में गांधी जी द्वारा स्वतंत्रता के लिए चलाए गए थे।

जो शासक अन्यायी और अत्याचारी तथा जिसकी नीति बर्बर रही हो, सदैव ही जनमानस उनके विरोध में दिखाई देता है, किंतु मथुरा जनपद में विरोध की इस परंपरा के स्वर हमें स्पष्ट रूप से सुनाई देते हैं। द्वापर युग के उस संघर्ष को कभी भुलाया नहीं जा सकता, जब श्रीकृष्ण ने इस परंपरा को पुष्ट किया था। उन्होंने सभी गोपालकों को संगठित कर उस समय के घोर अत्याचारी शासक कंस के विरोध में जन-जागरण किया तथा जन सहयोग से ही उसके द्वारा किए जा रहे अत्याचारों को पुरजोर क्रांति से शासन को समूल नष्ट कर दिया और क्रांति की गर्जना से कंस की जीवन-लीला भय से ही शांत हो गई। वह सदैव के लिए चिरनिद्रा में सो गया।

यह पुस्तक भारत की स्वतंत्रता के लिए जिन लोगों ने अपने जीवन के अमूल्य क्षणों को बिना किसी स्वार्थ के बलिदान कर दिया, उन नर श्रेष्ठों की स्तुति करते हुए उनकी स्मृति में विनम्रता पूर्ण नमन है।

क्रम

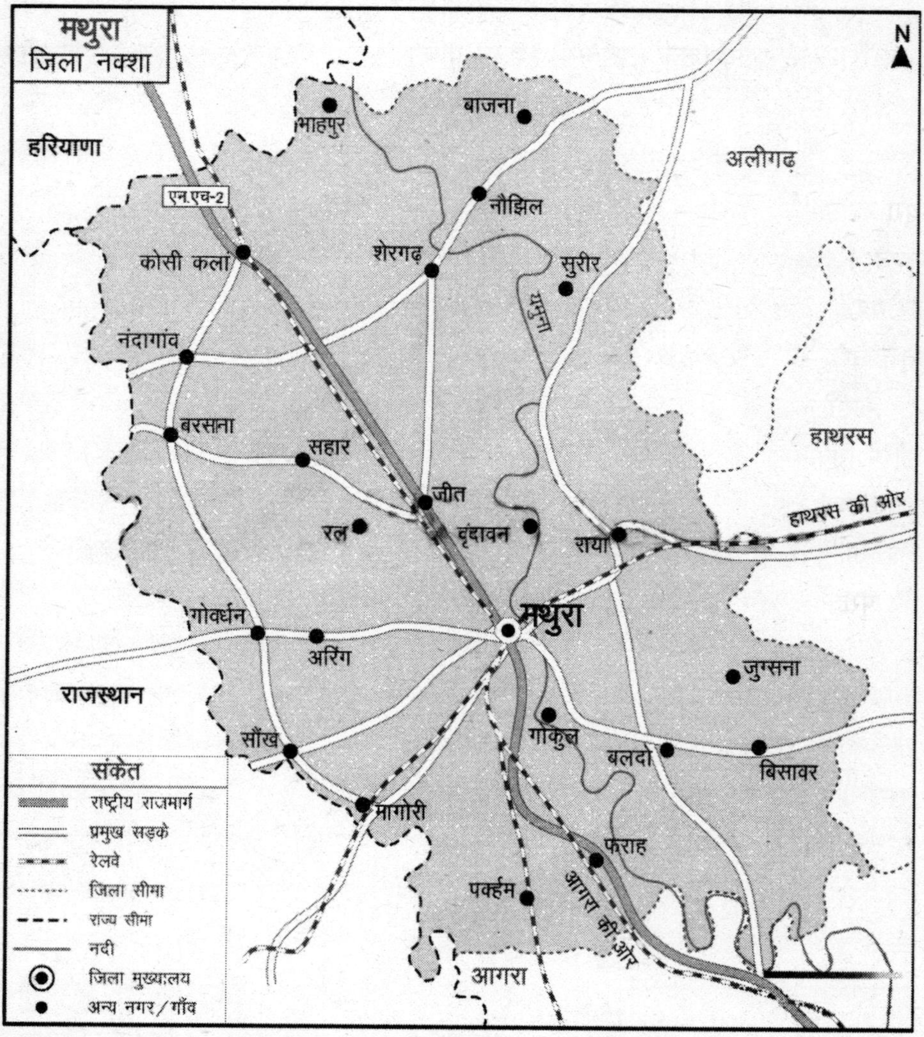

मथुरा
जिला नक्शा
N
हरियाणा
भाहपुर
बाजना
अलीगढ़
एन.एच-2
नौझिल
कोसी कला
शेरगढ़
सुरीर
यमुना
नंदागांव
बरसाना
सहार
हाथरस
जीत
रल
वृंदावन
राया
हाथरस की ओर
गोवर्धन
मथुरा
अरिंग
जुग्सना
राजस्थान
सौंख
गोकुल
बलदो
बिसावर
मागोरी
फराह
पर्व्हम
आगरा की ओर
आगरा
संकेत
राष्ट्रीय राजमार्ग
प्रमुख सड़के
रेलवे
जिला सीमा
राज्य सीमा
नदी
जिला मुख्यालय
अन्य नगर / गाँव

अध्याय : 1

मथुरा जनपद का महत्त्व

मथुरा जनपद के चारों ओर का क्षेत्र 'ब्रज' कहा जाता है। प्राचीन समय में इसी को शूरसेन जनपद कहा जाता था। उस कालखंड में इसकी राजधानी मथुरा थी। समय परिवर्तित हुआ और यह भू-भाग 'मथुरा जनपद' कहा जाने लगा। चीनी यात्री ह्वेनसांग के यात्रा वृत्तांत से ज्ञात होता है कि मथुरा का विस्तार लगभग 833 मील था।

भारतीय सभ्यता दीर्घकालीन अंतराल पर्यंत गंगा-यमुना व इनकी सहायक नदियों की तटवर्ती भागों में विकसित होती रही। इन्हीं के कमनीय कूलों पर नगर संस्कृति का उदय हुआ। आगे चलकर यही सांस्कृतिक केंद्र भी निर्मित हुए; जिनमें प्रमुख रूप से हस्तिनापुर, मथुरा, कान्यकुब्ज, अहिक्षत्र, कांपिल्य, अयोध्या, श्रावस्ती, कौशांबी, प्रयाग, काशी आदि उल्लेखनीय हैं।

पुराकाल से ही मथुरा की परिगणना भारत की सप्तपुरियों में की गई है—

अयोध्या मथुरा माया काशी कांची अवंतिका।
पुरी द्वारावतीं चैव सप्तैता मोक्ष दायका:॥

द्वापर में भगवान श्रीकृष्ण का जन्म मथुरा में ही हुआ तथा श्रीकृष्ण की बाल-लीलाएँ मथुरा के ही समीपवर्ती वन प्रांतों में हुईं, जिसकी स्मृतियों के स्थल, भक्तों के लिए पावन तीर्थ के रूप में अपनी कहानी स्वयं कह रहे हैं। लाखों लोग यहाँ आते हैं। वैदिक धर्म से उद्भासित भागवत धर्म का उद्भव एवं विकास मथुरा से ही हुआ था।

पृथ्वी ने वाराह भगवान से यह प्रश्न किया कि मथुरा जैसे दुर्लभ तीर्थ का तत्त्व क्या है? इसके उत्तर में वाराह ने कहा, "मुझे यह वसुंधरा, पाताल अथवा अंतरिक्ष से भी प्रिय मथुरा है।" यह पूछे जाने पर कि पुष्कर नैमिषतीर्थ एवं वाराणसी की तुलना में मथुरा की क्या महत्ता है, भगवान ने कहा, "हे देवि वसुंधरे सुनो—सा रम्या च सुशस्ता च जन्म भूमिस्तथा मम मथुरा अति रमणीय, प्रशस्त और मेरी जन्मभूमि है। यही मथुरा मेरा मंडल है—

माथुरं मम मंडलम्

भगवान ने पुनः कहा—कोटि तीर्थ से आधा कोस की दूरी पर स्थित शिव क्षेत्र है। वहाँ बैठकर भगवान आशुतोष मथुरा की रक्षा करते हैं। मेरे मथुरा मंडल का परिमाण बीस योजन है, बिशंतिर्योजनानांतु माथुरं मम मंडलम्। मथुरा मंडल पुण्य क्षेत्रों में भी पुण्य क्षेत्र है। सातों द्वीपों में जितने तीर्थ और आयतन (मंदिर और भूमि) हैं, वे मेरे विश्राम करने के समय मथुरा मंडल में आते हैं। जो व्यक्ति मथुरा आकर केशव के दर्शन और मथुरा की परिक्रमा करता है, वह मानो सप्त द्वीप वसुंधरा की परिक्रमा करता है।

मथुरा की रक्षा पूर्व में इंद्र, दक्षिण में यम, पश्चिम में वरुण और उत्तर में कुबेर तथा नगरी के मध्य में अवस्थित उमापति शिव करते हैं, मथुरा की भूमि का एक-एक कण तीर्थ ही है। 'पदे पदे तीर्थफलं मथुरायां वसुंधरे'।

समस्त जगत जिस ब्रह्मज्ञान में अंतर्निहित है अथवा मथा जाता है, उस ब्रह्मज्ञान का जो आधार रूप है, वह भी मथुरा है अर्थात श्री श्री मथुराजी समूचे ब्रह्मज्ञान, भक्ति का केंद्र है। जैसा कि गोपाल तापनी उपनिषद का यह श्लोक अवगत कराता है—

मथ्यते तु जगत सर्वं ब्रह्मज्ञानेन येन वा।
तत्सार भूतं यत्तस्यां मथुरा सा निगद्यते॥

स्वयं क्लेश नाशक केशव देव ही मथुरा के नाथ हैं, जिन्हें वाराह देव के नाम से भी पुकारते हैं। स्वयं भगवान ने अपनी केशव देव जी की मूर्ति सर्वप्रथम कपिल देव ब्राह्मण को प्रदान की। इसके पश्चात यह मूर्ति भ्रमणशील रही—कपिल देव से इंद्र के पास, इंद्र से रावण, रावण से श्रीराम प्रभु इसे अयोध्या लाए और श्रीराम जी की वंदना करके उनसे शत्रुघ्न जी उसी श्री केशव वाराह प्रभु के विग्रह को लाए, जिसकी मथुरा में स्थापना की, वे ही साक्षात कपिल वाराह मथुरा के मंत्री हैं, मथुरा के रक्षक भूतेश्वर महादेव जिन्हें मथुरा के कोतवाल के रूप में देखा जाता है। मथुरा की आकृति कमलाकृति है। यहाँ के अधिष्ठाता श्री केशव देव हैं जो इस कमलाकृति रूपी कमल के मध्य में विराजते हैं और इसी कमल का जो पश्चिम-पत्र है उस पर हरदेव जी विराजमान हैं तथा उत्तर-पत्र पर गोविंद देव जी सुशोभित हैं, दक्षिण पत्र की शोभा श्रीवाराह देव द्विगुणित कर रहे हैं। ब्रज में यह श्लोक स्थान-स्थान पर मिलता है—

ब्रज समुद्र मथुरा कमल वृंदावन मकरंद।
ब्रज वनिता सब कुमुद हैं कैरव गोकुलचंद॥

मथुरा जनपद ब्रज संस्कृति की सांस्कृतिक विरासत को लेकर सदैव समृद्ध रहा है। यहाँ का भौगोलिक परिवेश भी अत्यंत आकर्षक रहा है। देश-विदेश के विशिष्ट महानुभावों

ने अपने भावना पुष्पों को बड़े आदर भाव के साथ भगवान श्रीकृष्ण के चरणों में अर्पित कर अपने-आपको गौरवान्वित पाया है।

समूचा जनपद मंदिर संस्कृति से शोभित है। मंदिरों की भव्यता और उच्च भक्ति भावना से ओत-प्रोत भक्तों का, श्रद्धालुओं का और पर्यटकों का सदैव जन-समूह उमड़ता ही रहता है। यहाँ तीज-त्योहार और पर्वों का आकर्षण तो अद्‌भुत छटा बिखेरता है, जिसका वर्णन शब्दों में व्यक्त करना दुरूह कार्य ही होगा। यदि यह प्रयास किया भी जाए तो विषयांतर दोष भी आ सकता है। हम यहाँ जनपद की पुरातात्त्विक उपलब्धियों पर अल्प प्रकाश डालने का लोभ संवरण नहीं कर पा रहे हैं। वस्तुतः यदि देखा जाए तो मथुरा की प्राचीन बस्ती के नीचे पुरानी आबादियों के अवशेष अपनी संभावनाओं को अवगत कराते-से प्रतीत होते हैं क्योंकि ये टीले प्रायः बीस किलोमीटर के आसपास क्षेत्र पर आच्छादित हैं। कटरा केशव देव, जमालपुर टीला, सप्तर्षि टीला, कंकाली टीला, चौबारा टीला, भूतेश्वर, काली खेड़ा, सौंख, मांट, इतोकरी, अन्य अनेक टीले हैं।

ब्रज का क्षेत्र पुरातात्त्विक दृष्टि से बहुत समृद्ध है। यहाँ से अनेक प्राचीन वास्तु के अवशेष, मूर्ति लेख एवं शिल्प सामग्री प्राप्त हुई है, जो प्राचीन कारायुग पर प्रकाश डालती है। 1836 ई. में कर्नल स्टैची को प्रथम पुरावशेष मथुरा में मिला। तब से यहाँ पुरातात्त्विक अन्वेषण प्रारंभ हो गया, जो अद्यतन अनवरत है। उत्खनन सामग्री लगभग दसवीं शताब्दी ईसा पूर्व से ब्रज के प्राचीन मानव अवशेषों का परिचय देती है। गोवर्धन पर्वत की तलहटी में पूर्व पाषाणकाल के कुछ अवशेष मिले हैं, जिनका समय पचास हजार ईसा पूर्व के आसपास का है। इससे पुराने क्षेत्र प्रागैतिहासिक दृष्टि से महत्त्वपूर्ण इकाई के रूप में उभरा है।

मेजर जनरल कनिंघम ने 1853 ई. व 1861 ई. में कटरा तथा 1871 ई. में कंकाली टीले एवं चौबारा टीले का उत्खनन कराया था। जमालपुर टीला के पास 1860 ई. में जिलाधिकारी आवास स्थल से प्रचुर कला रत्नों की प्राप्ति हुई। 1869 ई. में भगवान लाल इंद्रा को सप्तर्षि टीले पर अनेक मूर्ति तथा अभिलेख प्राप्त हुए थे। मथुरा के तत्कालीन जिला अधिकारी एफ.एस. ग्राउस की विशेष रुचि ने भूतेश्वर और पालीखेड़ा आदि स्थलों को उत्खनन करके प्रचुर कलाकृतियों को संकलित कराया। यही नहीं, उसके लिए मथुरा संग्रहालय की 1874 में उन्होंने ही स्थापना कर यहाँ प्रदर्शनी के लिए उपलब्ध कराया। उसी को आज हम राजकीय संग्रहालय के नाम से जानते हैं। यह संग्रहालय एशिया में प्रथम स्थान पर आँका गया है। अतः अति समृद्ध संग्रहालय है। यह समूचे विश्व में मथुरा शैली के लिए अलग से अपना स्थान रखता है।

मथुरा का तेल शोधक कारखाना (रिफाइनरी)—2 अक्टूबर, 1972 को भारत की तत्कालीन प्रधानमंत्री श्रीमती इंदिरा गांधी ने मथुरा के तेल शोधक कारखाने का शिलान्यास किया था। स्वतंत्रता के पश्चात मथुरा रिफाइनरी जनपद की अति महत्त्वपूर्ण उपलब्धि है।

मथुरा रिफाइनरी 7.5 मिलियन मीट्रिक टन प्रति वर्ष कच्चा तेल शोधन-क्षमता वाली देश की अत्याधुनिक और उन्नत रिफाइनरी है। रिफाइनरी द्वारा वर्ष 1990, 92, 93 तथा 95 ब्रिटिश सेफ्टी काउंसिल अवार्ड जीतने पर इसकी उपलब्धियों को अंतरराष्ट्रीय मान्यता मिली है। यहाँ विश्व स्तरीय पर्यावरण प्रबंधन प्रणाली कार्यरत है।

आगरा-दिल्ली राजमार्ग पर अवस्थित होने के कारण मथुरा का ऐतिहासिक एवं सामरिक महत्त्व भी रहा है। इसीलिए यहाँ पर सेना का प्रथम कोर का मुख्यालय भी है।

मथुरा जनपद के मंदिरों का इतिहास भी अति रोचक है। अनुमानतः मथुरा-वृंदावन में पाँच हजार मंदिर निर्मित हैं। वैसे यहाँ 'घर-घर लाला, घर-घर लाली' की कहावत प्रसिद्ध है, अर्थात सभी घरों में लाला-लाली (राधा-कृष्ण) की उपासना होती है। सभी मंदिरों के बारे में तो यहाँ नहीं कहा जा सकता, किंतु कतिपय प्रमुख मंदिरों का संक्षिप्त उल्लेख करना समीचीन होगा।

1. **राधागोविंद देव मंदिर**—यह मंदिर वृंदावन में अवस्थित है। इस मंदिर का निर्माण 1590 ई. में हुआ था। यह अकबर के प्रधान सेनानायक राजा मान सिंह ने बनवाया था। गोविंद दास नाम के स्थापत्यकार द्वारा इसका निर्माण किया गया। वर्तमान में यह मंदिर भारतीय पुरातत्त्व सर्वेक्षण के अधीन है। सुना जाता है कि यह सात मंजिल का मंदिर था। मुगल काल में इसकी ऊपरी मंजिलें औरंगजेब ने तुड़वा दी थी। वर्तमान में गोविंददेव जी का श्रीविग्रह जयपुर के चंद्रमहल में भक्तों को दर्शन लाभ दे रहे हैं। भग्न मंदिर को पुनः जिलाधिकारी एफ.एस. ग्राउस ने संरक्षित किया। लाल प्रस्तर द्वारा निर्मित यह मंदिर बारह फीट ऊँचे चबूतरे पर निर्मित किया गया है। इस मंदिर की लंबाई 200 फीट है, चौड़ाई 120 फीट है। यह मंदिर उत्तर भारत में स्थापत्य की उत्कृष्ट अनुपम मोहकता के लिए विश्रुत है।
2. **मदन मोहन मंदिर**—यह मंदिर द्वादश आदित्य टीला पर वृंदावन में शोभायमान है। इसका निर्माण मुल्तान के व्यापारी रामदास कपूर ने करवाया। इसकी पृष्ठभूमि में एक रोचक कथा गर्भित है। औरंगजेब ने इस मंदिर को तोड़ा था। उस समय यहाँ का श्रीविग्रह जयपुर भेज दिया गया। वहाँ से राजा गोपाल सिंह करौली ले आए, जहाँ उन्होंने श्रीविग्रह को प्रतिष्ठित कराया। आज भी भक्तों को दर्शन देकर आनंदित कर रहे हैं।

3. **गोपीनाथ जी का मंदिर**—इस मंदिर के प्रेरक चैतन्य संप्रदाय के भक्त प्रवर श्री मधु गोस्वामी थे। आपके द्वारा उपास्य श्रीगोपीनाथ जी का श्रीविग्रह आपको वृंदावन के गोप टीला से प्राप्त हुआ था। मंदिर का निर्माण अकबर के शासन काल में रायसेन नामक राजपूत सरदार ने राजा मान सिंह की अनुमति से 1589 ई. में कराया था। औरंगजेब ने मंदिर को विध्वंस कर दिया। तब मूल विग्रह वर्तमान में जयपुर के त्रिपोलिया बाजार में स्थित मंदिर में विराजमान है।
4. **युगल किशोर**—वृंदावन में केसीघाट के पृष्ठ भाग की भूमि पर 1627 ई. में जहाँगीर के शासन काल में नौनकरन नामक एक चौहान राजपूत सरदार ने निर्मित कराया था। इसका निर्माण लाल बलुए पत्थर से किया गया है।
5. **राधावल्लभ जी का मंदिर**—इस मंदिर का निर्माण श्रीहित हरिवंश जी के ज्येष्ठ पुत्र वनचंद्र जी के शिष्य सुंदरलाल कायस्थ ने 1590 ई. से 1608 ई. के मध्य कराया था। ये रहीमदास जी के दीवान एवं खजांची थे।

   उक्त सभी मंदिर पुरातत्त्व विभाग के अंतर्गत संरक्षित हैं।
6. **राधारमण मंदिर**—यह मंदिर वृंदावन के सप्त देवालयों में परिगणित है। चैतन्य संप्रदाय के षड् गोस्वामियों में सुशोभित श्री गोपाल भट्ट गोस्वामी जी, नेपाल में प्रवाहित गंडकी नदी से द्वादश शालिग्राम शिलाओं को वृंदावन लाए थे, जिसमें दामोदर शिला विशिष्ट शिला थी, जिसकी सेवा-पूजा नियमित रूप से श्रीभट्ट जी महाराज किया करते थे। वे प्रतिदिन अपने भगवान श्रीकृष्ण से प्रार्थना करते थे कि हे प्रभु! आप श्रीविग्रह के रूप में दर्शन दें। भक्त भावना के अनुसार सन् 1542 की वैशाखी पूर्णिमा को उसी दामोदर शिला से भगवान राधारमण लाल का आविर्भाव हुआ। भक्तों को दर्शन देकर अपूर्व आनंद प्रदान कर रहे हैं।
7. **श्रीकृष्ण जन्मभूमि**—यह मथुरा का अन्यतम मंदिर है इसकी ऐतिहासिक पृष्ठभूमि अनेक उतार-चढ़ाव भरे घटनाक्रम के अंतर्द्वंद्वों के मध्य से निकलती है। पौराणिक कथा-सूत्रों से अवगत होता है कि भगवान श्रीकृष्ण के प्रपौत्र बज्रनाभ ने इस पावन भू-स्थल पर सर्वप्रथम एक लघुकाय मंदिर का निर्माण कराया। इसका वर्णन-महाक्षत्रप शोडाश के समय के मिले एक शिलालेख में मिला है। तदुपरांत उसी मंदिर को और भी मोहक रूप प्रदान किया। लगभग 400 ई. के आसपास सम्राट विक्रमादित्य के शासन काल में निर्मित किया गया। यह स्थल बौद्ध और जैन धर्म के अनुयायियों के लिए भी श्रद्धा का केंद्र रहा। सम्राट चंद्रगुप्त विक्रमादित्य द्वारा निर्मित इस भव्य मंदिर का विध्वंस महमूद

गजनवी ने 1017 ई. में किया था। इसका वर्णन मीर मुंशी अलउतनवीं ने अपनी पुस्तक 'तारीख यामिनी' में किया है। सन् 1150 में इसी का पुनर्निर्माण जज्ज नाम के किसी व्यापारी ने कराया था, जिसका उल्लेख एक संस्कृत शिलालेख से मिलता है। यह शिलालेख कटरा केशव देव से प्राप्त हुआ था। सन् 1515 में श्रीचैतन्य देव जब मथुरा में पधारे थे तो उन्होंने इसी भव्य मंदिर में दर्शन किए थे। इसकी पर्याप्त चर्चा हमें 'चैतन्य चरितामृत' में उपलब्ध होती है। किंतु इस मंदिर को भी पूर्णत: नष्ट कर दिया, सिकंदर लोधी के शासन काल अर्थात 16वीं शती में। उक्त घटना के लगभग सौ-सवा सौ सालों के अंतराल में जहाँगीर के शासन काल में ओरछा के राजा वीर सिंह देव जू बुंदेला ने तैंतीस लाख की लागत से 250 फीट ऊँचा मंदिर बनवाया था। चतुर्दिक ऊँची-ऊँची प्राचीरों का निर्माण कराया था, कालांतर में जिन्हें औरंगजेब ने तुड़वा दिया। पुन: पं. मदनमोहन मालवीय जी के प्रयासों से व जुगल किशोर बिरला जी की आर्थिक सहायता से 8 फरवरी, 1944 को रायकृष्ण दास से इस भूमि को क्रय किया गया। बिड़ला जी ने ही 1951 में श्रीकृष्ण जन्मभूमि ट्रस्ट की स्थापना की। बाद में स्वामी अखंडानंद जी सरस्वती की अध्यक्षता में कार्य प्रारंभ हुआ। मंदिर निर्माण में अनेक महापुरुषों का योगदान रहा। फलस्वरूप, हम वहाँ आज एक भव्य मंदिर का दर्शन कर रहे हैं।

भौगोलिक स्थिति, अक्षांश-देशांतर, जनसंख्या और क्षेत्रफल

मथुरा यमुना नदी के तट पर 27^0 उत्तरी अक्षांश और 77^0, 42^0 पूर्वी देशांतर पर अवस्थित है। यह समुद्र तल से 187 मीटर ऊँचाई पर स्थित है। इसके उत्तर में गुरुग्राम, हरियाणा, पूर्व में अलीगढ़ व एटा, दक्षिण में आगरा तथा पश्चिम में राजस्थान का भरतपुर जनपद है। आगरा-दिल्ली राष्ट्रीय राजमार्ग पर यह नगर आगरा से 58 किमी., मुंबई से 1,240 किमी., मद्रास से 2,046 किमी., कोलकाता से 1,330 किमी. दूरी पर है। यह नगर देश के सभी भागों से जुड़ा हुआ है।

2011 की जनगणना के आधार पर इसकी जनसंख्या 25,47,184 है। इस दृष्टि से इसका उत्तर प्रदेश में 37वाँ तथा लिंगानुपात के विचार से उ.प्र. में 66वाँ स्थान है। साक्षरता के दृष्टिकोण से उत्तर प्रदेश में 30वाँ स्थान है। मथुरा तहसील में 216 गाँव सर्वाधिक हैं। महावन तहसील में सबसे कम 148 गाँव हैं। इस जनपद का क्षेत्रफल 3,340 किमी. है।

जिले की अर्थव्यवस्था प्रमुख रूप से कृषि पर आधारित है। जिले में उगाई जानेवाली मुख्य फसलें हैं : गेहूँ, जौ, बाजरा, ज्वार, मक्का, दलहन (उड़द, मूँग, चना, मटर और अरहर), तिलहन (सरसों), आलू और हरी सब्जियाँ।

कृषि के पश्चात पशुपालन का जिले की अर्थव्यवस्था में महत्त्वपूर्ण स्थान है। पशुओं की गुणवत्ता बढ़ाने के लिए जिले में आर्टिफिशियल इनसेमिनेशन की सुविधा उपलब्ध है। जनपद में वेटेनरी कॉलेज, पिग डेवलपमेंट सेंटर, पोल्ट्री डेवलपमेंट सेंटर और शिप डेवलपमेंट सेंटर कार्यरत हैं, जिले के प्रमुख पशुधन हैं—गाय, भैंस, सूअर, बकरी और पोल्ट्री।

जनपद के अंदर जलाशयों से मछली का उत्पादन भी किया जाता है, जिनमें 22 से अधिक प्रकार की मछलियाँ पाई जाती हैं।

जनपद में वानस्पतिक संपदा के अंतर्गत बबूल, नीम, बरगद, शीशम, पीपल, कदंब और आम आदि हैं। यह जिला खनिज संपन्न नहीं है, फिर भी प्रमुख खनिजों में क्ले, सिलिका सैंड और कंकर पाया जाता है।

यह सनातन धर्मावलंबियों का पवित्र तीर्थस्थल है। इसलिए प्रतिवर्ष अपार जन समुदाय भक्तों का, तीर्थयात्रियों का व पर्यटकों का आवागमन रहता है। पर्यटन का जनपद में आर्थिक दृष्टि से महत्त्वपूर्ण योगदान है।

औद्योगिक दृष्टि से मथुरा जनपद में कृषि आधारित उद्योग, कॉटन टेक्सटाइल, रेडीमेड, गारमेंट, फर्नीचर उद्योग, धातु पर आधारित उद्योग, पेपर उद्योग, खादी उद्योग, लघु/कुटीर और भारत इलेक्ट्रिक इंडस्ट्रीज।

जनपद में निर्यात किए जानेवाले प्रमुख पदार्थ हैं : गुड़, तिलहन, खाद्य तेल, फल, कॉटन, पशु, सीमेंट, लोहा, स्टील और लकड़ी। जिले में आयात किए जानेवाले प्रमुख पदार्थ हैं—दैनिक उपयोग की वस्तुएँ, नमक, औषधि, भवन निर्माण की सामग्री और रसायन आदि।

प्रशासनिक व्यवस्था के अंतर्गत 10 विकास खंडों में व्यवस्थित किया गया है, जनपद को पाँच अनुमंडलों में विभाजित किया गया है : मथुरा, गोवर्द्धन, चौमुँहा, नंदगाँव, छाता, नौहझील, मांट, राया, बलदेव और फरह आदि।

इतिहास

श्रीकृष्ण के प्रपौत्र बज्रनाभ ने पुनः मथुरा को बसाया था, तभी से इस क्षेत्र को ब्रज मंडल नाम से जाना गया।

मथुरा का इतिहास अति समृद्ध है। साहित्य और पुरातात्त्विक दोनों ही प्रकार से रोचक है। मथुरा का वर्णन हमें ऋग्वेद, अथर्ववेद, श्रीमद्भागवत महापुराण, विष्णुपुराण, हरिवंश पुराण, पद्मपुराण, वाराह पुराण, गर्ग संहिता के अतिरिक्त वाल्मीकि रामायण, रघुवंश वासव दत्ता, हर्षचरित, बौद्ध, जैन आदि में मिलता है। पुराकाल में यह शूरसेन जनपद के नाम से विश्रुत था। इसकी राजधानी मथुरा थी। कालांतर में शूरसेन जनपद की सीमाओं में विशेष परिवर्तन हुआ और इसे मथुरा जनपद ही सर्वत्र स्वीकार किया जाने लगा।

लौकिक दृष्टि से मथुरा प्राचीन भारत का एक समृद्ध नगर था। यहाँ तक्षशिला से व्यापारियों के आवागमन का अनवरत क्रम था। मथुरा उनके लिए भारत के अंतरंग में पहुँचने का प्रवेश-द्वार था।

प्राचीन और मध्य काल में यहाँ ऐसी घटनाएँ हुईं, जिनका प्रभाव बहुत व्यापक हुआ। प्राचीन काल में मथुरा के उपगुप्त के उपदेश से ही सम्राट अशोक ने बौद्ध धर्म ग्रहण किया। अशोक ने विश्वबंधुत्व के संदेश को प्रचारित कर संसार के विभिन्न भागों में फैलाया।

कुषाण काल में साम्राज्य की पूर्वीय राजधानी होने के कारण इसका यश दूर-दूर तक फैला है। मुगलकाल मथुरा जनपद के गोकुला जाट ने सन् 1669 में औरंगजेब के शासन के विरुद्ध वह अग्नि प्रज्वलित की, जो मुगल साम्राज्य को भस्मीभूत करके ही शांत हुई। कहने का तात्पर्य यह है कि अनेक धार्मिक और राजनैतिक क्रांतियों में मथुरा ने बढ़-चढ़कर हिस्सा लिया।

मथुरा जनपद में महापुरुषों व आचार्य चरणों का आगमन हुआ। आदि शंकराचार्य भी यहाँ पधारे थे। श्री चैतन्य देव, श्री वल्लभाचार्य जी, श्री निंबार्काचार्य जी, श्रीहित हरिवंश जी, श्री स्वामी हरिदास जी आदि आचार्यों ने अपने आगमन से यहाँ धार्मिक जागृति का सूत्रपात किया। मथुरा नगर में स्वामी विरजानंद जी ने शिक्षा दी तथा उन्हीं के शिष्य दयानंद जी ने हिंदी, हिंदू और हिंदुस्तान का जयघोष कर राष्ट्र के आत्मबल को दृढ़ किया था।

मथुरा जनपद में प्रधान केंद्र के रूप में देखे जानेवाले महनीय स्थल मथुरा, वृंदावन, गोवर्धन, बरसाना, नंदगाँव, गोकुल, दाऊजी, महावन आदि धार्मिक दृष्टि से तो विशिष्ट स्थान रखते ही हैं, साथ ही यहाँ के निवासियों ने महात्मा गांधी के नेतृत्व में देश की स्वतंत्रता आंदोलन में भी अति उत्साह से भाग लिया, जिसने जनपद को और भी गौरवान्वित किया है।

इतिहास की भाषा में मथुरा सबसे पहला कृष्ण धाम है। मथुरा महाभारत काल में अपने जात पुत्र कृष्ण का जय ध्वज रहा। महाभारत के पश्चात मथुरा एक नगर मात्र रह गया। कालांतर में शूरसेन प्रदेश का समय ग्रहों में प्रवेश कर गया, किंतु ब्रज ने उसके अस्तित्व को अमृतपायी बनाए रखा है।

भारत के सभी प्रांतों को मिलाकर विचार करें तो लगभग 3,000 से ऊपर भगवान बालकृष्ण के देवालय निर्मित हुए हैं। विविध राज्यों से प्रतिवर्ष प्रायः पाँच लाख भक्त विभिन्न पर्वों के स्वर्णिम अवसरों पर ब्रज दर्शन करने आते हैं। बालकृष्ण के साथ बाँसुरी का दर्शन अनिवार्य रूप से होता है। एक और यहाँ विशेष बात है कि चौबीस अवतारों में से बाल रूप सेव्य केवल श्रीकृष्ण ही अंगीकृत हुए। ब्रजमंडल कृष्ण की द्युति व विभूति से ओत-प्रोत है। आज भी ब्रजमंडल विद्यमान है, इसीलिए कृष्ण भक्ति की हरी-भरी जड़ें समूचे भारतवर्ष में अंदर-ही-अंदर फैलती रहीं। हरियाली रही, दक्षिण में दक्षिण मथुरा, दक्षिण द्वारका, दक्षिण वृंदावन भी स्थापित कर दिए गए।

ईसा पूर्व छह सदी तथा ईसा सन् 350 पर्यंत लगभग 1,000 वर्षों की अवधि तक वैचारिक तांडव चलता रहा। इस समय बौद्ध, जैन, यवन और वैदिक परंपरा के अपने-अपने आंदोलन, टकराव, विविधतायुक्त संघर्ष के साथ वाक् युद्धों के अतिरिक्त शास्त्र युद्ध भी होते रहे। प्राचीन आस्थाओं को प्रतिष्ठित करने में परम भागवत गुप्तों का शासन भी 550 ईसा सन् तक अपना उत्कृष्ट कार्य करता है। इसके तत्काल बाद हूणों का आक्रमण होता है। 8वीं सदी तक बौद्ध धर्म के विरोध में एक धार्मिक उन्मेष समूचे भारत को अपने आप में संगठित करने में सक्षम हो जाता है। इस उन्मेष के नायक आदि शंकराचार्य थे।

ईसा पूर्व 600 से लेकर ईसा 600 वर्ष तक यहाँ बौद्धों के संघाराम, जैनों के जैन मंदिर, कुषाणों के देव कुल आदि। हूणों का महाविनाश, इस एक हजार वर्ष की अवधि में अनेक झंझावातों में मथुरा मंडल उलट-पुलट होता रहा।

भगवान बुद्ध का मथुरा में दो बार आना बताया जाता है। प्रथम बार का उनका अच्छा अनुभव नहीं था, जिसमें यहाँ के मार्ग ऊबड़-खाबड़ थे, यक्षों का आतंक था, कुत्ते भी अधिक भयंकरता लिये हुए थे। द्वितीय यात्रा में वे यहाँ पधारे। यह वह समय था जब तक मथुरा पर बौद्ध धर्म का प्रभाव दिखाई दे रहा था। यहाँ के पश्चात ही उन्हें परिनिर्वाण प्राप्त हुआ। इसी समय उन्होंने मथुरा के बारे में कहा था कि यह प्रांत भारतवर्ष का आदि राज्य रहा है। यहाँ पर मानवों का सर्वप्रथम राजा निर्वाचित हुआ था अर्थात मानव समाज ने व्यवस्था और संरक्षा हेतु सर्व सम्मति से अपना नेता चुना था। उसे 'महासम्मत' कहा गया। उसने मथुरा के निकटवर्ती भू-भाग पर अपना सर्वप्रथम राज्य स्थापित किया था। अतएव भगवान बुद्ध ने जंबू द्वीप की प्रथम राजधानी मथुरा को स्वीकार किया। इसके अतिरिक्त बुद्ध ने मथुरा के लिए भविष्यवाणियाँ की थीं, जो कालांतर में सही सिद्ध हुईं।

जैन मान्यता के आधार से आदि तीर्थंकर ऋषभनाथ सहित अनेक तीर्थंकरों का शूरसेन जनपद से आत्मीय संबंध रहे हैं। जिन शैव कृत 'महापुराण' में यह उल्लेख मिलता है कि

ऋषभनाथ के आदेश से इंद्र ने इस पृथ्वी पर जिन बावन (52) देशों की स्थापना की थी, उनमें से एक शूरसेन देश भी था, जिसकी राजधानी मथुरा थी। कई तीर्थंकरों का मथुरा में विहार हुआ था। बाईसवें तीर्थंकर नेमिनाथ वासुदेव कृष्ण के भाई थे। एतदर्थ मथुरा जैन मतावलंबियों के लिए सदैव पुण्यभूमि रहा है।

ग्यारहवीं सदी तक सारे भारत में बालकृष्ण की भक्ति कुछ इस तरह से परिप्लावित हो चुकी थी कि जो शैव थे, शाक्त थे, जो वैष्णव थे। वे बालकृष्ण भक्ति में एक लीलायित सिद्धि प्राप्ति का सहज साध्य प्राप्त करने लगे थे।

तत्कालीन इतिहासकारों ने ईसा पूर्व छह सौ वर्ष ई. सन् 800 पर्यंत बारह सौ वर्षों का इतिहास छोटे-छोटे रूपों को मिलाकर अति दुरूह कार्य को अपने परिश्रम से जोड़कर सृजित किया है, वह निश्चित रूप से अभिनंदनीय है। उन्होंने इसके संकलन में पुरातत्त्व के उत्खनन, दुर्लभ सूत्रों से प्राप्त शिलालेख व ताम्रपत्र, प्राचीन सिक्के, इतिहास ग्रंथों के सूत्र आदि सामग्री के आधार जिन ग्रंथों की रचना की थी, उसमें ब्रज प्रदेश का वर्णन नगण्य था; फिर भी भारतीय इतिहासकारों ने अथक श्रमसाध्य अध्यवसाय से अन्वेषण किया, वह इस प्रकार है—

ब्रजप्रदेश का नाम ईसा पूर्व सौ वर्ष तक शूरसेन प्रदेश ही प्रचलित रहा था। ई. सन् सौ के आसपास इस रम्य प्रांतर को मथुरा मंडल कहा जाने लगा। सन् 350 के लगभग जब मथुरा पर नाग शासकों का आधिपत्य समाप्त हुआ, ये अंतिम शासक थे अर्थात उसके बाद मथुरा को राजनैतिक केंद्र होने का गौरव फिर कभी प्राप्त न हो सका।

मथुरा मंडल नाम मात्र एक हजार वर्ष पर्यंत रहा, ईसा पूर्व 100 वर्ष से ईसा 100 वर्ष तक। इसके बाद ब्रज प्रदेश नाम से संबोधित किया जाने लगा। 11वीं सदी से ब्रज को 84 कोस से जानने लगे।

छठी शताब्दी ईसा पूर्व मथुरा शूरसेन महाजनपद की राजधानी थी। तत्पश्चात मगध के उत्कर्ष के साथ-साथ शूरसेन मगध में समाहित हो गया।

शुंगकाल में यह क्षेत्र अपने सांस्कृतिक चरमोत्कर्ष पर पहुँच चुका था तथा इसकी गणना भारत के प्राचीन नगरों के साथ की जाती थी। प्रथम शताब्दी ई. में ब्रज प्रदेश में शक क्षत्रप राजशक्ति का उदय हुआ जिसका संस्थापक राजवुल था। शोडास ने इस वंश परंपरा में वृद्धि की थी। बहुत समय तक इस क्षेत्र के इतिहास की जानकारी उपलब्ध नहीं रही। तत्पश्चात दत्त उपनाम वाले कुछ राजाओं पुरुदत्त, उत्तमदत्त आदि ने यहाँ शासन किया था।

शुंगों की समाप्ति के बाद यह भूखंड यौधेय गणराज्य के अधीन रहा। यूनानी राजा मीनांडर व जयेट्रियस आदि ने भी यहाँ शासन किया। कुषाण राजा कनिष्क के शासन काल में यहाँ साहित्य एवं कला की अभूतपूर्व वृद्धि हुई। वासिष्क के समय भी इसका महत्त्व अक्षुण्ण रहा जबकि हुविष्क एवं वासुदेव के काल में मथुरा उत्तर भारत का प्रमुख महानगर बन चुका था।

विदेशी आक्रामक जाति शक, यवन एवं कुषाण शासकों ने वैदिक धर्म की अपेक्षा श्रवण परंपरा (बौद्ध एवं जैन धर्म) को प्रोत्साहित किया। यहाँ मित्र एवं नागवंश के स्थानीय शासकों ने शासन किया था, जिनकी दयनीय स्थिति होने के कारण शकों एवं कुषाणों के प्रभुत्व के साथ ही व्यावसायिक, धार्मिक एवं कलात्मक क्षेत्र में भी उनकी गतिविधियाँ बढ़ीं। मूर्तिकला के क्षेत्र में भी अनुकूल अवसर मिला।

यहाँ जैन, बौद्ध, वैदिक, शैव, नाग तथा शाक्त—सभी पंथों का समुचित विकास हुआ। मूर्ति शिल्प के अतिरिक्त विशाल मंदिर, महल, मठ, स्तूप, घाट, सरोवर तथा अन्य अनेक स्मारकों का निर्माण हुआ।

गुप्तकाल के आरंभिक चरणों में भी मथुरा सांस्कृतिक गतिविधियों का केंद्र बना रहा, इसके उपरांत हूणों के आक्रमण से यहाँ की राजनीतिक अस्थिरता के कारण मथुरा का महत्त्व घटता गया तथा मथुरा कन्नौज की सत्ता के अंतर्गत आ गया, जहाँ मौखरि वंश का प्रभुत्व था। तत्पश्चात यह क्षेत्र वर्धन साम्राज्य के अधीन रहा। हर्षवर्धन के पश्चात उत्तर भारत कुछ समय के लिए बंगाल के पालों के अधीन रहा। इस काल में भी मथुरा में कला, संस्कृति एवं धर्म की गतिविधियाँ प्रसारित रहीं। 1018 ई. में महमूद गजनवी ने मथुरा को बेरोक-टोक लूटा। उसके बाद यह गहड़वाल शासकों द्वारा शासित रहा।

1194 ई. में कुतुबुद्दीन ऐबक ने जयचंद को परास्त कर कन्नौज में अपनी सत्ता स्थापित की। सिकंदर लोदी ने भी इस क्षेत्र को अपने आक्रमण से बहुत नष्ट किया। राजा विजयपाल द्वारा निर्मित श्रीकृष्ण जन्म-स्थान का मंदिर भी इसी आक्रमण का शिकार हुआ। उस समय के शासकों द्वारा शिल्प कला की अपूरणीय क्षति के बाद भी सनातन धर्म, संस्कृति और कला जीवंत रही।

1526 ई. से 1718 ई. पर्यंत मथुरा मुगल शासकों के अधीन रहा। इसी के अंतर्गत अकबर कालीन सुलह कुल नीति से ब्रज की जनता में जन जागृति हुई। मथुरा, वृंदावन, गोकुल, गोवर्धन, बरसाना आदि धार्मिक स्थलों का महत्त्व विशेष रूप से बढ़ा। इसके साथ ही अनेक नवीन मंदिरों का निर्माण भी हुआ। चैतन्य संप्रदाय के विशिष्ट महापुरुषों श्रीपाद रूप गोस्वामी, श्रीसनातन गोस्वामी आदि को समादर भी प्राप्त हुआ। अनेक राजाओं के

द्वारा वृंदावन एवं गोवर्धन में अनेक आकर्षक निर्माण हुए। ब्रजभाषा के रचनाकार भक्तों की रचनाओं को प्रोत्साहन मिला, जिनमें स्वामी हरिदास जी, गोस्वामी हित हरिवंश जी, श्री हरिराम व्यास जी, श्री भट्ट जी, सूरदास जी व उनके साथ के आठ भक्त कवि जो अष्टछाप के कवि कहलाए। ध्रुवदास जी तथा रसखान आदि की ब्रजभाषा काव्य रचनाओं से ब्रजभाषा साहित्य समृद्ध हुआ।

जहाँगीर के शासन काल में राजा वीर सिंह देव जो कि ओरछा के बुंदेल राजा थे, आपने भगवान श्रीकृष्ण के जन्म-स्थान पर एक भव्य दिव्य मंदिर का निर्माण कराया।

सन् 1739 में अफगानिस्तान के शासक नादिर शाह तथा उसके उत्तराधिकारी अहमद शाह ने 1757 ई. में मथुरा पर भयंकर आक्रमण किया। उसने बर्बरता से लूटपाट की। सन् 1770 में मथुरा मराठों के अधीन हो गया। उस समय यहाँ जीर्णोद्धार के कार्य संपन्न हुए। सन् 1803 में मथुरा पर अंग्रेजी शासन स्थापित हो गया। अंग्रेजी शासन से यहाँ का समूचा क्षेत्र अत्यधिक प्रभावित हुआ।

सन् 1857 में जब स्वतंत्रता संग्राम का जनजागरण हुआ, उस समय मथुरा का नागरिक एक नई उमंग के साथ उठ खड़ा हुआ और उस क्रांति युद्ध में कूद पड़ा। वर्तमान में मथुरा समूचे विश्व पटल पर जगमगा रहा है। यहाँ की संस्कृति अपनी रीति-रिवाज और परंपराओं के साथ अतीत के गौरव को पुनः प्राप्त कर पर्यटकों का मन मोह रही है।

भारत की सप्तपुरियों में मथुरा का अनुपम स्थान रहा है। मथुरा तीन लोक से न्यारी है। यह कहावत आज भी अपनी सार्थकता को सिद्ध करती है।

पुण्य सलिला कालिंदी के कूलों पर सुशोभित मथुरा पुरी सप्तपुरियों में अति श्रेष्ठ स्थान पर अवस्थित है। इसकी स्थापना दैत्यराज मधु ने की थी। उसी के नाम पर यह मधुपुरी जगत में प्रसिद्ध है। सूर्यवंशी भगवान राम के लघु भ्राता शत्रुघ्न ने मधुनंदन लवणासुर का वध करने के पश्चात यहाँ अपना राज्य स्थापित किया।

मथुरा में भगवान श्रीकृष्ण का आविर्भाव होने से इसका रूप-स्वरूप और महनीयता अगणित हो गई। यहाँ का कण-कण वंदनीय है, मथुरा दिव्य धाम है। यह मात्र दर्शनीय ही नहीं अपितु उपासनीय है। यह गोपकुमार का साक्षात विग्रह स्वरूप है।

मथुरा पुरी वैष्णव भक्तों का प्रमुख केंद्र है। जैन एवं बौद्ध धर्म भी यहाँ पल्लवित हुए। नेमिनाथ, पार्श्वनाथ ऋषभदेव एवं महावीर का इस भूखंड से अति समीप का संबंध है। जैन धर्म से संबंधित धर्मस्थल चौरासी के रूप में मथुरा में विद्यमान है। भगवान बुद्ध स्वयं यहाँ आए थे। मथुरा में ही भगवान बुद्ध की प्रथम मूर्ति निर्मित होने का सुयोग बना।

यह ब्रजमंडल कभी मथुरा मंडल नाम से विश्रुत था। 'वाराह पुराण' में भगवान वाराह ने पृथ्वी देवी को मथुरा मंडल के अनेक तीर्थ स्थलों, वनस्थलियों, श्रद्धालु भक्तों द्वारा प्रतिष्ठापित देवालयों के अति सन्निकट यमुना के तटवर्ती घाटों का सुंदर परिचय दिया है। विश्व के अगणित तीर्थों का दर्शन करने में अवश होनेवाले भक्तों को ब्रजमंडल की यात्रा करके संपूर्ण यात्रा का फल प्राप्त हो जाएगा। इसका डिड्डिम घोष सर्वप्रथम वाराह भगवान ने किया।

'हरिवंश पुराण' के अनुशीलन से हमें अवगत होता है कि प्राचीन मथुरा नगरी यमुना नदी के किनारे पर स्थित थी यहाँ सघन बसावट थी। मथुरा का आकार अष्टमी के चंद्रमा जैसा था। उसके चतुर्दिक प्राचीर निर्मित थी, जिसमें ऊँचे तोरण द्वार थे। दीवाल के बाहर खाई बनी हुई थी। धन-धान्य से पूर्ण और समृद्ध थी। उसमें अनेक बाग-बगीचे सुशोभित थे। वन प्रांत की शोभा अद्वितीय थी। नगरी सकल भाँति मनोज्ञ थी। घर-द्वार अट्टालिकाओं से युक्त थे। उन घरों में निवास करनेवाले नागरिक वस्त्र और आभूषणों से सजे रहते थे। सभी नागरिकों की काया रोगमुक्त तो थी ही, साथ में वे शौर्य और पराक्रम से उल्लसित थे। उनकी समृद्धि देखते ही बनती थी। उनके हाथी, घोड़े और रथों की संख्या पर्याप्त थी। नगर में पंक्तिबद्ध दुकानों में क्रय-विक्रय होता ही रहता था। रत्नों की ढेरियाँ स्थान-स्थान पर लगी हुई थीं। मथुरा की भूमि उपजाऊ थी, समयानुसार बरसात होती थी। मथुरा नगर के समस्त नागरिक प्रसन्नचित्त दिखाई देते थे।

भगवान श्रीकृष्ण ने इस पावन भूमि के लिए कहा है, 'माथुरं मम मंडलम्'। इस मंडल का सीमा विस्तार बीस योजन बताया गया है अर्थात बीस कोस वर्तमान में साठ किमी. विस्तृत भूखंड है। वर्षाकाल में मथुरा मंडल में निवास अत्यंत सुखदायक और पुण्यमय होता है।

सात महाद्वीपों में जो सबसे अधिक पुण्य देनेवाले तीर्थ हैं, वो सभी विष्णु के शयन काल में मथुरा में आ जाते हैं। देवोत्थान के समय विष्णु के दर्शन करने से समस्त पाप क्षय हो जाते हैं।

'पद्म पुराण' के पाताल खंड में भगवान मथुरा मंडल के संबंध में कहते हैं—

तस्यात्त्रैलोक्यमध्येतु पृथ्वी धन्येति विश्रुता।
यस्मान्माथुरकं नाम विष्णोरेकांत वल्लभम्॥
स्वस्थानमधिकं नाम ध्येयं माथुर मंडलम्।
विष्णुचक्र परिमाण द्धाम वैष्णवमद्भुतम्॥

अर्थात त्रैलोक्य के मध्य में स्थित यह पृथ्वी (मथुरा मंडल) धन्य है और बहु विश्रुत है। यह विष्णु भगवान का अति प्यारा मथुरा नामक स्थान है। यह मेरा स्थान है। मैं इस मथुरा मंडल की आराधना करता हूँ। इसका परिमाण विष्णु चक्र के जितना है और वैष्णवों का अद्भुत धाम है।

इस सनातनी मथुरा पुरी की स्तुति, इंद्र, शेष और मुनींद्रगण तक करते हैं। काशी आदि नगरियाँ संतों को अतिप्रिय हैं, किंतु ऐसी अनेक पुरियों में मथुरा पुरी धन्य है, सेवन करने योग्य है। यहाँ यदि श्रद्धालु जनजीवन पर्यंत व्रतादिकों का अनुष्ठान करते रहें, निवास करते रहें, तो मृत्यु, दाह आदि चार प्रकार की व्याधियों से मुक्त हो जाते हैं।

इसी मथुरा में राजा उत्तानपाद के पुत्र बालक ध्रुव ने मेरी आराधना तन्मय एवं तत्पर होकर की और इतनी निष्ठा के साथ अपने उद्देश्य के साथ सफल हुआ कि वह उन्मुक्त होकर परम शुद्ध पितामह ब्रह्मा के लोक को प्राप्त कर गया।

कृष्ण और बलराम की भूमि इस मथुरा मंडल में नवपल्लवों से मंडित वृंदावन नाम का प्रसिद्ध वन है। इसमें कदंब की एक डाल पर पीतांबरधारी श्रीकृष्ण विराजमान रहते हैं। इस वन में कोकिला और भौंरे मनोहर स्वरों में चहचहाया करते हैं। पास ही कमल दलों से सुशोभित यमुना प्रवाहित रहती है। श्रीकृष्ण और बलराम इह लोकलीला का साक्षी गोवर्धन पर्वत भी इस मंडल में सुशोभित है। यहीं श्रीकृष्ण ने इंद्र के अहंकार को शमित किया था और गौ तथा गोपालकों को सुख और समृद्धि प्रदान की थी।

मथुरा मंडल में मथुरा, वृंदावन, गोकुल, गोवर्धन आदि नगर और ग्राम एवं वन, कुंड, सरोवर, मंदिर और असंख्य तीर्थों का विधान है।

सांस्कृतिक स्वरूप

उत्तरापथ के यमुना के दक्षिणी तट पर मथुरा पुरी का सन्निवेश है। देश के प्राची से पश्चिमी भागों के मध्य में आवागमन की जो धमनी थी, उस पर मथुरा की स्थिति इतनी मोहक थी कि वैसी अन्य किसी भी नगर की नहीं थी। मध्य प्रांतर के पश्चिमी आमुख ललाट पर मथुरा रूपी तिलक सुशोभित हो रहा था।

यह भौगोलिक स्वरूप मथुरा को सदैव लाभान्वित करता रहा। पूर्व और पश्चिम के समन्वय का श्रेय भी मथुरा को ही मिला। इस प्रकार यदि देखा जाए तो सहज ही कहा जा सकता है कि समन्वय ही मथुरा की संस्कृति का मूल तत्त्व है। इस संस्कृति के विस्तार से समूचे राष्ट्र का हित हुआ। मथुरा को बहुआयामी ऐतिहासिक पृष्ठभूमि में

निहित अंतर्यामी सूत्र अनेक संस्कृतियों का समन्वय है। इसी से एकता का सूत्र समूचे देश में संदेश की भाँति प्रसारित हुआ। मथुरा से इतिहास और शिल्प की जो अमूल्य सामग्री उपलब्ध हुई है, उससे समन्वयता का भाव पुष्ट होता है।

प्रथम समन्वय का दर्शन हमें यूनानी और ईरानी संस्कृतियों के संगम स्थल पर लक्षित होता है। ये धारात्रयी ऐतिहासिक क्रम से परस्पर संघर्ष रूप में उभरकर आईं किंतु मात्र दो शताब्दियों के अंतराल में ही समन्वय के रूप में घुल-मिल गईं, जिसका आवर्जक रूप हमें मथुरा कला में परिलक्षित होता है। यह सांस्कृतिक समन्वय जिसमें भारतीय कला की धार्मिकता, ईरानी कला की सहजता और यूनानी कला का बाह्य अनुपम सौंदर्य जो मानवीय शरीर के बाहरी आकर्षण को चित्रित करने की प्रवृत्ति, इन तीनों गुणों को एकत्रित होने से मथुरा कला अपूर्वता को प्राप्त होती चली गई।

ईसा की प्रथम और द्वितीय शताब्दियों में शक और कुषाणवंशी राजाओं का आधिपत्य मथुरा में हुआ, किंतु इससे भारतीय कला अभिभूत नहीं हुई, बल्कि और भी अधिक पुष्ट हुई। भारतीय कला के इस अभूतपूर्व अस्तित्व के बल पर ही आगंतुकों का कला वैशिष्ट्य उसमें पच गया। इस प्रकार भारतीय संस्कृति के साथ ईरानी और यूनानी संस्कृतियों ने मिलकर त्रिवेणी का रूप धारण कर कलाओं के मिलन की प्रथम स्थली मथुरा हुई। इसी प्रकार तीन विचारधाराओं का समामेलन मथुरा की पावन भूमि पर अभूतपूर्व था। जिसे इतिहास के पृष्ठों में विशेष घटना के रूप में स्वीकार किया गया, यह था ब्राह्मण धर्म, बौद्ध धर्म और जैन धर्म, ये तीनों ही विचारधाराएँ मथुरा के समन्वय प्रधान वातावरण में अनेक शताब्दियों पर्यंत पल्लवित-पुष्पित रहीं। भारतवर्ष में शायद ही इस प्रकार द्वितीय स्थल हो, जहाँ ये तीनों विचारधाराएँ दीर्घकाल तक हँसती-खेलती रही हों।

प्रथम शताब्दी ई. पूर्व से प्राय: पाँचवीं शताब्दी पर्यंत तीनों धर्मों के आचार्य अपने-अपने धर्मों की उत्तरोत्तर उन्नति के लिए पूर्ण प्रयासरत रहे। बौद्धों के सर्वास्तिवादी, महासंघिक और धर्मगुप्त संप्रदायों का केंद्र मथुरा ही था। जैन धर्म के शिलालेख हमें अवगत कराते हैं कि जैन संघ के अनेक गण, शाखाएँ विद्या और धर्म के अभ्युदय के लिए प्रयत्नशील रहीं।

ब्राह्मण धर्म तो भगवान श्रीकृष्ण के युग से यहाँ पुष्पित हो रहा था। पुरातत्त्व की उपलब्ध सामग्री के आधार पर इतना तो स्पष्ट हो जाता है कि ईसा पूर्व की प्रथम शताब्दी से ही मथुरा ब्राह्मण धर्म का बड़ा केंद्र निर्मित हो चुका था।

उक्त तीनों धर्मों की विचारधारा का केंद्र होने के कारण यह स्वाभाविक ही है कि मथुरा की शिल्प कला इन तीनों ही धर्मों की छाया में पल्लवित हुई। इन्हीं धर्मों की भक्ति भावनाएँ उन मूर्तियों में अंकित देखते हैं, जो मथुरा के विविध उत्खनन से प्राप्त हुई हैं। शैलीगत अंतर भी स्पष्ट रूप से दृष्टिगोचर होता है।

अध्याय : 2

ब्रिटिश शासन से पूर्व जिले की स्थिति

मुस्लिम शासकों की धार्मिक असहिष्णुता से यहाँ का जनमानस पूर्ण रूप से निराश और थका-हारा-सा हो चुका था। उस समय जन-जन में धार्मिक चेतना को जागृत करने के लिए जनपद में संत-महात्माओं के अतिरिक्त प्राय: दक्षिण भारत व बंगाल से आचार्यों का आगमन हुआ, जिसे एक महत्त्वपूर्ण घटना के रूप में माना जाता है। आगंतुक महानुभावों में निंबार्काचार्य, चैतन्य देव, वल्लभाचार्य, हित हरिवंश, स्वामी हरिदास जी और चैतन्य संप्रदाय के षड्-गोस्वामी वृंद-रूपगोस्वामी, सनातन गोस्वामी, जीव गोस्वामी, गोपाल भट्ट गोस्वामी, रघुनाथ दास, रघुनाथ भट्ट आदि प्रभृति महापुरुषों ने भक्ति चेतना का जागरण किया, साथ ही लोग जिस आत्मविश्वास को पूर्णत: खो चुके थे, उसको पुन:प्रतिष्ठित किया। यह बहुत ही महत्त्वपूर्ण कार्य किया।

औरंगजेब के देहावसान के पश्चात मुगल साम्राज्य में परस्पर का विवाद गहराने लगा। उसी समय मराठा शक्ति का उदय हुआ। औरंगजेब के समय जाट लोगों ने विद्रोह किया था। अनेक संघषों के पश्चात 1722 में बदन सिंह को जाटों का राजा घोषित किया गया। इनका शासन काल 1722-1755 तक रहा। इनके शासन काल में मथुरा जनपद में अनेक कार्य हुए। उसके बाद सूरजमल का शासन रहा। यह समय जाटों के शासन का स्वर्णिम युग था। मथुरा में घाट बने। अनेक भवन बने, गोवर्धन में छतरियाँ भी निर्मित हुईं। सूरजमल की मृत्यु के बाद जवाहर सिंह राजा बने। 1768 में जवाहर सिंह की हत्या आगरा में हुई जब वे अपने महल में आराम कर रहे थे। उसके बाद उनके छोटे भाई रतनसिंह राजा हुए। आपका असमय में निधन हो जाने के कारण अल्पकालीन शासन रहा। इसी क्रम में केशरी सिंह अल्प वयस्क होने के कारण नवल सिंह संरक्षक था, लेकिन वह राजा की तरह कार्य करने लगा।

नवल सिंह का राजा बनना उसके भाई रणजीत सिंह को अच्छा न लगा। अत: उसने 1770 में मराठा सरदार से भेंट की और मराठों ने कुम्हेरे पर चढ़ाई कर दी। इन संघर्षों से

मराठा शक्ति 1761 के पानीपत युद्ध में पराजित होने के बाद पुन: उत्साहित हो उठी और जाट शक्ति का उत्तरोत्तर क्षीण होना प्रारंभ हो गया।

30 अक्टूबर, 1773 को जाट और मुगलों के मध्य भीषण युद्ध हुआ, जिसमें जाटों की भयंकर पराजय हुई। इस प्रकार मथुरा जनपद को भूमि पर सौंख अड़ीग एवं बरसाना के युद्धों की पराजय से जाट शक्ति को बड़ा धक्का लगा। जाट शक्ति पूर्णत: क्षीण हो गई। इस प्रकार जाटों का प्रभुत्व यहाँ से समाप्त हो गया। सन् 1775 में डीग भी जाटों से निकल गया।

मथुरा जनपद जाटों के प्रभुत्व से अलग होते ही सन् 1782 तक दिल्ली सम्राट के अधीन रहा, लेकिन नजफ खाँ का वर्चस्व यहाँ बना रहा। सन् 1782 में नजफ खाँ की मृत्यु हो गई। उसका दत्तक पुत्र अफरासियाब खाँ उत्तराधिकारी बना। वह अपने भतीजे मिर्जाशफी को अपने पद को देना चाहता था, किंतु आगरा का राज्यपाल मुहम्मद बेग हमदानी भी इस पद का आकांक्षी था। अफरासियाब खाँ और मिर्जाशफी ने मुहम्मद शफी से समझौता करने की चेष्टा की। इसी मध्य आगरा में मुहम्मद शफी का वध हो गया। इस प्रकार से अफराशियाब खाँ अकेला रह गया। वह मुहम्मद बेग की शक्ति को रोकने में असमर्थ हो गया और वह नवाब वजीर, अंग्रेज और मराठों से मिलने की सोचने लगा तभी सम्राट का पुत्र जीवनबख्त दिल्ली से लखनऊ चला गया जहाँ वह वारेन हेस्टिंग्स से जा मिला। इन परिस्थितियों में अफरासियाब खाँ भयभीत हो गया और वह माधोजी सिंधिया का आश्रय लेने के लिए उद्यत हो गया।

माधोजी सिंधिया तात्कालिक कालखंड में मराठा सरदारों में सर्वोपरि थे। जैसे ही अफरासियाब खाँ की शक्ति मिली, उन्होंने तत्काल आगरा की ओर प्रस्थान किया। इसी समय सम्राट भी दरबार सहित आगरा की ओर आ रहे थे। 22 अक्टूबर, 1784 को परस्पर भेंट हुई, किंतु तभी अफरासियाब खाँ का वध मिर्जाशफी के भाई ने कर दिया। फलस्वरूप माधोजी सिंधिया को साम्राज्य का शासकीय अधिकार मिल गया। इस प्रकार उसकी शक्ति पूर्ण विस्तार को प्राप्त हो गई।

इस प्रकार की व्यस्त और संघर्षपूर्ण स्थितियों से माधोजी सिंधिया मथुरा में आकर रहा करते थे। मथुरा उनकी प्रिय स्थली थी। इसीलिए 1784 में मथुरा एवं आसपास के क्षेत्र को सुरक्षित-संरक्षित करने हेतु गुसाईं हिम्मत बहादुर को नियुक्त किया था। दिल्ली पर पुन: वर्चस्व होने पर सिंधिया प्राय: मथुरा ही प्रवास करते थे। सन् 1803 तक मराठों का प्रिय स्थान रहा और इसका धार्मिक दृष्टि से भी आदर करते थे। मथुरा के जाटों ने भी अपने नरेश रणजीत सिंह के नेतृत्व में सिंधिया के प्रभुत्व को स्वीकार कर

लिया। तभी सिंधिया ने डीग पर जाने के साथ ग्यारह परगने रणजीत को प्रदान किए, जिनकी आय दस लाख रुपया थी। सन् 1803 तक यहाँ के सभी जाटों ने सिंधिया का पूर्ण साथ दिया।

सन् 1802 में पेशवा बाजीराव ने अंग्रेजों के साथ बेसीन की संधि करके भारत माता को दासता की जंजीरों से जकड़ दिया। पेशवा के इस दुष्टतापूर्ण कार्य से सभी मराठा सरदार क्रोधित हो उठे। इस प्रकार भारत का दुर्भाग्य आकर यहाँ खड़ा हो गया। इसका लाभ उठाकर अंग्रेजों ने एक-एक करके मराठा शक्ति को दुर्बल कर दिया। इसी समय माधोजी सिंधिया का देहावसान हो गया। इनके उपरांत सिंधिया सरदार दौलतराव आसीन हुए, जिनका प्रभाव आगरा, मथुरा, दिल्ली पर था।

अगस्त सन् 1803 में लॉर्डलेक कानपुर से 1055 सैनिक लेकर मराठा शक्ति को समूल नष्ट करने के लिए चल पड़ा। 4 सितंबर, 1803 को उसने अलीगढ़ अपने अधिकार में कर लिया। 14 सितंबर को दिल्ली में भयंकर युद्ध हुआ और इस युद्ध में अंग्रेजों ने दिल्ली पर अपना प्रभुत्व जमा लिया। 24 मार्च, 1803 को उसके आसपास का क्षेत्र अंग्रेजों के अधिकार क्षेत्र में आ गया।

30 दिसंबर, 1803 को सुर्जी-अर्जुन गाँव की संधि के आधार पर मथुरा जनपद भी मराठों के हाथ से निकल गया और इस प्रकार मथुरा भी अंग्रेजी कंपनी के शासन के अधीनस्थ हो गया। इससे पूर्व मथुरा का परगना अंबाजी इंगलिया के द्वारा शासित था।

लॉर्डलेक ने सिंधिया और भौंसला की शक्ति नष्ट-भ्रष्ट कर दी थी। अब वह होल्कर से युद्ध का निर्णय लेने लगा और अप्रैल 1804 में यह युद्ध निर्णायक स्थिति में आ गया।

15 सितंबर को होल्कर अपने साथ 6,000 घुड़सवार, 1,500 पैदल सेना और 1,192 तोपें लेकर विजयश्री की कामना से मथुरा की ओर अग्रसर हुआ। इस शक्ति प्रदर्शन को देखकर कर्नल ब्राउन भयभीत होकर पर्याप्त सेना होने पर भी आगरे की ओर लौटने लगा। मथुरा में होल्कर को खाद्य सामग्री का प्रचुर भंडार मिला। इधर लॉर्डलेक 3 अक्टूबर को आगरा से मथुरा पहुँचा। और लॉर्डलेक होल्कर की सेना का पीछा करने लगा। 5 नवंबर को जनरल फ्रेजर को डीग सेना से लड़ने के लिए भेजा गया। मराठा सेना डीग और कस्बा आऊ गाँव के मध्य थी। यहीं युद्ध हुआ और होल्कर की सेना पराजित हो गई, किंतु जनरल फ्रेजर को गहरी चोट पहुँची, जिससे मथुरा में उसकी मृत्यु हो गई। यहीं उसे दफनाया गया। इसी समय लॉर्डलेक होल्कर का पीछा करता रहा।

6 नवंबर और 7 दिसंबर को अमृतसर के पास व्यास नदी के किनारे होल्कर की सेना से युद्ध हुआ, जिसमें 6 जनवरी, 1806 को होल्कर को संधि के लिए बाध्य होना पड़ा। इस संधि के साथ होल्कर की शक्ति दुर्बल होती चली गई। इस प्रकार मथुरा प्रदेश से मराठों का शासन विश्राम लेता है। मथुरा नगर में मराठों के भवन जो इस समय भग्न हो चुके हैं। वहाँ नवीन निर्माण हो गया है।

मथुरा नगर दिल्ली और आगरा के मध्य में अवस्थित होने के कारण सेना की छावनी के रूप में सदैव रहा और आज भी है। सन् 1824 में सर्वप्रथम यह जनपद के रूप में शोभित हुआ।

जाटों की पराजय के उपरांत ही अंग्रेजी ईस्ट इंडिया कंपनी का सन् 1805 में मथुरा पर अधिकार हो गया था। सन् 1832 में मथुरा प्रदेश का कुछ भाग आगरा जिले से जोड़ दिया गया और कुछ भाग सादाबाद जिले के अंतर्गत जोड़ा गया। मथुरा जनपद का पृथक् निर्माण 1832 में किया गया। मथुरा नगर को जनपद का मुख्यालय बनाया गया। उस समय जिले में अड़ींग, सहार, कोसी, मांट, नौहझील, महावन, सादाबाद और जलेसर आदि आठ तहसीलें थीं। सन् 1860 में मांट तहसील के अंतर्गत नौहझील को कर दिया गया। सन् 1868 में मथुरा में अड़ींग तहसील का विलय हो गया। पुनः पृथक् कर दिया गया। फिर मथुरा चार तहसील ही रह गई—मथुरा, मांट, छाता और सादाबाद थीं किंतु वर्तमान में मथुरा, मांट, छाता, गोवर्धन, महावन आदि पाँच तहसील ही हैं। सन् 1961 में वर्तमान न्यायालय परिसर निर्मित हुआ।

ईस्ट इंडिया कंपनी

इंग्लैंड के निवासी अंग्रेज जो व्यापारी थे, उन्होंने भारत से व्यापारिक संबंध स्थापित करने के लिए ईस्ट इंडिया कंपनी बनाई थी। मथुरा जनपद 1803 ई. के अंतिम चरण में कई गाँव-नगर ईस्ट इंडिया कंपनी के अधिकार क्षेत्र में आ गए थे—नौहझील, मांट, महावन और मथुरा आदि। इन सभी की आय का आंकलन लगभग चार लाख रुपये था। इस प्रकार 1804 तक मथुरा जिला जो वर्तमान में है, वह अंग्रेजों के अधीन हो गया था। सन् 1832 में मथुरा जिले को नवीन आकार दिया गया। उस समय इसके अंतर्गत अड़ींग, सहार, कोसी, मांट, नौहझील, महावन, सादाबाद और जलेसर आदि ये आठ तहसीलें थीं। तत्कालीन मथुरा नगर को राजनैतिक महत्त्व प्रदान करते हुए उसे सर्वप्रथम इस जनपद को केंद्र बनाया गया था।

सन् 1826 से 1857 तक के कालखंड में मथुरा जनपद के अंग्रेजी शासन काल में प्रबंध व्यवस्था और तहसील परगनों की सीमा में परिवर्तन के अतिरिक्त कोई अन्य घटना घटित नहीं हुई। उस समय के मध्य यहाँ के एकमात्र अधिकारी अंग्रेज ही थे, जिनका विरोध करनेवाली कोई भी शक्ति नहीं दिखाई दी।

कंपनी सरकार का प्रमुख और प्रबल उद्देश्य शासन व्यवस्था को शक्तिशाली बनाकर अपने निजी व्यापार को विस्तृत रूप प्रदान कर देश का दोहन करना था। इस स्वार्थ-सिद्धि हेतु अंग्रेजों ने जो नियम बनाए, वे अत्यधिक जटिल और उलझे हुए थे। जिनसे भारतीय व्यापार पूर्णतः प्रभावित हो गया फलस्वरूप जो लोग उसमें संलग्न थे, वे कंपनी की दासता स्वीकार करने के लिए लाचार हो गए। जिन राजा-महाराजाओं को बड़े छल-बल से छीना था, उनके प्रति भी उनका व्यवहार अति छल-कपटपूर्ण था। अतः वे भी अंगेजों से क्षुब्ध थे। इन्हीं सब कारणों से भारत में सन् 1857 तक अंग्रेजों का पूर्ण विरोध होने लगा था। इसका परिणाम यह हुआ कि सन् 1858 में इंग्लैंड की तत्कालीन महारानी विक्टोरिया द्वारा भारतीय राज्य को ब्रिटिश सरकार के सीधे नियंत्रण में ले लिया गया था। देश में वायसरॉय रहने लगा जो सर्वोच्च प्रशासक और सेनाधिकारी था।

ब्रिटिश शासन के समय जिले का विहंगावलोकन

ब्रिटिश शासन काल का समय सन् 1803 से 1947 पर्यंत रहा। मथुरा जनपद पर अंग्रेजों का आधिपत्य 1803 के अंतिम चरण में हो चुका था। अंग्रेजों ने दौलतराव सिंधिया को पराजित कर मथुरा पर अधिकार किया था। इसी दिन से भगवान श्रीकृष्ण की लीला भूमि का भारत के अन्य भागों के साथ आर्थिक, नैतिक, राजनैतिक और सांस्कृतिक पतन होने लगा। जो ब्रजभूमि अत्यंत प्राचीनकाल में भारत के इतिहास में अपने आध्यात्मिक एवं भौतिक गौरव के कारण प्रसिद्ध रही, वह शनैः-शनैः दासता में अपने गौरव को विस्मृत करती चली जा रही थी। पतन की कहानी संक्षिप्त रूप से इस प्रकार है—

आर्थिक पतन—अंग्रेजी शासन में मथुरा जनपद के किसान बहुत उत्पीड़ित हुए। जमींदारों ने तो उनके जीवन को नारकीय बना दिया था। यहाँ के उद्योग-धंधे सभी चौपट हो गए थे। मध्यकाल तक यहाँ के गाँव स्वावलंबी थे। जनपद के गाँव के लोगों का जीवन कृषि पर निर्भर था। 1805 के पश्चात यहाँ आर्थिक पतन प्रारंभ हो गया था। सर्वप्रथम जमींदारी प्रथा को जन्म देकर एक शोषित वर्ग को खड़ा किया गया। सन् 1857 के प्रथम स्वाधीनता युद्ध में देशद्रोहियों को विदेशी सरकार ने जमींदार बना दिया। ये जमींदार बाद

में प्रजा पीड़क किसानों के ऊपर सिद्ध हुए। किसानों के ऊपर अधिकतम कर लगा दिया, जिससे उनकी स्थिति अति दयनीय होती चली गई। इनसे बेगार ली जाने लगी। उन्हें केवल खेती पर ही निर्भर होना पड़ा। इंग्लैंड से कपड़ा यहाँ के बाजारों में लाया गया, जिससे यहाँ के कपड़े का धंधा बिलकुल बंद ही हो गया। इस धंधे में लगे लोग बेकार हो गए। वे हाथ पर हाथ रखकर बैठ गए।

आर्थिक पतन हो जाने के कारण नैतिकता का स्तर भी गिरने लगा। अंग्रेजों की दासता में यहाँ का आभिजात्य वर्ग इतना भीरुता में जकड़ गया कि वे अंग्रेजों को अपना अन्नदाता समझकर शेष जनता को हेय दृष्टि से देखने लगे। दूसरे शब्द में, उनका तिरस्कार किया। कहने का अभिप्राय यह है कि सामाजिक-नैतिक पतन चिंता का विषय हो गया।

1813-14 में वर्षा के अभाव में भयंकर सूखे के कारण अकाल पड़ा, जिसमें लोग भूख से पीड़ित होकर मर गए तथा लगान के कारण खेती करना ही छोड़ दिया। कई स्थलों पर ऐसा भी उल्लेख मिलता है कि दीन और दरिद्रता की स्थिति में बाल-बच्चे तक बेच दिए गए। यह अकाल 1783 के अकाल से भी भयंकर था, जिसे 'चालीसा' का नाम दिया गया था। इन अकालों से लोगों की दुर्दशा का वर्णन बड़ा वीभत्स रूप लेता रहा। सरकार ने नाममात्र का ही सहयोग किया। 1837-38 का अकाल अति कष्टकारक था। इस अकाल को चौरानबे के नाम से जाना जाता है। इस अकाल का वर्णन करते हुए आगरा डिवीजन में कमिश्नर मिस्टर हेमिलटन ने लिखा है, "मथुरा जिले में मुझे विस्तीर्ण बरबादी देखकर आश्चर्य हुआ। सोनई से राया के आसपास का क्षेत्र तथा मांट से महावन तक फसलें न के बराबर थीं। इस अकाल के समय अंग्रेजी शासन की पूर्ण उदासीनता रही। इस प्रकार जनपद पूर्ण विनाश की स्थिति को प्राप्त होता चला गया। अकाल से पीड़ित लोगों के संकट को संक्रामक बुखार ने और भी बढ़ा दिया। अकाल और ज्वर से लोगों की मृत्यु संख्या प्रति मील 18.42 प्रतिशत हो गई। इस प्रकार यह प्रमाणित हो जाता है कि अंग्रेजी शासन में प्रजा अति कष्टप्रद स्थिति का सामना कर रही थी। इस भयानक परिस्थिति में अपार कष्टों से जूझते हुए भी वह अपने दुख को किसी से व्यक्त भी नहीं कर सकते थे।"

सांस्कृतिक एवं धार्मिक पतन—ब्रिटिश शासन काल में यहाँ की कलाओं का विकास पूर्णतः रुक गया। बौद्धकाल, कुषाणकाल एवं गुप्तकाल के समय यहाँ विविध ललित कलाओं का विकास हुआ और मथुरा तो इसका केंद्र ही था। अंग्रेजी शासन काल में यहाँ की समस्त कलाएँ पतनोन्मुख हो गई। चित्रकला और मूर्तिकला प्रोत्साहन के अभाव में अवनत होती चली गईं। संगीतकला के साथ तो ब्रजभूमि का अटूट संबंध रहा।

इस कला का भी ह्रास हुआ। साहित्यिक क्षेत्र में भी पूर्ण पतन हुआ। दासता के इन दुर्दिनों में मथुरा जनपद में बोली जानेवाली भाषा सभी प्रकार से उपेक्षित हो गई। ब्रजभाषा का साहित्य पिछड़ता चला गया।

धार्मिक भावना भी कुंठित होने लगी क्योंकि महमूद गजनवी, सिकंदर लोधी, औरंगजेब जैसे धार्मिक असहिष्णु बादशाहों ने यहाँ मंदिरों को नष्ट-भ्रष्ट कर दिया था, लेकिन दूसरी ओर अकबर, जहाँगीर मुस्लिम बदशाहों के समय में उत्कृष्ट शैली के विशाल मंदिरों का निर्माण हुआ। अंग्रेजों ने मंदिर नहीं तोड़े किंतु उन्होंने यहाँ के जनमानस को इतना विपन्न बना दिया कि वे अपने ही जीवन-निर्वाह की समस्याओं में इतना उलझ गए कि उनकी धार्मिक, सांस्कृतिक व नैतिक प्रगतियाँ पूर्णत: अवरुद्ध हो गईं। अंग्रेजों का यह कार्य अन्य औरंगजेब की धार्मिक असहिष्णुता से भी अधिक भयंकर होना प्रारंभ हुआ। मुस्लिमकाल में इतना नहीं था। 1581 ई. में कविवर 'गंग से गाय की पुकार' विषयक कविता सुनकर अकबर ने अपने साम्राज्य में फरमान जारी किया, जिसमें गौ-हत्या निषेध कानून का उल्लंघन करनेवाले अपराधी के हाथ-पाँवों की अँगुलियाँ कटवा दी जाती थीं। गायों को बेरोक-टोक चरने का भी आदेश निकाला था। मुसलमान शासकों की हिंदू धार्मिक भावना को ठेस न पहुँचाने की भावना थी, वहीं दूसरी ओर सन् 1805 में लॉर्ड लेक के ब्रजभूमि पर अधिकार करने के उपरांत गोवध करने का प्रतिबंध होते हुए भी और बाद में ईस्ट इंडिया कंपनी से सन् 1857 में भारत का राज्य महारानी विक्टोरिया को हस्तांतरित होने पर जो उसने धार्मिक भावनाओं को ठेस न पहुँचाने की घोषणा की थी, उसके होते हुए भी ब्रजभूमि में सन् 1857 के बाद गोवध करने के बूचड़खाने खोल दिए गए और यहाँ पर गोवध होने लगा।

अंग्रेजी शासन की स्थापना के पश्चात अनेक अंग्रेज प्रशासक आए और चले गए, लेकिन अंग्रेज जिलाधिकारी एफ.एस. ग्राउस ने सन् 1871 से 1878 तक अपने कार्यकाल में जो कार्य मथुरा जनपद में किए, वे अविस्मरणीय हैं। जब उन्होंने अपना कार्यकाल सँभाला था, उस समय यहाँ का पुरातत्त्व सर्वथा उपेक्षित था। उस पुरातत्त्व सामग्री को संकलित कर संग्रहालय का रूप उन्होंने दिया।

ब्रज के भग्न मंदिरों का जीर्णोद्धार भी कराया था। सन् 1590 में आमेर के राजा मानसिंह द्वारा निर्मित लाल पत्थर का विशाल गोविंद देव मंदिर हेतु तत्कालीन जयपुर नरेश को प्रेरित कर उनसे आवश्यक धन लेकर इस मंदिर का जीर्णोद्धार कराया। मदन मोहन गोपीनाथ और जुगल किशोर मंदिरों को जीर्णोद्धार के बाद सुरक्षा संरक्षा प्रदान की। इसके अतिरिक्त ओखला से आगरा-मथुरा नहर भी ग्राउज की ही देन है। इस नहर का उद्घाटन

सर विलियम क्यूर ने 5 मार्च, सन् 1874 को किया था। मांट शाखा के नाम से जानी जानेवाली गंगा नहर की भी योजना ग्राउज के कार्यकाल में निर्मित हुई थी। मथुरा-हाथरस रेल मार्ग भी उन्हीं का प्रयास था।

यशवंतराव होल्कर अंग्रेजों के लिए समस्या बना रहा, क्योंकि होल्कर ने लॉर्ड लेक से दोआब व बुंदेलखंड के अपने बारह जिले और हरियाणा के लिए लौटाने का निवेदन किया था, जिसे अंग्रेजों ने पूर्णत: अस्वीकृत कर दिया। जब होल्कर को यह ज्ञात हुआ कि उसकी सेना के कई अधिकारी कंपनी के साथ मिलकर योजना का ताना-बाना बुन रहे हैं, इसी कारण उसने तीन सौ अधिकारियों को फाँसी दिला दी और यशवंत राव अंग्रेजों से युद्ध करने के संकल्प से भर उठे। अंग्रेजों की शक्ति को जानकर उन्होंने मराठा, जाट, राजपूत, बुंदेले, सिक्ख, रुहेले आदि से संगठित होने का प्रस्ताव प्रस्तुत किया, किंतु विफल रहे।

इधर लॉर्ड वेलेजली ने अपने सहयोगियों से मिलकर होल्कर को चारों ओर से घेर लेने की आज्ञा दे दी, किंतु होल्कर बड़ी चतुराई से अपना बचाव करता रहा। बाद में सिंधिया की कुछ सेना और अंग्रेजों की भारतीय सेना के सिपाही होल्कर के साथ मिल गए।

भरतपुर के राजा रणजीत सिंह अब होल्कर के साथ थे। 15 सितंबर, 1804 ई. को यशवंत राव सेना सहित मथुरा आया, जिसे देखकर अंग्रेजों के सिपाही आगरा भाग गए। सारा सामान होल्कर के हाथ लग गया। 4 अक्टूबर को लॉर्ड लेक सिकंदरा होते हुए मथुरा आ गया और उसने पुनः मथुरा पर अपना अधिकार कर लिया। होल्कर दिल्ली को ओर चला गया। वहाँ से डीग होकर भरतपुर के किले में शरण ली ही थी कि लेक ने आकर भरतपुर किले को घेर लिया, किंतु यहाँ उसे किसी प्रकार की सफलता नहीं मिली।

इस समय मथुरा नगर को सेना की छावनी ही बना दिया गया था। तभी से यहाँ सेना की छावनी रही है। 1824 ई. के पहले वर्तमान मथुरा जिले का कुछ भाग आगरा जिले के अंतर्गत था और बचा हुआ हिस्सा सादाबाद केंद्र द्वारा शासित होता था। 1824 ई. में मथुरा को नया जिला घोषित किया गया। केंद्र सादाबाद ही रखा गया। 1832 ई. में जनपद की सीमाओं में किंचित परिवर्तन किए गए। केंद्र मथुरा नगर को ही बना दिया गया। उस मथुरा जिले में आठ तहसीलें थीं—अड़ींग, सहार, कोसी, मांट, नौहझील, महावन, सादाबाद और जलेसर। 1806 ई. में नौहझील को मांट तहसील में मिला दिया गया। 1868 ई. अड़ींग तहसील को मथुरा तहसील में मिला दिया गया। इसी प्रकार

कोसी, सहार और महावन तहसीलों को भी समाप्त कर दिया गया। जिले में मात्र चार तहसीलें—छाता, मथुरा, मांट और सादाबाद रह गईं। वर्तमान में मथुरा, छाता, गोवर्धन, महावन और मांट तहसीलें हैं।

1826 से 1856 ई. तक कोई विशेष घटना का विवरण नहीं मिलता। अंग्रेजों का पूर्ण रूप से आधिपत्य था। उनका विरोध करनेवाला कोई दिखाई नहीं देता था।

प्रथम स्वतंत्रता युद्ध का सूत्रपात ब्रिटिश शासन की दुर्नीति के कारण भारतीय मानस में राष्ट्रीय चेतना को जागृत कर दिया। 1851 ई. विठूर में पेशवा बाजीराव का देहावसान हो गया। उनके दत्तक पुत्र नाना साहब को डलहौजी ने पेंशन देने से मना कर दिया। इसी नीति को अन्य स्थलों पर भी लागू किया। फलस्वरूप, चारों ओर असंतोष का वातावरण बन गया।

1855 में नाना साहब द्वारा सभी राज्यों की एक बैठक स्वतंत्रता संग्राम के लिए आहूत की गई। इस बैठक में बहादुरशाह, वाजिद अलीशाह भी सम्मिलित हुए थे। यहीं यह निश्चय हुआ कि 31 मई, 1857 को निर्धारित प्रमुख स्थलों पर स्वतंत्रता संग्राम का श्रीगणेश दिवस के रूप में संपन्न होगा, यह संदेश भारतीय सैनिकों में भी प्रसारित कर दिया गया।

मथुरा में 16 मई को सभी इस समाचार से भलीभाँति अवगत हो चुके थे। उस समय मथुरा का जिलाधिकारी थार्नहिल था। भरतपुर से कप्तान निक्सन की अध्यक्षता में 3,000 सैनिक मथुरा आ गए। कुछ समय तक ठहरा। मथुरा के कोशागार में उस समय सवा छह लाख रुपया था। इस कोश को आगरा पहुँचाने का निश्चय किया गया, किंतु भारतीय सिपाही इसे आगरा ले जाने के लिए तैयार नहीं हुए। उन्होंने बल्टन को मारकर कोशागार अपने अधिकार में कर लिया। उसी समय जो अपने साथी मथुरा कारागार में बंदी बनाकर रखे हुए थे, उन्हें बंदी गृह से निकालकर दिल्ली की ओर चल दिए। मथुरा-दिल्ली राजमार्ग पर गाँव के किसान स्वतंत्रता की भावना से उत्साहित हो रहे थे। उन्होंने हर प्रकार की सहायता प्रदान की। इस प्रकार मथुरा और उसके चारों ओर कुछ समय के लिए अंग्रेजी शासन प्रभावहीन हो गया था। थार्नहिल जब मथुरा आया तो उसने परिस्थितियाँ अपने प्रतिकूल देखीं तो वह आगरा चला गया। कुछ दिनों के पश्चात सैनिकों सहित मथुरा आया। सैनिकों की सहायता से अपनी स्थिति सँभाली और अनेक क्रांतिकारियों का दमन किया। स्वयं वेश बदलकर आगरा चला गया।

नीमच और मुरार की भारतीय सेना मथुरा पहुँच गई, जिसका मथुरा में भव्य स्वागत हुआ। दो दिन तक मथुरा में रुकने के बाद उसने दिल्ली की ओर प्रस्थान किया।

1 नवंबर को थार्नहिल कर्नल कॉटन की सेना के साथ मथुरा पहुँचा। इस सेना ने कोसी तक गूजरों को आतंकित किया। छाता की सराय को तोड़कर अब अंग्रेजों ने अपना अधिकार कर लिया था। छाता गाँव में आग लगा दी गई और वहाँ क्रांतिकारियों को फाँसी पर चढ़ाकर मार दिया गया।

इस प्रकार उचित नेतृत्व के अभाव में यह प्रथम स्वतंत्रता संग्राम असफल रहा। इस संग्राम में सभी भारतीयों ने पूर्ण सहयोग के साथ सहभागिता की थी। अब स्वतंत्रता संग्राम की आग जनपद के सभी भागों में भड़क उठी थी। गाँव-गाँव तक फिरंगियों को निकाल कर देश को स्वतंत्र कराने की भावना सर्वत्र फैल चुकी थी।

परगना कोसी के जाटों, ठाकुरों और गूजरों ने इस राष्ट्र यज्ञ में राष्ट्रीय उमंग के साथ प्रतिभाग लिया। गूजरों के विशेषतः शेरगढ़ क्षेत्र में अपनी क्रांतिकारी गतिविधियों से विदेशी शासन को समाप्त कर दिया था। वर्तमान तहसील छाता, मढ़ोंईं, चौमुहाँ, आझई आदि अनेक गाँवों में क्रांति का विस्तार हुआ। दोताना के मुसलमानों, अजीजपुर के जाटों, मढ़ोंईं और रामपुर (कोसी) के गूजरों ने जो प्रशंसनीय भाग लिया, वह इतिहास में सदैव आदर के साथ स्मरण किया जाएगा।

आज भी छाता की ऊँचाई पर बनी सराय सन् 1857 के प्रथम स्वतंत्रता संग्राम का स्मरण कराती है। क्रांतिकारियों ने इस पर अधिकार कर स्वतंत्रता का झंडा फहराया था। इस पर फिर से अधिकार करने के लिए इसका एक हिस्सा गोली से उड़ा दिया था। साथ ही, गाँव में आग लगा दी थी। 22 देशभक्तों को 73 गोलियों से भून दिया था। यहाँ पर अकथनीय अत्याचार हुए थे। सहार के देशभक्तों ने कारागार को तोड़कर अपने साथियों को मुक्त करा लिया था। सरकारी प्रपत्र नष्ट कर दिए गए थे। चौमुँहा और आझई भी क्रांति से प्रभावित रहे।

मथुरा से गोवर्धन मार्ग पर अवस्थित अड़ींग गाँव क्रांति में पूर्ण रूप से सक्रिय रहा। क्रांतिकारियों को यहाँ स्थित कोशागार को लूटने में सफलता नहीं मिली। 2 अक्टूबर, 1857 को अंग्रेजों ने 9 क्रांतिकारियों को स्वर्ण आभूषणों के साथ बंदी बना दिया था। अड़ींग के लगभग 70 देशभक्तों को तहसील लूटने के अपराध में फाँसी पर चढ़ा दिया गया था। सारे गाँव के ठाकुर चुन-चुनकर फाँसी पर लटका दिए गए थे।

मांट क्षेत्र के अंतर्गत 4 जून, 1857 को बाजना क्षेत्र के जमींदारों ने, जिसमें उमराव बहादुर और खूबा प्रमुख थे, इन्होंने नौहझील किले पर हमला किया था। इस क्रांति में अरुआ गाँव के शासन भक्त ऊधा नामक जमींदार को क्रांतिकारियों द्वारा मार दिया गया था। जावरा गाँव के लोगों ने उसका वध किया था।

सिहोरा गाँव के जाटों ने विदेशी शासन भक्त खुशीराम का वध कर दिया था। अचरु गाँव के देवीसिंह जिन्हें बहादुरशाह जफर ने राजा घोषित किया था, उनके बारे में इतिहासकार सेन की ये पंक्तियाँ यहाँ प्रस्तुत करना समीचीन होगा : मथुरा जनपद के देवी सिंह का मामला विचित्र है। उसके पूर्वजों के अधिकार में कुछ थोड़े-से गाँव थे। उसने इस विचार से कि अंग्रेजों का शासन समाप्त हो गया है, उसने अपने-आपको 60 गाँव का राजा घोषित कर दिया। जब थार्नहिल इस विद्रोही को पकड़ने गया तो उसे पता चला कि राजा तो अधिक हानि करने में असमर्थ है। वह एक साधारण और उजड्ड व्यक्ति मात्र था।

भारतीय दो सेनाओं की 67वीं और 44वीं पलटन में विद्रोह कर मथुरा के कोशागार को लूटा। इस घटना में लेफ्टिनेंट बल्टन क्रांतिकारी सैनिक की गोली का शिकार हुआ। इस घटना से भयभीत सब यूरोपियन आगरा भाग जाने में सफल हुए। उसी समय राजा देवी सिंह ने अपने साथियों को आदेश दिया कि बंदी गृह की प्राचीरों को तोड़ दो। आदेश का पालन हुआ और अपने सभी साथियों को मुक्त कराके लूटे गए कोश के साथ दिल्ली की ओर चल दिए। मार्ग में पड़े कस्टम संस्थानों, पुलिस चौकियों और बँगलों को अग्नि की भेंट कर दिया।

थार्नहिल क्रांति के आरंभ होने पर आगरा भागकर सुरक्षित हुआ। 3 जून को मथुरा लौटकर सेठ लक्ष्मीचंद की हवेली में आश्रय लिया। 14 जून को जब कोटा से सेना बुला ली गई, तब उसने उस सेना की कमान सँभाली। उधर कैप्टन डेनिस भी आ गया। उसकी उपस्थिति तथा सेना के साथ थार्नहिल बाहर निकला और देवी सिंह को पकड़ने की प्रबल इच्छा लेकर उसके गाँव की ओर चल दिया।

मई और जून का महीना थार्नहिल और उसके साथियों के लिए विशेष चिंता का विषय था। इसी मध्य सेठ के माध्यम से उन्हें यह सूचना मिली कि मुरार और नीमच से क्रांतिकारियों की सेनाएँ मथुरा में आ रही हैं, यह शब्द सुनते ही थार्नहिल आगरा की ओर चल पड़ा। साथ में दिलावर खाँ भी उसके साथ था। जैसे ही उन्होंने मथुरा जनपद के औरंगाबाद में प्रवेश किया तो ज्ञात हुआ कि गाँव में क्रांतिकारियों की टोलियाँ चारों ओर छाई हुई हैं। वे मार्ग में चलनेवालों को टोककर पूछताछ कर ही जाने देते थे। उन्होंने जमादार दिलावर खाँ से पूछताछ की थी। संदेह का निवारण होते ही थार्नहिल आगरा पहुँचा, जिसमें उसे सुरक्षित पहुँचाने में दिलावर खाँ का ही महत्त्वपूर्ण योगदान रहा।

इस प्रकार दो दिन तक मथुरा के क्रांतिकारियों का आधिपत्य रहा। इस समय ब्रिटिश शासन से असंतुष्ट लोगों के लिए मथुरा जनपद में क्रांति की लपटें और भी घनीभूत हो

गई। जुलाई 1857 में जब मथुरा जनपद में क्रांति की ज्वालाएँ प्रबल रूप से प्रज्वलित थीं, उक्त घटनाओं से मथुरा जनपद का उत्तरी भाग और पश्चिमी भाग पूर्णत: क्रांति से प्रभावित हो गया था, क्योंकि उत्तर अंचल में गूजरों ने विदेशी सत्ता को प्रभावशाली चुनौती देकर उसके अस्तित्व का उन्मूलन कर दिया था। इधर मांट और नौहझील में भी क्रांति की अग्नि शिखाएँ आसमान का आलिंगन कर रही थीं। इसी माह में मथुरा स्थित सराय, जिसको 'पुख्ता' नाम से जाना जाता था, मुगल कालीन सराय के भटियारों एवं स्वातंत्र्य सैनिकों ने भी सराय में मुहम्मदी झंडा; उस समय यहाँ हरे रंग का राष्ट्रीय ध्वज था, बड़े उत्साह के साथ हवा में लहराने लगे अर्थात फहरा दिया गया और उन क्रांतिकारियों ने क्रांति संबंधी सभी घटनाक्रमों में हर प्रकार की सहायता भी की थी। सादुद्दीन नामक क्रांतिकारी जो क्रांतिकारियों के साथ था, भटियारों ने सराय में प्रवास करने का उपयुक्त स्थान दिया, हर प्रकार की मदद भी की। इसका यह परिणाम हुआ कि जब भटियारा पकड़ा गया तो इनमें बकर नामक भटियारे को फाँसी पर चढ़ा दिया गया। जन चर्चा के अनुसार उक्त सराय में और इसके आसपास के वृक्षों पर अनेक लोगों को फाँसी पर लटका दिया गया।

सन् 1857 की क्रांति के प्रारंभ होने के साथ ही यमुना किनारे निर्मित घाटों पर आवागमन शुरू हो गया था। वे यहाँ यमुना को पार कर आए थे। यहीं से मथुरा नगर में प्रवेश किया था। सितंबर माह में तो क्रांतिकारियों के अनेक दल मथुरा में आए थे।

क्रूर ब्रिटिश शासकों ने जो अमानुषिक कार्य मथुरा नगर में किए थे, मार्च 1858 में अख्त्यार खाँ नामक व्यक्ति का मुकदमा चलाकर फाँसी पर चढ़ा दिया गया। इस प्रकार कितने ही लोगों को लगातार फाँसी पर लटकाते रहे, जाने कितने ही लोगों को गोली से उड़ा दिया गया?

मथुरा का सदर मोहल्ला 1859 की क्रांतिकारी घटनाओं का अविस्मरणीय स्थल रहा है। तत्कालीन क्रांति के दिवसों में सदर के पूर्वी यमुना तट पर न्यायालय, कोशागार, सेना शिविर स्थापित था। यहाँ मई के प्रथम सप्ताह में क्रांति का विस्फोट हुआ जिसमें सरकारी कोश लूटा गया। कार्यालय आदि के सरकारी प्रपत्रों को नष्ट कर दिया गया। क्रांतिकारियों का यह उग्र रूप मथुरा नगर में भीषण रूप लेता चला गया। इसी क्षेत्र में 67वीं और 44वीं पलटनों ने विद्रोह की भाषा बोली थी।

30 जून, 1858 को देवी सिंह को पकड़कर राया में फाँसी पर लटका दिया गया। इसमें कोई संदेह नहीं कि सन् 1857 में ब्रिटिश शासन के विरुद्ध जो राष्ट्र मुक्ति संघर्ष मथुरा जनपद की भूमि पर छिड़ा था, उसमें राया के राजा देवी सिंह की शौर्य गाथा और

उनकी देश-भक्तिपूर्ण गतिविधियों की झाँकियाँ बहुत ही चिरस्मरणीय हैं। इस किसान नेता एवं साधु तुल्य देशभक्त के संबंध में कतिपय लोकगीत विशेष प्रचलित थे—

राजा देवी सिंह गजब की फौज बनाई है,
फिरंगीन ते घनघोर लड़ाई है।
राये ते चारिहू ओर मोर्चन तोप लगाई है,
करी गदर दरम्यान साधु राजा ने हाथन बंदूक उठाई है।

इस प्रकार अनेक और भी कुछ लोकगीत हैं, जिनका सारांश इस प्रकार है कि ब्रिटिश लोग वीर राजा और उसकी अच्छी तरह से आयोजित सामरिक कुशलता का सामना नहीं कर सके।

26 सितंबर को दिल्ली से लौटते समय क्रांतिकारियों का जो एक दल मथुरा आया, वह दल 72वीं देशी पलटन से मिल गया, जिसका नेतृत्व करते हुए हीरा सिंह नामक सेनानी ने मथुरा-वृंदावन को धार्मिक स्थानों को कोई क्षति नहीं पहुँचाई। उनमें एक चारित्रिक गुण था कि एक वीर सैनिक होते हुए भी उनमें निर्दयता और बर्बरता छू तक नहीं गई थी। क्रांतिकारियों ने हीरा सिंह के नेतृत्व में अपना प्रशासन भी स्थापित कर लिया था। सितंबर में मथुरा की जामा मस्जिद में मौलवी करामत अली को दिल्ली शहंशाह का प्रतिनिधि घोषित कर दिया था। वृंदावन में तो हीरा सिंह के नेतृत्व में उक्त क्रांतिकारी दल केवल अपनी तोपों से आतंकित कर और नागरिकों से कर वसूल करे बिना ही वृंदावन से चला गया था।

3 नवंबर, सन् 1857 को विदेशी शासकों ने मथुरा के कोतवाल को मथुरा स्थित सुप्रसिद्ध क्रांतिकारी नाना साहब की संपत्ति नष्ट करने का आदेश दिया। नाना साहब का यह भवन जैसिंह पुरा में बना हुआ था। चारों ओर वृक्ष लगे हुए थे। एक अच्छा उद्यान था। भवन को नष्ट करने के साथ ही उद्यान को भी उजाड़ दिया था। साथ ही लोगों को कूड़ा-कचरा डालने के लिए उत्साहित भी किया गया। इस प्रकार देशभक्त नाना साहब के आवास व उससे लगे हुए बाग को तहस-नहस कर दिया गया था।

अक्टूबर माह में क्रांतिकारियों का उत्सव लगभग भंग हो चुका था। साम्राज्यवादी ब्रिटिश सेना ने क्रांति का दमन करना दल-बल के साथ प्रारंभ कर दिया था। स्वतंत्र दिल्ली का भी पतन हो चुका था। इस प्रकार मथुरा में भी क्रांति की गति धूमिल हो गई।

जनपद में ब्रिटिश सैनिक अधिकारी ग्रीथेड और कॉटन जो कि कर्नल था, आगरा से कोसी जाते हुए उसने भयंकर दमनचक्र चलाया। कई गाँवों में आग लगा दी गई। चौमुहाँ, आझई आदि गाँव को दुर्दिन देखने पड़े। नौहझील क्षेत्र को छोड़कर समूचे जनपद में क्रांति की आहट भी सुनाई देना बंद हो चुकी थी, जुलाई 1858 तक समस्त गतिविधियाँ शांत रहीं। किंचित भी यदि कोई क्रांति का संदेह होता था तो उसी क्षण उस व्यक्ति को फाँसी पर लटका दिया जाता था। भयाक्रांत वातावरण का ही विस्तार था।

अध्याय : 3

स्वतंत्रता संघर्ष का प्रथम उद्घोष

सन् 1803 मथुरा जनपद में अंग्रेजी शासन का सूत्रपात्र हुआ। जाटों और मराठाओं के पराभव के पश्चात मथुरा में एक ऐसा शासन स्थापित हुआ जो कि यहाँ के सांस्कृतिक एवं धार्मिक महत्त्व से अनभिज्ञ था और न इस ओर उनकी रुचि ही थी। अत: इनके शासन में मथुरा में चतुर्दिक असंतोष की भावना दिन-प्रतिदिन बढ़ती ही जा रही थी। इन्होंने यहाँ के उद्योग-धंधों को धीरे-धीरे नष्ट ही कर दिया। यहाँ की भाषा और बोली भी उपेक्षा की शिकार होने लगी। साथ ही, संस्कृति तो जैसे ठहर ही गई। संस्कृत भाषा के स्थान पर अंग्रेजी भाषा का बोल-बाला होने लगा।

मथुरा जनपद में अंग्रेजी शासकों के अत्याचार की घटना यहाँ पर पग-पग पर सुनने को मिलती रही। कुछ दिनों के बाद वे घटनाएँ यहाँ भी उसी प्रकार घटित होती रहीं। इससे जनमानस उद्विग्न हो गया।

'पयामे आजादी' नामक समाचार-पत्र ने यहाँ विदेशी सत्ता के विरुद्ध क्रांति करने की स्फूर्ति प्रदान की क्योंकि यह तत्कालीन सत्य घटनाओं को ही समाचार-पत्र में स्थान देता था। इस पत्र के प्रकाशन की योजना अजी मुल्ला खाँ ने की थी जो कि नाना साहब धूंधू पंत के मंत्री थे। आप क्रांति के प्रथम संयोजक थे।

सन् 1857 में स्वाधीनता संग्राम का प्रथम सूत्रपात बहादुरशाह जफर ने जो घोषणा की थी। वह इस प्रकार थी—हिंदुस्तान के हिंदुओं और मुसलमानो, उठो! भाइयो उठो!! खुदा ने इनसान को जितनी बरकरतें अता की हैं, उनमें सबसे कीमती बरकत आजादी की है। वह जालिम नाकस जिसने धोखा देकर हमसे यह बरकत छीन ली है, क्या हमेशा के लिए हमें इससे महरूम कर सकेगा? क्या खुदा की मर्जी के खिलाफ इस तरह का काम जारी रह सकता है? नहीं, कभी नहीं। फिरंगियों ने इतने जुल्म किए हैं कि उनके गुनाहों का प्याला लबरेज हो चुका है। खुदा नहीं चाहता कि तुम अब खामोश रहो क्योंकि उसने हिंदुओं और मुसलमानों के दिलों में अंग्रेजों को अपने मुल्क से निकालने में ख्वाहिश

पैदा कर दी है और खुदा की फजल और तुम लोगों की बहादुरी से अंग्रेजों को ही इतनी कामिल शिकस्त मिलेगी कि हमारे इस मुल्क हिंदुस्तान में उनका जरा भी निशान न रह जाएगा। हमारी इस फौज में छोटे-बड़े की कोई तमीज न होगी। सबके साथ बराबरी का बर्ताव किया जाएगा।

"इस पाक जंग में शरीक होनेवाले सब भाई-भाई हैं। उनमें छोटे-बड़े का कोई फर्क नहीं। मैं अपने तमाम हिंदू भाइयों से दरख्वास्त करता हूँ कि खुदा के बताए हुए इस पाक फर्ज को पूरा करने के लिए मैदाने जंग में कूद पड़ें।" उक्त संदेश का मथुरा के नागरिकों पर बहुत ही गहरा प्रभाव पड़ा और वे मानसिक रूप से स्वतंत्रता संग्राम के समर में आँख बंद कर कूदने को तत्पर हो गए। यहीं से संगठन बनना प्रारंभ हो गया था।

मथुरा जनपद में कमल का फूल सेना में क्रांति के लिए सन्नद्ध होने के लिए घुमाया गया था। चपातियों ने भी गाँव-गाँव, कस्बे-कस्बे और नगर-नगर घूमकर गुप्त रूप से क्रांति का पूर्व संकेत दे दिया था। एक गाँव का चौकीदार इन चपातियों को एक गाँव से दूसरे में ले जाता था। उस चौकीदार का यह कार्य था कि इन चपातियों में से थोड़ी-सी स्वयं खा ले, शेष गाँव के दूसरे लोगों को खिला दे। फिर गेहूँ या किसी और अन्न की बनवा दे और दूसरे गाँव में बँटवा दे। इसका यह अभिप्राय था कि मातृभूमि की स्वाधीनता के यज्ञ में आहुति देने का निमंत्रण दे रही थीं।

सन् 1857 के प्रथम स्वतंत्रता संग्राम के आक्रोश से लोगों की भावनाओं की ज्वालाएँ फूटकर निकलने को उद्यत हो रही थीं। उन्हीं दिनों में मि. मार्क थार्नहिल मथुरा जनपद के जिलाधीश थे। एक दिन चारों ओर घूमकर लौटकर आए तो उन्हें मेज पर चार रोटियाँ मिलीं। उन्होंने इसे अनदेखा कर दिया और इसमें निहित आशय को समझने का प्रयास किया। उसे कल्पना भी नहीं थी कि इन रहस्यमयी चपातियों के अंतस्थल में एक आवरित झंझावात है।

प्रथम स्वतंत्रता संग्राम में मथुरा की भूमिका

सन् 1856 में मथुरा के समीप बियावान स्थल पर मथुरा के प्रमुख स्वतंत्रता सेनानी संगठित हुए। मथुरा के तीर्थगाह नामक स्थल पर यह पंचायत संपन्न हुई थी। इसकी अध्यक्षता प्रज्ञाचक्षु विरजानंद जी ने की थी। उन्होंने अपने अध्यक्षीय भाषण में यह उद्घोष किया था कि स्वाधीनता स्वर्ग के समकक्ष है और नरक की तुलना दासता से की थी क्योंकि अपने देश का शासन विदेशी शासन की अपेक्षा हजार गुना श्रेष्ठ है।

उन्होंने आजादी के लिए प्राणोत्सर्ग करने का संदेश दिया था। इन्हीं के शिष्य स्वामी दयानंद जी थे। आपने आजादी का अलख जगाया था।

1857 की क्रांति के नेताओं की योजना ब्रिटिश सत्ता के केंद्रों यथा—पुलिस थाने, तहसील तथा बँगलों को लूटने की थी, जिससे अंग्रेजों की कानून व्यवस्था छिन्न-भिन्न हो जाए कि वे जमींदारों से मालगुजारी वसूल करने में असमर्थ हो जाएँ और इतने व्यस्त हो जाएँ कि उन्हें दमन करने के लिए समय ही न रहे। इसी रणनीति का क्रियान्वयन मथुरा में ही हुआ। 25 मई को कैप्टन निक्सन और थार्नहिल को यह ज्ञात हुआ कि मथुरा जनपद ग्रामीण अंचल में क्रांति की ज्वालाएँ सुलग उठी हैं। निक्सन तो दिल्ली की ओर चले गए। उसने 309 सैनिकों सहित भरतपुर की पैदल सेना और दो तोपें थार्नहिल के लिए छोड़ दीं, इस सेना की कमान रघुनाथ सिंह के हाथ में थी। इस समय तक भारतीय सैनिकों के मन में क्रांति की भावना उद्दीप्त हो चुकी थी। विदेशी शासकों एवं उनके अधिपतियों की हत्याएँ और उनकी लूटमार प्रारंभ हो गई थी।

मथुरा जनपद में ब्रिटिश शासन की स्थिति इस समय तक इतनी दयनीय हो गई थी कि उसे सरकारी खजाने की रक्षा करना भी कठिन हो गया था। अंत में 'राष्ट्र मुक्ति संघर्ष' वालों ने उसे लूट ही लिया।

दूसरे दिन भी गाँव वालों ने विदेशी सरकार के स्टेशन को खुलकर लूटा ही नहीं अपितु आग की भेंट कर दिया। इस प्रकार क्रांति की ज्वालाएँ लिये जनपद के विभिन्न गाँवों में लोग विदेशी शासन के विरुद्ध उठ खड़े हुए थे। कई विदेशी शासक भक्त इस राष्ट्रीय आक्रोश के शिकार हुए। जून 1857 में क्रांति की लहर से संपूर्ण मथुरा जनपद पूर्णत: आप्लावित हो गया था। इस समय ब्रिटिश शासन पूर्णत: पंगु हो गया था।

1857 के प्रथम स्वतंत्रता संग्राम में जनपद वासियों की भूमिका

सन् 1857 के मई के महीने के अंतिम दिनों में मथुरा जनपद में विदेशी शासन की हलचलें एकदम शांत थीं। वर्तमान मांट तहसील के सब गाँव फिरंगियों के कट्टर शत्रु हो गए थे। राया के राजा देवी सिंह सब वर्गों के एकमात्र नेता के रूप में उभर आया। उस समय क्रांति का स्वरूप अपने उत्कर्ष पर था और लोगों की भावना इतना उछाल ले रही थी कि जो भी ब्रिटिश शासन का कार्यालय, भवन आदि हो, उसमें आग लगा दी जाए व उसे नष्ट कर दिया जाए।

30 मई को क्रांतिकारियों ने जो ध्वंसात्मक कार्यवाही की थी, सदर तहसील व नौहझील तहसील के समस्त प्रपत्र अग्नि को समर्पित कर दिए गए थे। संपूर्ण मथुरा जनपद विदेशी शासन के विरुद्ध उठ खड़ा हुआ था। स्वयं मथुरा के जिलाधिकारी थार्नहिल ने यह स्वीकार किया था कि विद्रोह की खबर बड़ी तेजी से चारों ओर फैल गई और सारा जनपद विप्लवी हो गया।

इस भयावह स्थिति को देखकर थार्नहिल आगरा की ओर चल दिया। कोसी के जाटों, ठाकुरों और गूजरों ने इस राष्ट्र यज्ञ में राष्ट्रीय उत्साह के साथ भाग लिया। गूजरों ने विशेषत: शेरगढ़ क्षेत्र में अपनी क्रांतिकारी हलचलों से विदेशी शासन को समाप्त कर दिया था। 12 जुलाई से 5 सितंबर, 1857 तक विदेशी शासन का नाम तक इस क्षेत्र में सुनाई नहीं पड़ता था। थाने नष्ट कर दिए गए थे। पटवारी और बोहरों को भी विदेशी शासन का पक्षधर समझकर मौत के घाट उतार दिया गया था। पटवारी इतने भयभीत हो चुके थे कि सरकारी प्रपत्रों को नष्ट करने लगे थे, यह मानकर कि कहीं हम भी क्रांतिकारियों की चपेट में न आ जाएँ। कोटवन और छोटी बठेन के बौहरे भी क्रांतिकारियों के कोप-भाजन हुए थे। उन्हें भी मौत के घाट उतार दिया गया था।

अड़ींग गाँव में भयंकर अत्याचार हुए थे तो समीप का गाँव फोडर में भी भरपूर क्रांति हुई। यहाँ के जाटों ने क्रांति में भाग लिया।

मांट तहसील में क्रांति की अग्नि धधक रही थी। इस तहसील का बाजना क्षेत्र भी इससे प्रभावित रहा। क्रांति के कई वर्ष पूर्व कुछ प्रभावशाली व्यक्तियों ने बाजना को सुल्तान पट्टी, दिलपट्टी और स्यूपट्टी में विभक्त कर दिया था।

4 जून, 1857 को बाजना के जमींदारों ने नौहझील के किले पर आक्रमण कर दिया था। सूबा जो नौहझील का रहनेवाला था, उसने तहसीलदार को मारा। अत: उसे कारागार में बंदी बनाकर डाल दिया, जहाँ वह शहीद हो गया। किले को लूटने में मुसमुना और पारसौली के जाटों ने विशेष भाग लिया था। इसी आक्रमण में मुहम्मद का वध कर दिया गया। यहाँ के सभी सरकारी कर्मचारियों ने सुरीर के टेहरा गाँव में जाकर अपनी रक्षा की। वहाँ उन्हें मलकाना जमींदारों ने आश्रय दिया था।

भाव सिंह नौहवारी के प्रमुख क्रांतिकारी नेता थे। उनका विचार बिना किसी जातिगत भेदभाव के विदेशी सत्ता के विरुद्ध संयुक्त मोर्चा बनाने का था।

सूबेदार हीरा सिंह ने मथुरा में लगभग एक सप्ताह निवास किया था। क्रांति में धन की भी व्यवस्था क्रांतिकारियों को करनी पड़ती थी। उन्हें जब धनिकों से राष्ट्रहित में धन नहीं मिलता तो वे लूटपाट पर उतारू हो जाते थे। यह बात मथुरा नगर के क्रांतिकारियों

के मन में समा गई थी। सेठ राधाकृष्ण और सेठ गोविंद दास पहले ही क्रांतिकारियों की गतिविधियों को देखकर पलायन कर गए थे। सूबेदार पूर्व में अंग्रेजी सेना का सूबेदार था और 'मुक्तिवाहिनी सेना' नेतृत्व कर रही थी। अब उसकी यह प्रबल इच्छा थी कि वह विदेशी शासन को नष्ट करना चाहता था। उसी सेठों के मुनीम माँगीलाल ने एक लाख रुपया देने की बात कही। इस पर सभी सहमत हो गए। तब माँगी लाल ने नगर से भिक्षा माँगकर रुपया एकत्र कर उन्हें सौंपा। उसके बाद क्रांतिकारी सेना वृंदावन होती हुई हाथरस चली गई।

अध्याय : 4

1857 से 1947 तक मथुरा जनपद

1858 ई. तक भारत के अन्य प्रदेशों की ही भाँति ब्रज पर भी ईस्ट इंडिया कंपनी का अधिकार रहा। कंपनी द्वारा यहाँ के किसानों, कारीगरों और वाणिज्य पर अपने हित के लिए जो अत्याचार किए, वे कितने अमानवीय थे, इसकी कल्पना से भी मनुष्य सिहर उठते हैं—उनकी भूमि पर से मालिकाना हक हटा दिया गया, सब प्रकार से लोगों को अपाहिज कर दिया गया। भूमि पर जो लगान लगा दिया गया था, उससे किसान पूरी तरह टूट गया था। लगान प्राप्त करने के लिए किसानों को जो यातनाएँ दी जाती थीं, उनका वर्णन जय चंद्र विद्यालंकार के शब्दों में इस प्रकार मिलता है—

"धूप में खड़ा रखना, भोजन या हाजत के लिए न जाने देना, किसानों के मवेशियों को चरने न जाने देना, मुर्गा बनाना, अँगुलियों के बीच डंडियाँ डालकर दबाना, चमौटी चाबुक की मार, दो व्यक्तियाँ के सिर आपस में टकराना या दोनों की पीठ की ओर केशों द्वारा बाँध देना, शिकंजे में कसना, गधे या भैंस का पूँछ से बाँध देना आदि।"

बोलटस नामक एक अंग्रेज ने भारतीय कारीगरों की दुर्दशा का उल्लेख निम्नलिखित किया है : "छोटी-सी भी कोई भूल होती तो व्यापारियों को केवल अर्थदंड देकर नहीं छोड़ दिया जाता था। उन्हें शारीरिक यातनाएँ भी दी जाती थीं। उन्हें इतना मारा-पीटा जाता था कि शरीर उनका बेकार हो जाता था। इसके अतिरिक्त उनका सामान भी नीलाम कर दिया जाता था। बड़ी मानसिक और शारीरिक यातनाएँ भोगनी ही पड़ती थीं। इस असह्य वेदना के कारण कितने कारीगर अपने हाथ कें अँगूठे कटवाकर अपने-आपको सुरक्षित करने की चेष्टा कर बैठते थे। इससे कार्य करने की बाध्यता नहीं रह जाती थी। यही नहीं, और भी कई प्रकार की शक्ति प्रयोग की जाती थी।

इस प्रकार कंपनी के शासन काल में कृषि व और दूसरे उद्योगों को अपार हानियाँ हुईं। देश में निर्धनता और बेकारी दिनोंदिन बढ़ती जा रही थी। राजनैतिक परतंत्रता के साथ धार्मिकता पर भी पर्याप्त कुठाराघात हुआ। आर्थिक शोषण ने तो समझो मुख्यधारा

से ही अलग कर दिया। अंग्रेजों की सोच इस प्रकार की हो चुकी थी कि सभी भारतीय ईस्ट इंडिया कंपनी के लिए ही कमाई करने को ही पैदा हुए हैं। उस समय अंग्रेज बड़े ही ऊँचे स्वरों में मदांध होकर कहते थे, "हमारी पद्धति एक स्पंज की भाँति है जो गंगातट से अच्छी वस्तुओं को चूसकर टैक्स पर जा निचोड़ती है।"

मथुरा जनपद और उसके आसपास का क्षेत्र, जिसे आज हम ब्रज प्रांत कहते हैं, वह पूर्वांचल की अपेक्षा अधिक उपजाऊ भाग माना जाता था, परंतु यहाँ का जनमानस भी अकाल के कारण क्षुब्ध था। 1837-38 का अकाल तो यहाँ के दुर्दिनों का अत्यंत लोमहर्षक रहा।

लगभग 55 सालों का कंपनी शासन काल मथुरा जनपद के विभिन्न भागों में था। मथुरा वृंदावन में ही इस काल में कई विशाल मंदिरों का निर्माण हुआ। ये मंदिर भारतीय राजा-महाराजाओं ने व पूँजीपतियों ने निर्मित कराए।

1858 में कंपनी के शासन का पतन हुआ और भारत इंग्लैंड के शासन की अधीनता में आ गया। इसके संपर्क में आने पर अनेक विचारशील भारतीयों को लाभ भी हुआ, नई भावनाओं का उन्मेष हुआ। राष्ट्रीय विचारधारा के साथ-साथ इन लोगों में अपने देश के इतिहास, पुरातत्त्व, लोक जीवन, साहित्य, भाषा, विज्ञान आदि के अनुसंधान की प्रवृत्ति जाग्रत हुई। भारत के प्राचीन ज्ञान के साथ यूरोप के नवीन विज्ञान का समन्वय करने की बात भी चिंतन का विषय-वस्तु बनने लगी। इस महत्त्वपूर्ण कार्य में भारतीय महानुभावों को यूरोपियनों से भी दिशा-निर्देश प्राप्त हुए।

इस कालखंड में मथुरा जनपद में विदेशी आधिपत्य की जड़ें पुष्ट होती रही फिर भी यहाँ राष्ट्रीय आंदोलन ने विश्राम नहीं लिया था। मथुरा और वृंदावन इस समय भारत के प्रमुख सांस्कृतिक क्रेंद्र थे। यहाँ विभिन्न प्रांतों से भक्तवृंद आया-जाया करते थे। इस आवागमन से धार्मिक भावनाओं को तो बल मिला ही, साथ में राष्ट्रीय हित-चिंतन उत्तरोत्तर बढ़ता चला गया। वृंदावन के अनेक संतों का अपूर्व योगदान रहा। इसी समय आर्य समाज की स्थापना हुई। राष्ट्रीय शिक्षा प्रणाली का प्रारंभ हुआ। रूढ़िगत समाज का पथ-प्रदर्शन आदि कार्यों को अनदेखा नहीं किया जा सकता। इसने यहाँ के समाज को नूतन बोध कराया। कुछ समय के अंतराल से आर्य समाज की स्थापना वृंदावन में हुई, किंतु इसका विरोध भी हुआ, लेकिन महान क्रांतिकारी राजा महेंद्र प्रताप ने गुरुकुल विश्वविद्यालय की स्थापना हेतु एक विशाल भू-भाग दान दे दिया। राजा साहब की यह उदारता व दानशीलता मथुरा जनपद ही नहीं प्रत्युत समूचे देश में सराही गई थी।

सन् 1877 से 78 के अकाल से मानव जीवन ही नहीं जीवमात्र त्राहि-त्राहि कर उठा। वह ऐसा दुष्काल था जब मानव खाद्यान्न के लिए तरस गए। सन् 1879 में मथुरा जनपद में अकाल से मृत्यु का औसत 71.73 प्रति मील हो गया था। यही औसत दूसरे वर्ष बढ़कर 72.23 हो गया। इसके साथ ही दैव योग से संक्रामक ज्वर ने भी लोगों को दुखी कर दिया। इससे मृत्यु का रूप भयानकता लेता चला गया। अकाल का प्रकोप 1907-08 भी इस कठिनाई के साथ रहा। पशुओं पर भी इतना ही संकट बना रहा। इससे निरंतर आर्थिक संकट भी गहराने लगा। लोग अपनी दुख-दुर्दशा को व्यक्त भी नहीं कर सकते थे।

विदेशी शासकों की शोषण नीति से भी आर्थिक विपन्नता से दिनोंदिन संकट गहराता चला गया। किसी भी राज्य के लिए अकाल पड़ना कलंक का द्योतक है। अंग्रेजी शासन में अकाल क्रमबद्धता के साथ आते रहे, दूसरी ओर बर्बर अंग्रेजी शासन जिसमें मनुष्यों के साथ पशुओं जैसा आचरण, इसी भयावह वातावरण में जन भावना ये बन गई कि इससे अच्छा होगा कि हम स्वतंत्रता के लिए अपने-आपको उत्सर्ग कर दें। यही श्रेयस्कर होगा।

ब्रिटिश शासन में ब्रज में जो अनेक परिवर्तन हुए, इससे यहाँ के जन-जीवन पर अच्छे-बुरे दोनों प्रकार के प्रभाव पड़े थे। उसी समय रेलवे, डाक और टेलीफोन आदि की व्यवस्था प्रदान की गई। विविध सड़कों का निर्माण किया गया, जिससे यातायात की सुविधा बनी। चिकित्सालय खोले गए। स्कूल-कॉलेजों की स्थापना की गई। नहर और बंबों को निर्मित किया गया। मुद्रण यंत्रालय भी खोले गए। समाचार-पत्र भी नियमित रूप से लोगों के जीवन में महत्त्वपूर्ण रूप से एक आवश्यकता बन गए। इसी से शिक्षा के प्रति भावना का जागरण हुआ। इन सभी कार्यों की पृष्ठभूमि में ब्रिटिश शासन काल में जनता की भलाई उतनी निहित नहीं थी, जितनी कि वे शासन को पुष्ट करने में अपनी शक्ति लगा रहे थे। निःसंदेह इन सबसे जनता को विशेष लाभ पहुँचा था। ब्रिटिश काल समूचे भारतवर्ष में राष्ट्रीय एकता के स्वर दृढ़ता के साथ सभी की भावनाओं में मुखर हो उठे थे, जिससे परस्पर सामीप्य गहराने लगा। यह भी लाभ ही कहा जाएगा। इन लाभों की अपेक्षा हानियाँ भी बहुत हुईं। सबसे बड़ी आर्थिक हानि हुई और हम पूर्णतः अंग्रेजों के ही आश्रित हो गए क्योंकि छोटी-सी वस्तु भी हम उन्हीं की लेने लग गए। इस समय हम सभी अंग्रेजी व्यापारियों की बनाई हुई आवश्यक सामग्री लेने को लाचार हो गए।

धार्मिक और सांस्कृतिक दृष्टि से मथुरा जनपद अति समृद्ध रहा है जो कि ब्रिटिश काल में एकदम सुप्तावस्था को प्राप्त हो गया। इस कालखंड में विद्वानों और धर्माचार्यों की उपेक्षा हो रही थी। कवि और कलाकारों का उत्साह पूर्णतः भंग हो गया था।

मथुरा में द्वारकाधीश मंदिर का सन् 1814 में आषाढ़ कृष्ण अष्टमी को निर्माण कार्य संपन्न हुआ था। सन् 1845 में वृंदावन में रंगनाथ मंदिर का निर्माण प्रारंभ हुआ और सन् 1851 में पूर्ण हुआ। ये दोनों ही मंदिर लक्ष्मी चंद सेठ ने ही निर्मित कराए थे, जिससे जनपद में धार्मिक और सांस्कृतिक भावनाओं को बल मिला और यहाँ के जन-जीवन में कुछ मानसिक शांति भी मिली।

सन् 1857 में अंग्रेजी शासन के विरुद्ध मथुरा की जनता ने विद्रोह किया था तो मथुरा नगर भी क्रांतिकारियों से भयाक्रांत हो उठा। तब सेठ लक्ष्मी चंद्र ने शांति व्यवस्था बनाने में बहुत बड़ा योगदान दिया था। एक ओर उसने क्रांतिकारियों की आर्थिक सहायता की दूसरी ओर जब क्रांतिकारियों ने छावनी को जलाकर अंग्रेजों पर हमला किया था, तब उसने स्थानीय जिलाधिकारी मार्कथार्न हिल तथा उसके साथियों को हवेली में आश्रय दिया था। वे कई दिन तक सेठ के घर में ही रहे थे। इस प्रकार उनकी रक्षा की थी। जब तक विद्रोह शांत नहीं हुआ तब तक निर्धन और असहाय जनों को सभी प्रकार की सहायता प्रदान की। इसमें सेठ का प्रचुर धन व्यय हुआ था, लेकिन व्यवस्था बिगड़ने नहीं दी। सेठ जी के इस कार्य से प्रसन्न हो अंग्रेजों ने उन्हें 'राय बहादुर' की पदवी से समादृत किया। इसके साथ ही माफी भूमि भी प्रदान की।

सेठ ने अकाल-पीड़ितों की सहायता व शिक्षालय बनाने में भी धन प्रदान किया था। जब मथुरा में हाथरस के लिए रेल व्यवस्था करने की बात आई तो रेल कंपनी ने यह शर्त प्रस्तुत की कि मथुरा के लोग भी इसमें कुछ धन लगाएँ। तब सेठ जी ने लगभग एक लाख पचास हजार रुपये की सहभागिता की थी।

सन् 1885 से 1905 तक का समय एक प्रकार से प्रार्थना का युग कहें तो कोई अतिशयोक्ति न होगी। इस कालखंड के अंतर्गत अग्रेजों से कोई-न-कोई प्रार्थना-निवेदन की जाती थी। बंग-भंग की घटना ने एक परिवर्तन उपस्थित कर दिया था। तत्कालीन बड़े लाट कर्जन की दृष्टि में भारतवासी बहुत ही निम्न कोटि के हैं। ईश्वर ने अंग्रेजों को उनके सुधार के लिए भेजा है। इसी समय स्वदेशी आंदोलन, स्वदेशी वस्तुओं का प्रचार और विदेशी वस्तुओं का बहिष्कार प्रारंभ हुआ था। यह आंदोलन सन् 1911 तक चला। इसका मथुरा में बहुत बड़ा प्रभाव हुआ। तत्कालीन जनता उस समय के समाचारों से ये सारे समाचार प्राप्त करती रहती। राजनीतिक चेतना उसमें उदित होती जाती थी। उस समय जो मुख्य समाचार-पत्र जो यहाँ पर आया करते थे, उनमें युगांतर, वंदेमातरम, संध्या आदि बाँग्ला के समाचार-पत्र थे, हिंदी में हिंदी केशरी, काल, कर्मयोगी, भारत मित्र, बंगवासी प्रसिद्ध समाचार-पत्र थे।

सन् 1905 के बंग-भंग आंदोलन के दिनों में वृंदावन में देवकी नंदन प्रेस गोआ क्रांतिकारी दल का प्रमुख केंद्र रही थी। इस प्रेस में प्रायः क्रांतिकारी साहित्य बाहर से आता था और यहीं से इस प्रकार के साहित्य का वितरण होता था।

वृंदावन नगर की राजनीतिक जागृति के उषाकाल में जिन लोगों ने राजनीतिक चेतना को विस्तारित करने में प्रमुख कार्य किया अथवा जिसमें राष्ट्रीय भावना जाग्रत हो चुकी थी, उनमें श्री राधाचरण गोस्वामी, श्री पुरुषोत्तम लाल जी, श्री दामोदराचार्य; प्रायः देश के महत्त्वपूर्ण जन भी यहाँ ठहरे थे, जिनमें पं. मदनमोहन मालवीय जी, श्री लाला लाजपत राय, श्री अयोध्यानाथ जी आदि। श्री राधाचरण गोस्वामी जी के द्वारा यमुना की बालुका में एक सभा आयोजित हुई थी। गोस्वामी जी ने जिसका सभापतित्व किया था। इसी सभा में क्रांतिकारी हैदर रजा ने भी वक्तव्य दिया था।

तत्कालीन राष्ट्रीय विचारधारा के महामनीषी राजा महेंद्र प्रताप का नाम बड़े आदर के साथ लिया जाता है। आज आपके ही नाम पर अलीगढ़ में राजा महेंद्र प्रताप विश्वविद्यालय की स्थापना हुई। यह शिक्षा के क्षेत्र में वर्तमान सरकार का बहुत बड़ा योगदान रहा है। प्रायः राजा साहब का जीवन विदेशों में ही व्यतीत हुआ। विदेशों की यात्रा के परिणामस्वरूप आपके विचार देशप्रेम के प्रति और भी सघन हो गए। आप भारत की अधोगति को भली प्रकार समझ गए थे। आपने सबसे बड़ा दोष शिक्षा-पद्धति में पाया। यूरोप की शिक्षण संस्थाओं के आदर्श पर आपने भी एक शिक्षा संस्थान स्थापित करने का मन-ही-मन संकल्प कर लिया। आपने यह संकल्प पूर्व में अति गोपनीय रखा। एक दिन अचानक पुत्र जन्म की भाँति सबके समक्ष उजागर कर दिया। लोग बड़े आश्चर्य में रह गए कि यह क्या किया? बहुत पहले इसकी चर्चा करते हुए लोकमान्य तिलक जी से आशीर्वचन ले चुके थे। इसका उद्घाटन पं. मदनमोहन मालवीय जी के कर कमलों से हुआ था। इस विद्यालय की स्थापना 24 मई, 1909 को हुई थी।

वृंदावन स्थित प्रेम महाविद्यालय ने जो अभूतपूर्व कार्य किया है, वह सदैव के लिए स्वर्णाक्षरों में अंकित हुआ। इस विद्यालय का सौभाग्य था कि यहाँ पर देश की विशिष्ट विभूतियों के द्वारा शिक्षा का कार्य संपादन हुआ, जो आगे चलकर अखिल भारतीय नेताओं में गिने गए, जैसे संपूर्णानंद जी एवं आचार्य श्री जुगल किशोर जी, श्री कृष्ण चंद्र जी आदि। इस विद्यालय के आकर्षण में देश के प्रायः सभी नेता यहाँ आते रहे। मथुरा जनपद में प्रारंभिक राष्ट्रीय चेतना फैलाने में इस संस्था का बहुत बड़ा योगदान है।

विद्यालय के संस्थापक राजा महेंद्र प्रताप जी तो सन् 1914 को जर्मनी चले गए और फिर उन्हें 31 वर्ष 7 महीने निर्वासित रहना पड़ा। उनकी अनुपस्थिति में उनके राष्ट्रीय

विचारों के अनुरूप इस विद्यालय ने हर प्रकार से कार्य किया। इसकी गणना प्रसिद्ध राष्ट्रीय संस्थानों में हो गई।

सन् 1921 के स्वतंत्रता संग्राम में सक्रिय भाग लेने के कारण सुप्रसिद्ध राष्ट्रीय संस्था प्रेम महाविद्यालय, वृंदावन के तत्कालीन वायसरॉय लॉर्ड रीडिंग की आँख में खटकने लगी थी। उधर सन् 1914 से इसके संस्थापक महान क्रांतिकारी राजा महेंद्र प्रताप सब कुछ छोड़कर जर्मनी में भारत को स्वतंत्र कराने की योजना में संलग्न थे। इन्हीं दोनों कारणों से संयुक्त प्रांत की सरकार ने भारत सरकार को यह सुझाव दिया कि राजा साहब की संस्था के ट्रस्ट की संपूर्ण रियासत जब्त कर ली जाए। विद्यालय के सौभाग्य से वायसरॉय लॉर्ड रीडिंग की कार्यकारिणी के कानूनी सदस्य डॉ. तेज बहादुर सप्रू थे। उनके हृदय में रजा साहब के प्रति सम्मान का भाव था। अतएव जब वायसरॉय ने जब्ती का मामला डॉ. सप्रू के पास भेजा तो उस समय डॉ. सप्रू ने मिसल पर यह लिखकर वापिस कर दिया कि प्रेम महाविद्यालय की स्थापना से संबंधित ट्रस्ट के वे भी एक इकाई हैं। वायसरॉय लॉर्ड रीडिंग ने फिर से फाइल को यह लिखकर डॉ. सप्रू के पास प्रस्तुत कर दिया कि उन्हें वे जो राय देंगे वह मान्य होगी। इस पर डॉ. सप्रू ने यह सलाह दी, "कुछ अंग्रेजी सिद्धांतों के आधार पर जब्ती का कार्य संतोषजनक होने पर भी सरकार द्वारा एक विद्रोही की रियासत की जब्ती का कार्य तब तक अधूरा ही समझा जाएगा जब तक कि उसकी स्वीकृति विधान मंडल से प्राप्त करके एक बिल का रूप न दिया जाए।" वायसरॉय ने इस विषय को विधान मंडल में भेजना उचित समझकर डॉ. सप्रू की सलाह मानते हुए जब्ती का आदेश न देकर रियासत को बोर्ड ऑफ वाड्र्स के अधिकार क्षेत्र में कर दिया। इस प्रकार डॉ. सप्रू की देशभक्ति पूर्ण सूझबूझ के कारण न केवल विद्यालय को बचा पाए उसके साथ निर्वासित राजा साहब की बहुत बड़ी आर्थिक क्षति को भी बचा दिया।

सन् 1917 में मथुरा जिला बोर्ड तथा म्युनिसिपल बोर्ड में मथुरा जिलाधीश डेम्पिर साहब सर्वसम्मति से चेयरमैन चुने गए, किंतु वृंदावन म्युनिसिपल बोर्ड में 3 माह के संघर्ष के उपरांत गोस्वामी छबीले लाल जी ने डेम्पिर साहब को 7 वोटों से पराजित किया। यह चुनाव देश में सबसे पहला और अंतिम चुनाव था।

आपने सन् 1918 में वृंदावन म्युनिसिपल बोर्ड के कार्यालय में उर्दू और अंग्रेजी भाषा को हटाकर हिंदी भाषा को उचित स्थान दिया। इस समय महाराज महमूदाबाद के होम सदस्य थे और सर हार्ट कोर्ट बटलर प्रांत के गवर्नर थे। इस स्थिति में हिंदी को स्थान देना सरल कार्य न था। वृंदावन म्युनिसिपल बोर्ड भारत में पहली संस्था थी, जिसमें सर्वप्रथम हिंदी को स्थान दिया गया।

मथुरा जनपद के घटनाक्रम में रामलीला कांड सन् 1921-22 में राष्ट्रीय भावनाओं से सराबोर कतिपय राष्ट्रप्रेमी उत्साहित युवकों ने दानव कुल का संहार करनेवाले मर्यादा पुरुषोत्तम भगवान राम की बारात में भी राष्ट्रीयता का रंग चढ़ाना चाहा, किस प्रकार अधिकारियों का विरोध सहन किया और कैसे अंत में कारागृह की यात्रा भी करनी पड़ी; इस घटना से हमें दासता के नागरिकों का दंश झेलना पड़ता है, अर्थात नागरिक अधिकारों का कैसे हनन होता है, यह इसमें निहित है। इस घटना में हमें यह भी प्रतीत होता है कि नवोदित राष्ट्रीयता से जाग्रत जनता देश के प्रत्येक क्षेत्र को राष्ट्रीयता से रंजित कर देना चाहती थी। अनेक वर्षों से मथुरा में रामलीला की बारात का भव्य रूप नगर के मुख्य भागों से होता हुआ शोभायमान होता था। उस समय दो वर्गों की बारात निकलती थी। एक बड़ी रामलीला और दूसरी तमोलियों की। दोनों ही बारातों का दिव्य रूप रहता था। इसमें विभिन्न प्रकार की झाँकियों का गायन-वादन की झलकियों का प्रदर्शन होता था। इसे देखने के लिए मथुरा के आसपास का जन-समुदाय भी एकत्र होता था।

सन् 1921 में बारातों का आयोजन हो रहा था। उसी समय अंग्रेजी शासन के विरुद्ध बगावत का आंदोलन हो रहा था। राष्ट्रीय तरंगों में अवगाहन किए हुए नवयुवकों में एक नव उत्साह का संचार था। चरखा युक्त तिरंगा झंडा देशभक्तों का आराध्य बन गया था। इन्हीं नवयुवकों में यह भावना बलवती हुई कि रामलीला बारात को राष्ट्रीय रंग दिया जाए। अतएव उन युवकों ने बड़ी बारात में तो इतना साहस नहीं जुटा पाए, किंतु तमोलियों की छोटी बारात पर उन्होंने अपना रंग जमा दिया। यह वही समय था जब महात्मा गांधी स्थान-स्थान पर जाकर लोगों में राष्ट्रीय चेतना का जागरण कर रहे थे। उसका प्रभाव जन-जन पर जादू की भाँति होता था। इसी प्रभाव में अनेक अल्पवयस्क देश-भक्ति के भावों से प्रेरित होकर राष्ट्रीय और सामाजिक कार्यों में तत्पर थे। राष्ट्रीय भावना से प्रेरित होकर कतिपय बालकों ने राष्ट्रीय बालमंडल की स्थापना की थी। रामलीला में ये राष्ट्रीय नारे लगाने लगे। पकड़े जाने पर पिट भी जाते थे, किंतु अपने कार्य को नहीं छोड़ते थे। छोटी रामलीला पर इन्होंने अपना अधिकार जमा लिया था। उस समय फ्री मेंटल जिलाधीश मथुरा में थे। वह राष्ट्रीय हलचल मात्र से ही क्रोधित हो जाता था। उसकी दृष्टि में ये युवक सदैव खटकते रहते थे। उस जिलाधीश ने 18 अप्रैल, 1921 से किसी प्रकार की शोभायात्रा को पूर्ण प्रतिबंधित कर दिया था, लेकिन राम बारात पर वह प्रतिबंध नहीं लगा सका क्योंकि यह धार्मिक रूप था। 18 अप्रैल, 1921 को तमोलियों की बारात की निकासी हुई। इस बारात पर

उन राष्ट्रीय धारा से जुड़े युवकों का अधिकार हो चुका था। अतएव बारात में राष्ट्रीय प्रदर्शनों का होना सहजता थी। समूचा मथुरा राष्ट्रीय उत्साह में झूम रहा थां। अनेक ढकेलें राष्ट्रीय प्रदर्शनों से सुसज्जित हुईं; किसी ढकेल में भारत माता विराजमान थीं, किसी में राष्ट्रीय नेताओं के चित्र थे, किसी में राष्ट्रीय साहित्य का वितरण हो रहा था। इस प्रकार की तैयारियों के साथ बारात अपने स्थान से चलने लगी। उस दिन पुलिस अधिकारी भी सतर्क थे।

जिस ढकेल पर प्रकाशित सामग्री का वितरण हो रहा था, उसको रोकने के लिए पुलिस वालों ने संकेत किया। तब तक युवक ढकेल को असकुंडा तक धकेलते ले गए। असिकुंडा से छत्ता बाजार तक जन सैलाब नदी के प्रवाह की तरह उमड़ रहा था। पुलिसवाले चिल्लाते रहे, लेकिन वहाँ कोई नहीं सुन रहा था। ढकेल को छत्ते बाजार तक ले आए। उसी समय नगर अधिकारी और सरकारी अमला वहाँ उपस्थित हो गया। भयानक रूप से लाठीचार्ज हुआ, जिसमें अनेक लोग घायल हो गए। कुछ को उसी समय बंदी बनाया गया। ढकेल रोकने के कारण बारात लौट गई।

पं. द्वारकानाथ साहब बहादुर की अदालत में मुकदमा चला। मथुरा में यह प्रसिद्ध राजनैतिक कांड का मुकदमा था। इस मुकदमे में 19 अक्टूबर, 1921 को लोगों को बंदी बनाया गया। नवंबर में न्यायालय में यह वाद प्रस्तुत हुआ। कुल अपराधियों की संख्या 43 थी। इनमें से 13 के विरुद्ध वाद को लौटा दिया गया। दो निरपराध बताए गए, 28 पर वाद चला। वाद के मध्य 8 को न्यायालय ने सीधा अपराध सिद्ध न होने पर तथा साक्षी भी न होने के कारण मुक्त कर दिया गया। शेष बीस पर मुकदमा चलता रहा। सरकार की ओर से बख्शी नरसिंह दास अधिवक्ता ने पैरवी की थी। इस वाद का अंतिम निर्णय भी द्वारकानाथ सिटी मजिस्ट्रेट ने 3 मार्च, सन् 1922 मुकाम छाता तहसील में सुना दिया था। बरी किए हुए व्यक्तियों में मुंशी नारायण प्रसाद सिन्हा, श्री ब्रजगोपाल भाटिया, बाबू नारायण दास बी.ए. देवी चरण, रणछोड़ लाल चतुर्वेदी, सूरजभान दलाल, मुरलीधर, ठाकुरदास, जादोनाथ मेहता, ज्योति स्वरूप एवं सूरदास, रामचंद्र थे। बृजलाल वर्मन, मनोहरी तमोली, मास्टर राम सिंह पर 50-50 रु. का अर्थदंड हुआ। एक-एक माह का कारावास हुआ। राधाकांत भार्गव निवास मुकुंदलाल वर्मन एक काशीनाथ वर्मन पर 30-30 रुपया का अर्थदंड या एक-एक माह का कारावास हुआ। पन्ना भाई और यासीन खाँ पर 20-20 रुपया का अर्थदंड अथवा एक-एक माह का कारावास की सजा सुनाई गई। इन नौ व्यक्तियों ने अर्थदंड देने से अस्वीकार किया, कारावास का दंड भुगतान ही स्वीकार किया। इनको दंड धारा 146 व 143 के अंतर्गत दिया गया था।

1857 के प्रथम स्वतंत्रता संग्राम के बाद अंग्रेजों ने देश में जो दमनचक्र चलाया, वह स्वतंत्रता-प्राप्ति की भारतवासियों की आकांक्षा को दबाने में असमर्थ रहा। इसके तुरंत बाद ही विभिन्न अंचलों में पुनर्जारण के नए प्रयास प्रारंभ हो गए। इन्हीं की चरम परिणिति थी 1885 ई. में भारतीय राष्ट्रीय कांग्रेस की स्थापना। उसके पश्चात संपूर्ण राष्ट्रीय घटनाक्रम कांग्रेस की धुरी पर ही संचालित हुआ।

प्रगट रूप से प्रमुखत: राजनीतिक संगठन होते हुए भी कांग्रेस ने भारतीय जन-जीवन के सभी क्षेत्रों को असाधारण रूप से प्रभावित किया। सामाजिक सुधार की बात हो आर्थिक क्षेत्र की, किसानों की समस्या हो अथवा पिछड़े हुए वर्गों की दशा में सुधार, नारी जागरण हो या धार्मिक सहिष्णुता, सभी पर कांग्रेस की नीतियों की अमिट छाप पड़ी है।

अमर शहीद लक्ष्मण प्रसाद और वृंदावन का गोली कांड

28 अगस्त, सन् 1942 के वृंदावन गोलीकांड, जिसमें श्री वीर लक्ष्मण का बलिदान हुआ। वृंदावन की क्रांति में प्रवल वेग आया। उस समय पुलिसवालों को इतने अधिकार प्राप्त थे कि वह किसी भी नागरिक को बंदी बना सकते थे और किसी को भी नजरबंद कर देते थे। इसी अधिकार का भरपूर दुरुपयोग हुआ।

28 दिसंबर को अनेक व्यक्ति बंदी बना लिये गए, यह कभी विस्मृत नहीं हो सकता। 27 अगस्त की गहन रात्रिकाल में यमुनाजल के ऊपर नौका में 28 अगस्त के कार्यक्रम की रूपरेखा तैयार हुई थी। इस समय नौका में अनेक देशभक्त उपस्थित थे। उन दिनों देशभक्तों की गुप्त रूप से बैठक हुआ करती थी क्योंकि पुलिस का भय व्याप्त था। इसी प्रकार की एक और कार्यकर्ताओं की बैठक भी प्रोफेसर कृष्ण चंद्र के तत्त्वावधान में हैजा अस्पताल में हुई।

27 अगस्त की रात्रि विचारों की उथल-पुथल में व्यतीत हुई। 28 अगस्त प्रात: काल से ही एक नई उमंग समूचे वृंदावन में छाई हुई थी। यहाँ का प्रत्येक व्यक्ति लड़ने के लिए उतावला हो रहा था। मरने-मारने की मानसिकता तो थी ही, शिरा, उपशिरा और धमनियों में रक्त संचार के साथ स्वाधीनता का प्रवाह उमड़-उमड़कर तरंगें भर रहा था। सभी युवक समुदाय सड़कों पर आ चुका था और स्कूलों को बंद कराया जा रहा था, बाजारों को बंद कराके हड़ताल की जा रही थी। इतने में बाग बुंदेला स्कूल के पास लाल सिंह दरोगा पहुँच गया और उसने कई युवक बंदी बना लिये, जिसमें अद्वैत कुमार गोस्वामी, हेमंत कुमार, प्रकाशचंद्र भार्गव, नंद कुमार शर्मा आदि पुलिस ने पकड़कर बंदी

बना लिये। उसी समय लक्ष्मण ने भागकर राधो गोस्वामी को इस बात की सूचना दी। तभी राधो अपने घर से तिरंगा और घंटा लेकर आया और लक्ष्मण के बारे में जानकारी प्राप्त की कि वह गोवर्धन से आया है। उसे साथ लेकर सभी दुकानें बंद करा दीं और दुकानदार भी इन्हीं के साथ हो गए। इसका प्रभाव यह हुआ जब लोग मिलकर चुंगी के चौराहे की ओर चल दिए। सहस्त्रों की संख्या में इसमें जुटते चले गए, जिससे चारों ओर का वातावरण क्रांति की भावना से उग्र आंदोलन में बदलने लगा। कुदाल-फावड़े लाकर मथुरा रोड की पुलिया तोड़ने लगे, जिससे मथुरा से कोई आ न सके। रामू गैसवाला ने शिवचरण की सहायता से टेलीफोन के तार रस्सों से खींचकर तोड़ दिए, इसी समय थाने के पीछे जाकर राधो गोस्वामी और बालकृष्ण गोस्वामी ने थाने के छप्पर में आग लगा दी। तभी पुलिस ने छर्रे चला दिए, जिससे बालकृष्ण गोस्वामी घायल हो गए। इस क्रांति के समर में मनमोहन भटनागर, भाई खेमचंद्र स्वामी, श्री कृष्ण चरण गोस्वामी, श्री कृष्ण गोपाल जी राधा कुंडिया, राजबिहारी लाल कुलश्रेष्ठ, हरिश्चंद्र भटनागर मेंडूलाल, रामकुमार शर्मा, लक्ष्मण दत्त दुबे, बाँकेलाल टालवाले, किशनलाल गुप्ता, मदनमोहन गुप्त, जगदीश चंद्र उपाध्याय, चीर बिहारी आदि युवकों ने रेल की लाइन उखाड़ने, तार काटने एवं सड़क तोड़ने आदि का कार्य किया था।

28 अगस्त को उत्साही युवक राधाकांत उर्फ राधो गोस्वामी ने उसी दिन सड़क पर जाते समय लाल सिंह दरोगा की अच्छी तरह पिटाई कर दी थी। इसी दिन मथुरा दरवाजा चौकी पर भी आक्रमण किया गया था। थाने पर तिरंगा झंडा फहराने की तैयारी थी। इसी मध्य मथुरा में यह समाचार चला गया और वहाँ से लॉरी भरकर पुलिस आ गई। यह उन युवकों को जो बंदी बनाए थे उन्हें लेने को ही आई थी, लेकिन यहाँ का वायुमंडल ब्रिटिश सत्ता को उखाड़ फेंकने के लिए कटिबद्ध था। अतएव पत्थर फेंकना शुरू हुआ, जिसमें ड्राइवर बुरी तरह घायल हो गया। इधर उन चार युवकों को छुड़ाने के लिए जन समुदाय उमड़ रहा था। लाल सिंह ने हवाई फायर किया, लेकिन कोई असर नहीं हुआ। इधर एक सिपाही भी पत्थरों की चोट से लहूलुहान हो गया था। उसने लाल सिंह दरोगा से गोली चलाने की अनुमति माँगी। लाल सिंह ने अपनी पिस्तौल में गोली डालते हुए उसे अनुमति दे दी और दोनों ने गोली दागना प्रारंभ किया, जिसमें लोग घायल होने लगे। दरोगा की पिस्तौल की गोली सीधी लक्ष्मण की छाती को छेद गई और दूसरी गोली लक्ष्मण की जाँघ पर लगी और वह धराशायी हो गया, पुनः उसके शरीर में कोई गति नहीं हुई, लेकिन साहस करके बुद्धु पंडा खाट लेकर आया कि उसे अस्पताल ले चलें, लेकिन तब तक उसकी आत्मा अनंत में विलीन हो चुकी थी। वे सदैव के लिए अपनी मातृभूमि की

स्वतंत्रता के लिए चिर निद्रा में लीन हो गए। वृंदावन के इतिहास में उनका नाम स्वर्ण अक्षरों में लिखा गया। सन् 1941 में 'व्यक्तिगत सत्याग्रह' में भी लक्ष्मण बंदी बनाए गए थे, जिसमें एक वर्ष पर्यंत कारावास में रहे तथा 100 रुपये का अर्थदंड भी भोगा था। 28 अगस्त को हड़ताल कराने में बड़े उत्साह से कार्य किया था। मथुरा जनपद में घायल तो बहुत लोग होते रहे, यातनाएँ भी सही हैं, किंतु शहीद मात्र लक्ष्मण ही हुए। इनके साथ घायल होनेवालों के नाम स्मरण करना अत्यंत आवश्यक है। नहीं, यह भूल कही जाएगी जो अक्षम्य होगी—श्री गोपीनाथ शर्मा, श्री नारायण प्रसाद जी शर्मा, श्री राधा मोहन जी, श्री नंद कुमार शुक्ल आपके पैर में गोली लगी थी, जिससे आप इतने घायल हो गए कि जीवनपर्यंत लँगड़ाते रहे। श्री नारायण प्रसाद और राधामोहन के शरीर में जो छर्रे लगे थे, जीवन-भर कष्ट देते रहे।

नारायण बाबू ने उस समय बड़े साहस का कार्य किया था। जिस समय पुलिस फायरिंग हो रही थी, आपने पोस्ट ऑफिस की सीमा की आड़ में से होते हुए कुछ पलों में ही थाने के द्वार पर पहुँचकर बड़ी वीरता से थानेदार लाल सिंह का पिस्तौलवाला हाथ बड़ी दृढ़ता से पकड़ लिया और उसको देशद्रोहिता पर भी फटकारा। उसी समय एक सिपाही ने नारायण जी पर बंदूक तान दी, लेकिन दरोगा ने परिस्थिति को देखते हुए हाथ के संकेत से रोक दिया।

गोलीकांड के उपरांत पुलिस ने जनता को आतंकित करना प्रारंभ किया। रास्ते चलते लोगों को मारना-पीटना शुरू हो गया। कोई भी घर से नहीं निकलता था। सारे नगर में सन्नाटा छाया हुआ था। सब लोग भयभीत थे। अत्याचार और बंदी बनाने का सिलसिला चलता रहा।

मथुरा जनपद के परखम गाँव में सन् 1942 की लोमहर्षक घटना जो कि रोम-रोम में सिहरन पैदा कर देती है, आज भी किसी का भी मानस सुनने मात्र से हिल जाता है। इस गाँव में उस समय एन.ई. रेलवे का स्टेशन था। वहाँ से मथुरा लगभग 22 किमी. की दूरी पर अवस्थित है। इस गाँव में आज भी जखैया नाम से एक परंपरागत मेला लगता है; कभी प्राचीन काल में लगभग सहस्रों वर्ष पूर्व मथुरा में यक्षों का राज भी रहा था। मथुरा उनकी राजधानी थी। इसी गाँव की पावन भूमि में उनका दाह-संस्कार होता था।

बौद्धों का भी महत्त्वपूर्ण स्थल है, इस गाँव की भूमि बौद्धों की मूर्तियाँ से अटी पड़ी है आज भी यह जनश्रुति सुनाई देती है; अनेक मूर्तियाँ यहाँ प्राप्त हुई हैं जो मथुरा राजकीय संग्रहालय में प्रदर्शित हैं।

सन् 1857 में महारानी झाँसी की सेना यहाँ रहीं, इसीलिए अंग्रेज इस गाँव को फूँक देना चाहते थे। यह सूचना गाँववालों को किसी प्रकार प्राप्त हो गई तो गाँव के कुछ लोग रास्ते पर जाकर खड़े हो गए। जैसे ही अंग्रेज आए और उन्होंने पूछा कि परखम गाँव का रास्ता किधर है? तो इन लोगों ने बेरी गाँव की ओर संकेत करके बताया। सभी उस ओर चल दिए और अंग्रेजों ने बेरी गाँव को फूँक दिया। तभी से उसे परखम बेरी कहा जाता है। जैसे ही गांधी जी ने स्वतंत्रता संग्राम का विगुल बजाया ही था कि परखम में 1921 में कांग्रेस का कार्यालय बन गया। 1930 में विदेशी वस्त्रों का बहिष्कार किया गया, जिसमें धरना-प्रदर्शन हुए। परखम से चार व्यक्ति सम्मलित हुए, जिसमें भोजीराम, मिट्ठन लाल, मानग राय, बतासी राम, होती लाल आदि ने मथुरा में 2 माह पर्यंत कार्य किया। नमक कानून तोड़ने में भी यहाँ के लोग सक्रिय हुए, भोजीराम के घर पर नमक बनाया गया जिसमें कि रूप राम को 6 माह की सजा हुई। रूप राम की माता जी जेल में मिलने गईं, लेकिन जेलर ने मिलाई नहीं करने दी। वो बेचारी चिंताग्रस्त अवस्था में गाँव की ओर चल दी, जहाँ औरंगाबाद में उनकी मृत्यु हो गई।

1932 में राष्ट्र ध्वज पर धारा 144 लग गई थी। इसको तोड़ने के लिए गोविंद राम, बतासी राम, गंगी राम, कमल सिंह, रूप राम आदि गए, जिन्हें 6 माह व कुछ को 3 माह की सजा हुई थी, साथ ही अर्थदंड भी हुआ।

सन् 1934 में प्रांतीय हरिजन कार्यालय का उद्घाटन हुआ, जिसमें सेवा समिति, औषधालय, पुस्तकालय जिसमें कई लोग कार्य कर रहे थे, लेकिन फरह के थानेदार ने इसमें आग लगवा दी। लगभग 30 हजार रुपयों की क्षति हुई। आज भी यहाँ गांधी आश्रम है।

1940 में कांग्रेस का आंदोलन हुआ, जिसमें कई लोगों को जेल हुई थी। सन् 1942 में जनक्रांति का श्रीगणेश हुआ। 14 तारीख की रात को एक इंजन व आठ डिब्बे पटरी काटकर गिरा दिए गए। ये सब माल गाड़ी के डिब्बे थे। इस घटना के लिए 14 अगस्त को एक बैठक आहूत की गई थी जिसमें रूप राम, ग्यासी राम, कुंजीलाल, देवपाल, होतीलाल, नानग राम, किशोरीलाल, श्रीपति, रामचरन, सुआ सिंह, सुनपति, श्रीपति आदि गाड़ी गिराने के लिए गए थे। गाड़ी गिराने में 8 व्यक्ति थे। यह गाड़ी मथुरा से अछनेरा को आ रही थी। रात के 3 बजे का समय था। गाड़ी की पटरी को उखाड़ने का सब्बल मंगल लुहार ने बड़े साहस के साथ बनाया था। गाड़ी को गिराने के बाद वे रेल देखने गए थे। गाड़ी का सामान इधर-उधर फैल रहा था। जैसे ही यह सूचना जिलाधिकारी को मिली, वैसे ही आगरा से सेना और आवश्यक हथियार मँगाए गए। परखम की प्रत्येक गली में सेना प्रवेश कर रही थी। मशीनगन उनके हाथ में थी।

बच्चे, बूढ़े, युवा सभी घरों में बंद थे। भूखे-प्यासे रहे, यह दृश्य अत्यंत भयावह था। पशु चिल्ला रहे थे। लोगों को पकड़-पकड़ कर जिलाधीश के समक्ष किया जा रहा था। उन्हें बेरहमी से मारा जा रहा था। लोग भूख-प्यास से घबड़ाने लगे थे। गाँव को छोड़कर जंगलों में जाकर छिप गए थे। इधर पुलिस को जो भी मिलता, छुड़ाकर ले जाते थे। इस प्रकार गाँव को महीनों लूटा गया था। दो माह बाद गाँववालों से चार हजार रुपया लिया गया था। इन लोगों को जेल भेज दिया गया था।

भारतीय राष्ट्रीय कांग्रेस की स्थापना

भारतीय महापुरुषों, जिन्होंने राष्ट्रीय जागरण एवं सांस्कृतिक पुनरुत्थान में महत्त्वपूर्ण योग दिया, उनमें दादा भाई नौरोजी, बंकिम चंद्र चटर्जी, राजा राम मोहन राय, विष्णु शास्त्री, चिपलूणकर, भारतेंदु हरिश्चंद्र, बाल गंगाधर तिलक और स्वामी विवेकानंद आदि नामों को बड़े आदर के साथ लिया जाता है। इन लोगों ने अथक परिश्रम कर भारत के जन-जन में जागरण की लहर जगा दी। इसी जागरण ने विदेशी शासकों में भय पैदा कर दिया कि कहीं इन भारतीय लोगों के द्वारा पुनः 1857 जैसा तांडव खड़ा न हो जाए। अतः 1885 ई. में इटावा के भूतपूर्व जिलाधिकारी ह्यूम ने 'इंडियन नेशनल कांग्रेस' की स्थापना कराई थी। ब्रिटिश साम्राज्य को स्वामित्व प्रदान करने का प्रबल दृष्टिकोण इसकी पृष्ठभूमि में निहित था।

1885 ई. में कांग्रेस की स्थापना के पश्चात भारतीय जन-मानस में राष्ट्रीय भावना का स्तर द्विगुणित हो गया। कांग्रेस का वार्षिक अधिवेशन बड़े हर्षोल्लास के साथ एक समारोह के रूप में संपन्न होने लगे। इस समय मथुरा के लोगों ने जन-जागृति के लिए विशेष योगदान दिया। समाचार-पत्रों के माध्यम से अध्यापक मोती राय जी का सहयोग अविस्मरणीय है। इस प्रकार कांग्रेस की स्थापना भारत के इतिहास में निर्णायक मोड़ पर लानेवाली सिद्ध हुई। यह राष्ट्रीय एकता के ऐसे युग का प्रारंभ था जो कि किसी प्रकार थोपा नहीं गया था, जिसका उद्‌भव देश के मनीषियों के अंतर्मन से हुआ था। भाषा में चाहे जितनी विनम्रता रही हो, इतना तो स्पष्ट ही था कि अब यह देश यथास्थिति को अपनी नियति मान चुप बैठनेवाला नहीं है। नेहरू जी के शब्दों में—कांग्रेस की जब स्थापना हुई तब वह फूँक-फूँककर पग रखनेवाली संस्था थी। जो अंग्रेजों के प्रति अपनी निष्ठा करते हुए अपनी छोटी-छोटी माँगों को बड़ी विनम्रतापूर्वक प्रस्तुत करती थी।

यह संस्था विशेषतः अंग्रेजी पढ़े-लिखे लोगों की पक्षधर थी और इसकी सारी कार्यवाई हमारी सौतेली भाषा अंग्रेजी में होती थी। फिर भी मेरा विश्वास है कि उन दिनों की कांग्रेस ने, उसके नेताओं ने बहुत बड़ा काम किया था। भारतीय राजनीति के कठोर तथ्यों ने इसे धीरे-धीरे बहुत कुछ अनचाहे ही, दिन-प्रतिदिन अधिक उग्र नीति अपनाने के लिए बाध्य किया।

कांग्रेस के प्रति वर्ष होनेवाले अधिवेशनों के द्वारा देशवासियों की उत्सुकता बढ़ती जा रही थी। राष्ट्रवादी नेताओं का विश्वास था कि राजनीतिक प्रश्नों में जनता की रुचि होना परम आवश्यक है। इसके साथ ही देश में जनमत को संगठित करना इसी समय सर्वप्रथम साम्राज्यवादी आर्थिक शोषण को अपनी आलोचना का विषय बनाया और सुधार की दृष्टि से देश में उद्योगों की स्थापना के साथ स्वदेशी वस्तुओं के उपयोग पर निरंतर बल दिया जाने लगा। इसी से प्रेरित होकर महाराष्ट्र में एक महत्त्वपूर्ण आंदोलन निर्मित हुआ, जिसके अंतर्गत विद्यार्थियों से सार्वजनिक रूप में विदेशी वस्त्रों को अग्नि में समर्पित कर दिया।

14 वर्ष से निरंतर सेवा प्रदान कर रही कांग्रेस लखनऊ में सबसे बड़ी उपलब्धि की ओर एक पग आगे आई और संविधान की स्वीकृति हुई। इसमें निम्न बिन्दुओं पर ध्यान आकर्षण किया गया—

1. कांग्रेस का ध्येय संवैधानिक प्रयासों से जन-जन को आगे बढ़ाना है।
2. राजनीतिक या अन्य संस्थाओं द्वारा सार्वजनिक सभाओं के माध्यम से प्रतिनिधि चुने जाएँगे।
3. भारतीय कांग्रेस कमेटी के 45 सदस्य होंगे, जिनमें से 40 प्रांतीय कांग्रेस द्वारा चुने जाएँगे और यदि किसी प्रांत में प्रांतीय कमेटी न हो तो उस प्रांत के प्रतिनिधि अखिल भारतीय कांग्रेस कमेटी के सदस्यों को चुनेंगे। ये सदस्य एक वर्ष के लिए, एक अधिवेशन से दूसरे अधिवेशन तक के लिए चुने जाएँगे। उत्तर प्रदेश को 6 सदस्य चुनने का अधिकार दिया गया था। भारतीय कांग्रेस कमेटी की वर्ष में कम-से-कम तीन बैठकें होंगी और कमेटी के नियम बनाने का अधिकार होगा। इसका एक अवैतनिक सचिव, एक सवैतनिक सहायक सचिव होगा और अन्य कार्यालय कर्मचारी होंगे।
5. प्रांतीय कांग्रेस कमेटियाँ जिला कांग्रेस कमेटियों का निर्माण करेंगी। वे प्रांतीय सम्मेलन करेंगी और वर्ष-भर राजनैतिक प्रशिक्षण का कार्य करेंगी।

6. इंग्लैंड में एक ब्रिटिश कांग्रेस कमेटी होगी जो वहाँ कांग्रेस के दृष्टिकोण का प्रतिनिधित्व करेगी। इस प्रकार जिला स्तर से लेकर अखिल भारतीय संगठन का एक व्यवस्थित मानचित्र निर्मित करने का निर्णय लखनऊ कांग्रेस में किया गया।

सितंबर सन् 1920 में कांग्रेस ने अपने कोलकाता अधिवेशन में महात्मा गांधी के असहयोग आंदोलन' को पूर्ण रूपेण स्वीकार कर लिया। अंग्रेजी विधान सभाओं के साथ विदेशी वस्त्रों आदि का बहिष्कार करने का निश्चय किया गया। इस समय कांग्रेस का उद्‌देश्य शांतिपूर्वक किए गए उद्यम से ही स्वराज प्राप्त करना हो गया।

बंगाल विभाजन

सन् 1905 में मथुरा के स्वामी रामतीर्थ का आगमन हुआ था। उन्होंने विश्राम घाट के सामने यमुना जी के पूर्वी किनारे पर बालुका में पंडाल की व्यवस्था की। उन्होंने अपना वक्तव्य 'गीता' पर दिया था। केवल एक ही श्लोक 'लोकेऽस्मिन्द्विविधा निष्ठा' पर पूरे 3 घंटे विचारों का मंथन चलता रहा। जब विश्राम हुआ तो वे देशभक्ति तथा राष्ट्रवाद पर बोलने लगे—मैंने उन्हीं के शब्दों को प्रस्तुत करना आवश्यक समझा—"मैं शरीर सहित भारत हूँ। सारा भारत मेरा शरीर है। कुमारी अंतरीप मेरा पैर है, हिमालय मेरा सिर है, पूर्व और पश्चिम दोनों मेरी बाँहें हैं, जिनको फैलाकर मैं अपने स्वदेश बंधुओं को गले लगाता हूँ। मैं मूर्तिमान भारत हूँ"

स्वामी जी के वक्तव्य को श्रवण कर वहाँ उपस्थित नागरिकों में राष्ट्रीय भावना का जो जागरण हुआ, वह अग्नि में घृत आहुति जैसा था। सभी अपने शरीर को मूर्तिमान भारत के रूप में देखने लगे। यह भावना एक नूतन रूप लेकर समूचे मथुरा जनपद में पहुँचने लगी। एक प्रेरणा विस्फुलिंग रूप में क्रांति की चिनगारियाँ बनकर व्याप्त हो गई; इसी समय बंग-भंग का आंदोलन भी अपने आवेश की ओर मुखरित होकर विस्फोटक रूप धारण करने लगा था।

भारतवर्ष के इतिहास में 1905 के बंगाल विभाजन के आंदोलन ने भी देश में राष्ट्रीयता की लहर फैला दी। समूचे देश में राजनीतिक जागरण का वातावरण बन गया। समस्त देश के अंदर स्वदेशी को अपनाने और विदेशी का बहिष्कार आरंभ हुआ। इसके अंतर्गत मथुरा जनपद ने पूरे मन से राष्ट्र भाव से प्रेरित होकर सहयोग दिया। मथुरा नगर में उस समय दिल्ली के सय्यद हैदर रजा साहब के 'आफताब' नामक समाचार-पत्र ने

सभी में राष्ट्रीय चेतना का संचार कर दिया। लोगों में विदेशी खाँड़ की बोरियाँ जमुना में बहा दीं। देशी खाँड़ प्रारंभ हो गई। विदेशी वस्त्रों की होलियाँ जला दीं। स्वदेशी सामान का विक्रय दुकान पर होने लगा।

वृंदावन और बंगाल का बहुत ही अंतरंग संबंध है। चैतन्य देव ने ही वृंदावन का पुनर्जागरण किया था। उसी प्रकार बंग-भंग के समय कतिपय बंगाल के क्रांतिकारी बंगालियों का आगमन हुआ और उन्होंने क्रांतिकारी विचारों को फैलाना प्रारंभ कर दिया। इस प्रकार वृंदावन की प्रारंभिक राजनीतिक चेतना फैलाने में बंगाल के क्रांतिकारी दल के बंगालियों का बहुत बड़ा हाथ था।

सन् 1905 में बंगाल विभाजन आंदोलन के दिनों में देवकीनंदन प्रेस से समस्त साहित्य का वितरण होता था। इस प्रकार बंगाल विभाजन की प्रतिक्रिया मथुरा जनपद के विभिन्न गाँवों और कस्बों में हुई। बंगाल को विभाजित करने की योजना इस कारण से बनाई कि बंगाल बहुत बड़ी प्रशासनिक इकाई है। अत: इसे दो भागों में बाँट दिया जाए। उस समय बंगाल के अंतर्गत असम, बिहार और उड़ीसा भी सम्मिलित थे। बंगाल के पूर्वी भाग जिसमें राजशाही, चटगाँव और ढाका भी सम्मिलित थे, को असम कहा गया और ढाका इसकी राजधानी बनाई गई। शेष बंगाल, बिहार, उड़ीसा को बंगाल नाम दिया गया। स्पष्ट है कि इस विभाजन के मूल में प्रशासनिक सुविधा की बात तो एक बहाना था। कर्जन का एक पत्र जो उसने अपने देश के विदेश मंत्री को लिखा था। कोलकाता वह केंद्र है जहाँ से बंगाल में ही नहीं अपितु समूचे भारत के अंदर कांग्रेस दल का संचालन होता है। उसके सर्वोत्तम सूत्रधार और उत्तम वक्ता इसी क्षेत्र में रहते हैं, उनमें अपूर्व एकता है। उच्च न्यायालय पर भी उनका वर्चस्व है। स्थानीय प्रशासक उनसे संकोच में रहता है। भारत सरकार भी उनसे प्रभावित रहती है। उनके समूचे कार्य-कलापों का ध्येय एवं ऐसा शक्ति-संपन्न व्यूह की रचना करता है कि जिसके आधार पर वे किसी भी दुर्बल सरकार को आत्मसमर्पण की स्थिति में लाकर खड़ा कर सकते हैं। मूल विषय यह है कि कर्जन इसी बौद्धिक क्षमता के प्रभाव को बलहीन करना चाहता था।

बंगाल विभाजन की चर्चा जैसे ही भारतीय जन-मानस के समक्ष आई, इसका पुरजोर विरोध हुआ। हिंदू और मुसलमान आदि सभी ने एक स्वर से विरोध किया। इस समय कर्जन ने मुसलमानों की धार्मिक भावों को जगाने का प्रयास किया। 18 फरवरी, सन् 1906 को ढाका में एक बैठक आहूत की, जहाँ कर्जन ने कहा कि यह एक ऐसी योजना है कि जिसके द्वारा ढाका एक केंद्रीय नगर और संभवत: एक नये और

आत्मनिर्भर प्रशासन की राजधानी के रूप में उभर जाएगा। तत्कालीन गृह सचिव रिसले ने अपने विचार इस प्रकार व्यक्त किए कि संयुक्त बंगाल एक शक्ति है। विभाजन होने पर बंगाल चारों ओर बिखर जाएगा। हमारा एक लक्ष्य इसको छिन्न-भिन्न कर देना है। इससे सबसे बड़ा लाभ यह होगा कि हमारा विरोध करनेवाला एक बहुत बड़ा वर्ग पंगु हो जाएगा।

सारांश रूप में यह कहा जा सकता है कि बंगाल का विभाजन एक शक्ति का विभाजन था। अंग्रेजों का मुख्य उद्देश्य शक्ति को दुर्बल बनाना था अर्थात उस समय बंगाल की जनसंख्या लगभग 4 करोड़ 15 लाख के आसपास थी। ये सभी बँगला भाषा-भाषी थे। उनके शक्तिशाली संगठन को तितर-बितर करना आवश्यक समझा गया। फलस्वरूप, निर्बल होकर वे श्रीहीन हो जाएँ।

तत्कालीन समय में इसका चारों ओर भयंकर विरोध हुआ। सभी स्थलों पर 'वंदे मातरम्' के पावन शब्दों के गगनभेदी स्वरों से वायुमंडल व्याप्त हो गया। स्वदेशी और असहयोग आंदोलनों ने प्रचंड रूप धारण कर लिया।

कोलकाता अधिवेशन में स्वराज्य की घोषणा, स्वदेशी आंदोलन

सन् 1906 में कांग्रेस का कोलकाता में अधिवेशन संपन्न हुआ। इस अधिवेशन में कांग्रेस के कतिपय सदस्य बाल गंगाधर तिलक को अधिवेशन की अध्यक्षता के लिए प्रस्तावित कर रहे थे। कांग्रेस के ही अन्य भद्र लोगों का आग्रह यह था कि दादा भाई नौरोजी को अध्यक्ष बना दिया जाए। इन्हीं कारणों ने यह स्पष्ट कर दिया कि कांग्रेस में आपस में इन छोटी-छोटी बातों को लेकर मतभेद थे जो समय-समय पर सामने उभरकर एक प्रतिष्ठा की भावना से दृष्टि गोचर होते थे। उग्रवादी और उदारवादी के नाम से दो खेमे विभाजन का रूप लेकर स्पष्ट दृष्टिगत थे।

कांग्रेस के इसी अधिवेशन में दादा भाई नौरोजी ने अपने अध्यक्षीय भाषण में प्रथम बार कांग्रेस के मंच पर यह उद्घोषणा की कि "स्वराज हमारा जन्म सिद्ध अधिकार है तथा इसे हासिल करना ही कांग्रेस का लक्ष्य है।" यहाँ 'स्वराज्य' शब्द से अभिप्राय ऑस्ट्रेलिया एवं कनाडा के ब्रिटिश उपनिवेशों की ही भाँति ब्रिटिश प्रभुसत्ता के अंतर्गत स्वशासन से था। इन्हीं विचारधाराओं के मध्य उदारवादियों ने अवसर का लाभ उठाते हुए दादा भाई नौरोजी को इंग्लैंड से वापस बुलाकर कांग्रेस के इस कोलकाता अधिवेशन का अध्यक्ष बना दिया।

इसी अधिवेशन में उग्रवादी दल ने अपने चार प्रस्तावों को स्वीकृत करवाने में सफलता प्राप्त कर ली, जिसमें—

1. स्वराज्य की प्राप्ति।
2. राष्ट्रीय शिक्षा ग्रहण करना।
3. स्वदेशी आंदोलन को प्रोत्साहन देना।
4. विदेशी वस्त्रों का बहिष्कार करना।

उक्त चारों ही प्रस्तावों को समूचे राष्ट्र में एक आंदोलन के रूप में ग्रहण करते हुए आम जनों में जन जागृति की गई। मथुरा जनपद में भी इसको प्रचुर देशभक्तों ने अपनाया और क्रांतिकारी हलचल की। इसमें अनेक लोगों को कारावास भी हुआ। अर्थदंड भी भोगना पड़ा।

विभाजन के आंदोलन को दबाने हेतु सुधार लागू

सरकार ने देशव्यापी दमन में कोई कसर उठा न रखी थी, किंतु अब भारत पूर्णत: जाग चुका था। इसलिए सरकार के दमनचक्र को प्रभावी नहीं होने दिया। क्रांतिकारी विचारों के नेताओं को जेल में बंद कर दिया गया। गुप्त रूप से हिंसात्मक घटनाएँ घटने लगीं। सरकार यह विचार करने लगी कि साम-दाम की नीतियों को अपनाना होगा, जिससे सफलता मिलने में सहजता होगी। अत: 1909 में कतिपय प्रशासनिक सुधारों की घोषणा की गई जो उस समय के वायसरॉय और भारत मंत्री के नाम पर 'मिंटो-मार्ले सुधार' कहलाते हैं। इनके अंतर्गत प्रथम बार निर्वाचन का सिद्धांत तो स्वीकार किया गया, किंतु मतदाताओं को चार हिस्सों में बाँट दिया गया। 1. साधारण, 2. जमींदार, 3. मुसलमान, 4. विशेष स्वार्थ। इस प्रकार सांप्रदायिक निर्वाचन की आधारशिला रख दी गई। केंद्रीय कौंसिल में पहले की भाँति सरकारी सदस्यों का बहुमत बना रहा।

कांग्रेस ने 1909 के लाहौर अधिवेशन में पं. मदन मोहन मालवीय जी की अध्यक्षता में इन प्रस्तावों पर गहन चिंतन किया। निष्कर्षत: दुख प्रगट करते हुए धर्म पर आधारित निर्वाचन पद्धति की विशेष रूप से निंदा की गई। यह सुधार कूटनीति का ही एक प्रबल भाग था, जिसका संधान भारत की भावना को आघात पहुँचाना था। जब उन्होंने यह समझा कि सर्वत्र असंतोष होता चला जा रहा है, तो उनके पास और कोई विकल्प ही नहीं शेष बचा तो 'फूट डालो और राज करो' की नीति का अनुसरण किया। इसीलिए मिंटो-मार्ले सुधारों में सांप्रदायिक निर्वाचन का प्रावधान करके उन्हें देश की मुख्यधारा में मिलने से

रोकने का षड्यंत्र रचा गया। लॉर्ड मिंटो के संकेत पर मुसलमानों का एक प्रतिनिधि मंडल उससे मिला और यह प्रार्थना की कि यदि देश में शासन सुधार होता हो और जनता को कुछ अधिकार मिलनेवाले हों तो मुसलमानों को अपने प्रतिनिधियों का चुनाव पृथक् रूप से करने का अधिकार मिलना चाहिए। यही पृष्ठभूमि थी, जिसमें 'मिंटो मार्ले सुधार' नामक योजना में मुसलमानों को अलग निर्वाचन का अधिकार दे दिया था।

सरकार द्वारा 25 दिसंबर, 1910 को नया शासन सुधार लागू कर दिया गया। इसके आधार पर वायसरॉय की केंद्रीय कौंसिल हेतु प्रांतों से जो चुनाव हुए, उनमें मालवीय जी, गोखले, सुरेंद्रनाथ बनर्जी जैसे कुछ व्यक्ति पहुँच गए। बहुमत सरकारी पक्ष में होने के कारण समस्याओं की उपेक्षा ही होती रही।

उत्तर प्रदेश प्रांतीय कौंसिल के लिए पं. मोतीलाल, नेहरू चुने गए थे। यद्यपि वे भी सुधारों के आलोचक थे। उनका कहना था कि ये सुधार न होकर सुधारों के ठीक विपरीत हैं। परिवर्तित कौंसिल की हुजूरों की भीड़ के अतिरिक्त और कुछ न थी तथा कथित सुधारों का वास्तविक ध्येय शिक्षित वर्ग का प्रभाव समाप्त कर देना था।

सरकार यह भली प्रकार समझ चुकी थी कि बंग-भंग वापस लिये बिना स्थिति में परिवर्तन संभव नहीं है। अनेक विचार-विमर्श के पश्चात 12 दिसंबर, 1911 को दिल्ली में एक दरबार आयोजित हुआ। इसमें ब्रिटेन के सम्राट जॉर्ज पंचम और साम्राज्ञी आए। उस अवसर पर यह घोषणा की गई कि सरकार बंगाल को विभाजित करने का प्रस्ताव वापस ले रही है। साथ ही यह भी घोषित किया गया कि अब भारत की राजधानी कोलकाता न होकर दिल्ली होगी।

उक्त घोषणा में कुटिल व्यवहार था। 1905 से पहले का बंगाल फिर नहीं बना। उसके स्थान पर तीन प्रांत कर दिए गए—1. बंगाल, 2. बिहार, छोटा नागपुर और उड़ीसा, 3. असम।

महात्मा गांधी की वापसी

सन् 1893 में महात्मा गांधी जी की आयु 24 साल थी। उस समय आप दक्षिण अफ्रीका में वहाँ के न्यायालय में एक मुकदमा लड़ने के लिए गए थे। आप 21 साल पर्यंत अफ्रीका में रहे थे। दक्षिण अफ्रीका में मोहनदास करमचंद गांधी ने कई लड़ाइयाँ लड़ीं। कई लड़ाइयों में आपको विजय प्राप्त हुई। आपके द्वारा जीतने की प्रशंसा परिचित भारतीयों में समय-समय पर होती रहती थी। परस्पर संवादों में आपके संबंध में यह चर्चा विशेष रूप से

मुखर रहती थी कि आप दक्षिण अफ्रीका में प्रवासी भारतीयों के लिए सदैव उनका पक्ष प्रबल रूप से प्रस्तुत करते रहे।

दक्षिण अफ्रीका के प्रवासकाल में गांधी जी को एक बार शारीरिक रंग के कारण बड़ी मर्मांतक मानसिक पीड़ा झेलनी पड़ी कि जब वे पीटर मेरिट्सबर्ग में रेलवे यात्रा में प्रथम श्रेणी के कक्ष में बैठकर यात्रा कर रहे थे, तभी आपको ट्रेन से बाहर कर दिया गया। क्योंकि वह कोच मात्र गोरे लोगों के लिए ही आरक्षित था। उस समय अफ्रीका में ठंड बहुत कड़ाके की थी। आपने सारी रात काँपते हुए व्यतीत की। यहाँ इनका विचार भारत वापस लौटने का भी हुआ। दूसरी ओर यह भी सोच का विषय बना कि क्यों न अधिकारों के लिए लड़ाई लड़ी जाए। अंत में आपने यह निर्णय लिया कि प्रतिकार किया जाए। प्रतिकार करते ही अगले दिन आपको यात्रा की स्वीकृति मिल गई। इस घटना ने आपके जीवन को बहुत प्रभावित किया। जीवन में एक परिवर्तन आया। आपके दक्षिण अफ्रीका में भारतीयों और अश्वेतों के लिए जो भेदभावपूर्ण बर्ताव हो रहा था उसके विरुद्ध खड़े होकर विवाद किया और इस अधिकार के लिए लड़ाइयाँ लड़ीं और विजय भी प्राप्त की। इन्हीं सब संघर्षों के परिणामस्वरूप दक्षिण अफ्रीका में ही गांधी जी के राजनीतिक और नैतिक विचारों का विकास हुआ। इसी अंतराल में आपके मानस में भारतीय स्वतंत्रता की भावना की प्रबल विचार चिंतन का आहार बनता जा रहा था कि एक दिन गोपाल कृष्ण गोखले का आग्रहपूर्ण निवेदन गांधी के समक्ष आया कि आप दक्षिण अफ्रीका से भारत लौट आए।

दक्षिण अफ्रीका में रहते हुए गांधी जी को 21 साल पूर्ण होने जा रहे थे। आपके हृदय में भारत माता आ विराजीं और भारत आने के लिए उद्यत हो गए। 9 जनवरी, सन् 1915 को प्रात: कालीन ऊषा वेला में भास्कर की प्रथम किरण का धरनी से मिलन हुआ ही था कि मुंबई के अपोलो बंदरगाह पर गांधी जी और कस्तूरबा आ पहुँचे। वहाँ उपस्थित सहस्त्रों कांग्रेसी कार्यकर्ताओं ने गांधी जी का भव्य स्वागत किया। भारत आने के पश्चात गांधी जी पूर्ण रूप से कांग्रेस से जुड़ गए और देश के स्वतंत्रता संग्राम का नेतृत्व किया।

सन् 1913-14 में मथुरा जनपद में दक्षिण अफ्रीका के सत्याग्रह के सहायतार्थ धन का संकलन किया गया था। इसमें प्रमुख रूप से बाबू रामनाथ जी मुख्त्यार का विशेष योगदान रहा। इसी सत्याग्रह हेतु वृंदावन में ही विशाल जनसभा आहूत की गई, जिसके अंतर्गत गोस्वामी राधाचरण जी का सभापतित्व रहा। इस सभा में दक्षिण अफ्रीका के संदर्भ में कई प्रस्ताव पारित हुए। इसी समय धन संकलित करने का कार्य भी हुआ।

दक्षिण अफ्रीका से वापस होकर महात्मा गांधी ने अपना रूप बदलकर अर्थात कोई पहचान न सके, इस प्रकार छिपकर देश की स्थिति का अवलोकन किया। 12 अप्रैल, 1915 को आपने हरिद्वार से दिल्ली पहुँचकर प्रवास किया। दो दिन दिल्ली के निरीक्षण तथा वहाँ के लोगों से आवश्यक संवाद करने के पश्चात 14 अप्रैल बुधवार के दिन द्विप्रहर बेला में वृंदावन पधारे। सर्वप्रथम प्रेम महाविद्यालय गए, उसके बाद गुरुकुल, राम कृष्ण मिशन सेवाश्रम जाने के पश्चात वृंदावन के सक्रिय कार्यकर्ताओं के साथ वार्तालाप करते ही मथुरा होते हुए मद्रास के लिए प्रस्थान किया।

इस सबसे प्रेरित हो मथुरा में एक सेवा समिति की स्थापना की गई। 1914-15 यह अवसर हरिद्वार कुंभ का अवसर था। इसमें प्रमुख रूप से पं. हृदय नाथ कुंजरू का सबसे बड़ा योगदान था। इस प्रकार 30 दिसंबर, 1917 को इसने संस्था का बृहत रूप धारण किया और बहुत ही श्रेष्ठ सामाजिक कार्यों का संपादन किया, जो सदैव अविस्मरणीय रहेंगे।

अध्याय : 5

खिलाफत आंदोलन

भारत के मुसलमान ब्रिटिश सरकार के युद्ध के बाद की तुर्की संबंधी नीति से असंतुष्ट थे। युद्धकाल में ब्रिटेन की ओर से आश्वासन दिया गया था कि तुर्की के अधीन भाग नहीं अपहरित किए जाएँगे, पर युद्ध की समाप्ति पर जो शर्तें तुर्की पर लादी गईं, वे इन आश्वासनों के सर्वथा विपरीत थीं। अंग्रेजों ने एक चाल और चली। तुर्क साम्राज्य के अधीन जो अरब जातियाँ थीं, उनको धन आदि का प्रलोभन देकर विद्रोह के लिए उकसाया। इस प्रकार इन जातियों के आंदोलन के नाम पर भी तुर्की की काट-छाँट की गई। गुप्त रूप से यहूदियों से यह वादा किया कि उन्हें फिलीस्तीन में बसाने का प्रबंध किया जाएगा। युद्ध की समाप्ति पर ब्रिटेन और फ्रांस ने इस क्षेत्र के बहुत बड़े भाग को राष्ट्र संघ के माध्यम से शासनादेश के अंतर्गत अपने आधिपत्य में कर लिया।

गांधी जी इस घटनाक्रम को बड़ी गंभीरता के साथ देख रहे थे। वे मालवीय जी और मोतीलाल जी के साथ दिल्ली के खिलाफत सम्मेलन में सम्मिलित हुए। कुछ लोगों ने सुझाव दिया था कि खिलाफत में सहयोग के बदले में मुसलमान गोवध बंद कर देंगे। पंजाब के प्रश्न को भी वे खिलाफत के साथ जोड़ने के पक्ष में नहीं थे। लोगों ने समर्थन किया गांधी जी के विचारों का, लेकिन ब्रिटिश सरकार ने खिलाफत के संबंध में जो अन्याय किया था, उसका प्रतिकार करने का प्रश्न था। अमृतसर में कांग्रेस के अधिवेशन के अवसर पर वहीं खिलाफत समिति की भी बैठक हुई थी। दोनों संगठनों के बीच काफी समीपता आ गई।

इस प्रकार असहयोग का जो विचार अब तक खिलाफत के प्रश्न से जुड़ा हुआ था, वह इन घटनाओं से राष्ट्रीय स्वतंत्रता संग्राम का कार्यक्रम बनता नजर आया। 31 मई, 1920 को वाराणसी में बैठक हुई। यह निश्चय किया गया कि हंटर कमेटी की रिपोर्ट के संदर्भ में असहयोग की नीति पर विचार करने के लिए कांग्रेस का विशेष अधिवेशन बुलाया जाए।

4 से 9 सितंबर, 1920 तक कोलकाता में विशेष अधिवेशन हुआ। लाला लाजपत राय ने अध्यक्षता की। वे कुछ ही दिन पूर्व अमेरिका से वापस आए थे। यहाँ असहयोग संबंधी मुख्य प्रस्ताव पर प्रतिनिधि एकमत नहीं थे। गांधी जी ने अधिवेशन का मुख्य प्रस्ताव उपस्थित किया, जिसमें देश से आह्वान किया गया था कि अहिंसात्मक असहयोग की नीति स्वीकार करे और इसे तब तक चलाता रहे जब तक खिलाफत संबंधी अन्याय दूर न हो जाए और स्वराज प्राप्त न हो जाए। इस प्रस्ताव का मई में प्रमुख नेताओं ने विरोध किया, परंतु अंत में केवल 7 के बहुमत से गांधी जी का प्रस्ताव स्वीकृत हो गया।

असहयोग के लिए कांग्रेस ने जो कार्यक्रम स्वीकार किया, उसमें निम्नलिखित विषय सम्मिलित थे—

1. सरकारी उपाधियों को वापस करना।
2. स्थानीय संस्थाओं के मनोनीत पदों से इस्तीफा देना।
3. सरकारी समारोहों का बहिष्कार।
4. सरकारी और सहायता प्राप्त शिक्षा संस्थाओं का बहिष्कार।
5. वकीलों द्वारा अदालतों का बहिष्कार।
6. नई विधान समाओं का बहिष्कार।
7. विदेशी माल का बहिष्कार।

मथुरा जनपद में असहयोग आंदोलन

जैसा कि नाम से विदित है कि सहयोग न करना ब्रिटिश सरकार के विरुद्ध यह अहिंसक हथियार कितनी उज्ज्वल बुद्धि की सूझ-बूझ है। न केवल असहयोग आंदोलन ही, प्राय: सभी आंदोलनों के अंतर्निहित भावार्थ में महनीय विचारों का गुंफन था, बिना किसी को किसी भी प्रकार की क्षति पहुँचाए, उन्हीं से अनुमति लेकर जिलाधिकारी या पुलिस अधिकारी को पूर्ण रूपेण अवगत कराकर अपने-आपको आंदोलनकारी कहकर मानो कारावास की य़ाचना कर रहे हैं, असहयोग आंदोलन के लिए समूह-के-समूह राष्ट्रीय झंडा हाथ में लिये सरकार के नियमों को भंग करके निर्भीकतापूर्ण विचरण करते थे। तत्कालीन भावोद्वेलन का उदाहरण किसी अनाम छात्र का यह पत्र उस समय के जिलाधिकारी ए.एफ. फ्रीमेंटल आई.सी.एस. मथुरा थे, आपके ही नाम से यह पत्र प्रेषित हुआ था।

महाशय जी,

आपकी सेवा में स्वयं सेवक का प्रतिज्ञा-पत्र हस्ताक्षर सहित भेजता हूँ। मैं दफा 18 क्रिमिनल लॉ अमेंडमेंट एक्ट 1908 के कानून को अनैतिक और अन्यायपूर्ण समझता हूँ, क्योंकि यह हमारी वाक् स्वतंत्रता और सभी राष्ट्रीय स्वतंत्रता को हरनेवाला है। ये दोनों ईश्वर प्रदत्त अधिकार मनुष्य को जन्म से प्राप्त हैं, इन मानवीय स्वत्वों को छीनने का अधिकार किसी भी शक्ति को नहीं है। अतएव इनको हरनेवाला ही पाप का भागी नहीं है, परंतु इसके हटाए जाने का प्रयास न करनेवाला उससे कहीं अधिक पाप का भागी है, क्योंकि अन्यायी वह ऐसा न करके अपने से निर्बलों पर अन्याय करना सीखता है और उसको सहायता देता है एवं मैं शांतिमय असहयोग द्वारा इस अन्याय को दूर करना परम धर्म समझता हूँ। यही मेरे लिए ईश्वर की आज्ञा पालन करना है कि मैं अन्याय का सामना करूँ। यदि उपर्युक्त अपराध का दंड भोगने को तैयार हूँ और आपको अत्यंत धन्यवाद देता हूँ। ईश्वर की कृपा से आपके ही द्वारा मुझे उस श्रीकृष्ण जी की जन्मभूमि को जाने का सौभाग्य प्राप्त हो, जहाँ जाकर स्वतंत्रता की झाँकी कर सकूँ। भारत माता की क्षुद्र सेवा कर सकूँ।

नोट : कृपया वारंट निकालने का कष्ट न करें। मैं स्वयं सूचना पाने पर नियम-समय व स्थान पर उपस्थित हो जाऊँगा।

सन् 1921 में 'असहयोग आंदोलन' में जिसमें 'खिलाफत आंदोलन' भी सम्मिलित था, बंदी भी बनाए गए थे। इस समय कांग्रेस के कार्यकर्ताओं पर प्रतिबंध था। वे कभी भी राष्ट्रीय झंडा लेकर निकल पड़ते थे, जिससे धारा 144 तोड़ दी जाती थी। इस आंदोलन में कई देशभक्तों को कारावास की यातनाएँ भोगनी पड़ी थीं।

जलियाँवाला बाग कांड

30 मार्च, 1919 का दिन देशव्यापी हड़ताल के लिए निश्चित किया गया, लेकिन बाद में 6 अप्रैल का दिन नियत हुआ। 6 अप्रैल को देशव्यापी हड़ताल हुई। मथुरा जनपद की जनता भी देश के साथ खड़ी रही और हड़ताल की। इस घटना के बाद जलियाँवाला बाग के कांड ने मथुरा की जनता में ब्रिटिश सरकार के विरोध में विद्रोह की भावना उत्पन्न कर दी। 13 अप्रैल को सनातनी लोगों का नव संवत्सर दिवस था। अमृतसर में सभा करने की घोषणा की थी। जलियाँवाला बाग में वह सभा हुई थी। यह स्थान नगर के मध्य में है। इसके चारों ओर ऊँचे-ऊँचे मकान हैं। इसका मुख्य द्वार इतना सँकरा

है कि कठिनाई से एक गाड़ी निकल सकती है। यहाँ एकत्रित सहस्त्रों नर-नारियाँ इस बात से पूर्ण रूप से अनभिज्ञ थे कि ब्रिटिश साम्राज्यवादियों का नादिरशाह जनरल डायर मशीनगन की गोलियों से उनका नृशंसता के साथ हनन करेगा, उसके रक्त से धरनी रक्तवर्ण होकर भारत में एक ऐसे विद्रोह की भावना का सूत्रपात करेगी कि ब्रिटिश शासन की नींव धराशायी हो जाएगी। जनरल डायर 100 भारतीयों और पचास गोरे सिपाहियों को लेकर इस बाग में पहुँचा। लोगों को तितर-बितर होने की आज्ञा देकर 3 मिनट में ही गोली चला दी। गोलियाँ तब तक चलती रहीं जब तक कि गोलियाँ समाप्त न हुईं। कुल मिलाकर 1600 बार गोली चलाई गई।

गोली चलानेवाले भारतीय सैनिक थे, जो ब्रिटिश सरकार के साथ थे। उनके पीछे गोरे सैनिक थे। यहाँ हजारों की संख्या में नर संहार हुआ था। पंजाब में घोर अत्याचार होने लगे। फौजी कानून से जनता में त्राहि-त्राहि मच गई। इस घोर दमन के द्वारा अधिकारी समझते थे कि उन्होंने जनता को दबा दिया, लेकिन दिसंबर, सन् 1918 में अमृतसर में होनेवाली कांग्रेस ने उसकी आँखें खोल दीं। इस अधिवेशन में लगभग 6,000 प्रतिनिधियों ने यह घोषणा की कि सन् 1919 के सुधार असंतोषप्रद, निराशाजनक और अपूर्ण हैं, उत्तरदायी शासन की माँग की। इसी समय वृंदावन निवासियों ने 300 प्रतिशत चंदा एकत्र कर जलियाँवाला बाग को क्रय करने को फंड भेजा।

केंद्रीय असेंबली में बमबारी

ब्रिटिश सरकार दिल्ली की असेंबली में पब्लिक सेफ्टी बिल और 'टूडे डिस्प्यूट्स बिल' लाने के लिए विशेष उत्सुक थी, जिसके लिए वह अपना मन बना चुकी थी। इन कानूनों का लक्ष्य पूर्ण दमनकारी था। सरकार इन प्रस्तावों को पारित करना चाहती थी। इन बिलों की पृष्ठभूमि में यह उद्‌देश्य निहित था कि भारतीय जन-मानस में क्रांति की योजनाएँ दिनोंदिन उग्रवादी रूप ग्रहण करती चली जा रही हैं, उनको क्रियान्वित होने से पूर्व ही कुचल दिया जाए। इस विषय को लेकर अनेक दिनों तक विचार मंथन चलता रहा और अंत में 8 अप्रैल, 1929 का दिवस असेंबली में बम फेंकने के लिए सुनिश्चित हुआ। इस कार्य को अमली जामा पहनाने के लिए भगत सिंह और बटुकेश्वर दत्त को निश्चित किया गया।

केंद्रीय असेंबली बमबारी की इस ऐतिहासिक घटना को क्रियान्वित 8 अप्रैल, 1929 को किया गया। इसके क्रांतिकारी सरदार भगतसिंह और बटुकेश्वर दत्त ने इसे घटना

का रूप प्रदान किया था। इस बमबारी का ध्येय किसी भी मानव को किसी प्रकार की क्षति पहुँचाना नहीं था। यही कारण था कि असेंबली में जिस स्थान पर बम फेंका गया था, वह पूर्णतः एकांत था। भगतसिंह व बटुकेश्वर दत्त बम फेंकने के पश्चात किंचित भी भयभीत नहीं थे और वे अपने स्थान से हिले भी नहीं। उन्होंने सहज रूप से अपने-आपको बंदी होने के लिए प्रस्तुत कर दिया। इस क्रांतिकारी अवसर पर पर्चे भी वितरित किए। उन पर्चों पर अंकित प्रथम वाक्य था कि बहरों को सुनाने के लिए विस्फोट के बहुत ऊँचे शब्द की आवश्यकता होती है। कतिपय साक्ष्य उपलब्ध होने पर 'लाहौर षड्यंत्र' केस के नाम से वाद प्रस्तुत हुआ। 7 अक्टूबर, 1930 को यह निर्णय सुनाया गया, जिसके आधार पर राजगुरु, सुखदेव और भगतसिंह को फाँसी का दंड दिया गया।

इस असेंबली में अनेक सदस्य इस दमनकारी कानून से असहमत थे। इसके पारित कराने में प्रबलतम रूप में वायसरॉय की रुचि थी, यहाँ तक कि वे अपने विशेषाधिकार से पास कराना चाहते थे। अतएव यही निश्चय हुआ कि जब वायसरॉय 'पब्लिक सेफ्टी बिल' को कानून का रूप प्रदान करने के लिए प्रस्तुत करें, तभी धमाका कर दिया जाए और इसी प्रकार हुआ भी। जैसे ही बिल संबंधी घोषणा हुई, उसी समय भगत सिंह ने बम फेंका। इसके तुरंत बाद क्रांतिकारियों को बंदी बनाने के प्रयास प्रारंभ हो गए। भगतसिंह और बटुकेश्वर दत्त को आजीवन कारावास दिया गया। तब भगतसिंह और उनके साथियों पर लाहौर षड्यंत्र का मुकदमा कारावास में रहते हुए बाद तक चलता रहा। जो क्रांतिकारी अवसर पाकर भाग गए थे, उनमें राजगुरु पूना, महाराष्ट्र से बंदी बनाकर लाए गए। अंत में न्यायालय ने यही निर्णय दिया, जिसकी सभी को यही आशा भी थी कि भगत सिंह, सुखदेव और राजगुरु को मृत्युदंड दिया जाएगा। हुआ भी यही।

23 मार्च, 1931 की रात्रि को भगत सिंह, सुखदेव और राजगुरु को फाँसी के फंदे पर लटका दिया गया। यह भी सुना जाता है कि मृत्युदंड के लिए 24 मार्च के प्रातः काल का समय इसके लिए निश्चित था, किंतु जन भावनाओं से सरकार भयभीत थी। इसीलिए सरकार द्वारा 23-24 मार्च की मध्य रात्रि में ही इन भारत के सपूतों की फाँसी दे दी गई। गहन रात्रि के सन्नाटे में सतलुज नदी के तटवर्ती भूमि पर उनका पंच भौतिक शरीर पंचतत्त्व में विलीन हो गया।

इसकी प्रतिक्रिया पूरे भारतवर्ष में हुई कि तीन युवकों को फाँसी दी गई है। मथुरा जनपद में सभाएँ हुईं, जिनमें ब्रिटिश सरकार की भर्त्सना की गई। देशभक्तों ने जलूस और सभाओं में नेतृत्व करनेवालों ने अपने वक्तव्य भी दिए। ब्रिटिश सरकार के विरोध में होने के कारण अनेक क्रांतिकारियों को बंदी बना लिया गया।

सविनय अवज्ञा आंदोलन

31 दिसंबर, 1929-30 रात्रि के द्वितीय प्रहर में कांग्रेस ने लाहौर अधिवेशन में स्वतंत्रता का तिरंगा फहरा दिया। कांग्रेस की महासमिति को जब चाहे और जहाँ चाहे 'सविनय अवज्ञा' और करबंदी तक का कार्यक्रम आरंभ कर देने का अधिकार मिला था। कांग्रेस ने 26 जनवरी, सन् 1930 को प्रथम स्वतंत्रता दिवस देश-भर में बड़े उत्साह से मनाया। स्वतंत्रता का घोषणा-पत्र हर सभा में पढ़ा गया और स्वीकार किया गया।

सन् 1930 के मार्च के महीने में 'सविनय अवज्ञा आंदोलन' की घोषणा महात्मा गांधी जी द्वारा की गई थी। इस आंदोलन का प्रारंभ पूर्ण नाटकीय रूप में हुआ था। नमक कानून तोड़ना निश्चय किया गया। गांधी जी ने साबरमती से 200 मील अर्थात लगभग 320 किमी. पर्यंत दूरी की दांडी प्रसिद्ध यात्रा 24 दिनों में पूर्ण कर 6 अप्रैल को समुद्र के तट पर नमक बनाया और नमक कानून तोड़ दिया। 4 मई के दिन महात्मा गांधी जी को बंदी बना लिया गया। समूचे भारतवर्ष में हड़ताल का क्रमबद्ध कार्य चलता रहा। इसी समय 'असहयोग' और 'अवज्ञा आंदोलन' पूर्ण जागरूक अवस्था में आ गए। इन आंदोलनों में समाज के सभी वर्ग के उत्साही लोग तन-मन से समर्पित होकर स्वतंत्रता-प्राप्ति का लक्ष्य लेकर सड़कों पर निकल पड़े।

महात्मा गांधी जी की आज्ञा का ही पालन नहीं हो रहा था अपितु उनके कार्यक्रमों के अनुकरण करने की भी प्रवृत्ति जनमानस के गहरी प्रभावित कर रही थी। दांडी यात्रा के अनुकरण में मथुरा के देशभक्तों ने आगरा तक प्रस्थान किया। आगरा में नमक कानून भंग करने की योजना बनाई गई। प्रेम महाविद्यालय, वृंदावन के आचार्य जुगल किशोर जी के नेतृत्व में तथा नक्कारची टीला से सत्याग्रह आश्रम से धर्म किशोर जी के साथ यात्राएँ निकलीं, जिनके मार्ग का मानचित्र इस प्रकार था—वृंदावन, जैंत, बाटी, धन गाँव, लालपुर, अड़ींग, राधाकुंड, गोवर्धन, बछगाँव, सौंख, मगोर्रा, परखम एवं फरह होती हुई ये यात्राएँ आगरा पहुँचीं। इसी क्रम में एक यात्रा बलदेव से भी चली। इस यात्रा का नेतृत्व द्वारिका प्रसाद वत्सल जी ने किया था।

नमक सत्याग्रह में अनेक कार्यकर्ता बंदी बनाए गए। इस आंदोलन में बहुत देशभक्तों ने प्रतिभाग किया। बंदी बनाए गए कार्यकर्ताओं को सश्रम कारावास हुआ। विदेशी वस्त्रों तथा अन्य वस्तुओं के बहिष्कार का आंदोलन भी तीव्र गति से संचालित होता रहा। इन सब आंदोलनों के संचालनार्थ एक बहिष्कार कार्यालय भी खोला गया था। इसके संचालन में राधेश्याम द्विवेदी जी, गोपालदास सेठ, कैलाशनाथ चतुर्वेदी आदि ने बड़ा सराहनीय कार्य किया।

गोल मेज कॉन्फ्रेंस लंदन में हुई थी, इसे गांधी-इरविन समझौते के नाम से सभी जानते हैं, किंतु यह समझौता असफल रहा। भारत वापस जब गांधी जी आए तो आपको सन् 1932 की 4 जनवरी के दिन बंदी बना लिया गया। यह समाचार जैसे ही लोगों के पास पहुँचा वैसे ही समूचे भारत में आंदोलन ने गति पकड़ना प्रारंभ कर दिया। इसी के अंतर्गत मथुरा जनपद ने भी अपना कर्तव्य बड़ी गंभीरता के साथ निभाया। इन आंदोलनों में अनेक देश-भक्तों को बंदी गृह की यातनाएँ झेलनी पड़ीं।

भारत छोड़ो आंदोलन

देश में चतुर्दिक कुछ करने की ललक प्रबल होती जा रही थी। युद्ध कालीन नीति ने जनता को इतना असंतुष्ट बना दिया था कि वह क्रांति के लिए बिलकुल तैयार बैठी थी। राष्ट्रीय अपमान उसके लिए असह्य हो गया था। इस प्रकार की परिस्थिति में 14 जुलाई, सन् 1942 को इलाहबाद की कांग्रेस कार्य समिति ने निम्न प्रस्ताव पारित किया जो आगे चलकर ऐतिहासिक 8 अगस्त वाला प्रस्ताव के नाम से प्रसिद्ध हुआ। इस प्रस्ताव का स्वतंत्रता की दृष्टि से बहुत महत्त्व है।

अखिल भारतीय कांग्रेस कमेटी ने कार्य समिति के 14 जुलाई, 1942 वाले प्रस्ताव और बाद की घटनाओं पर, जिनमें ब्रिटिश सरकार के उत्तरदायी वक्ताओं के कथन तथा भारत व विदेशों की आलोचनाएँ भी सम्मिलित हैं, बड़े ध्यानपूर्वक विचार किया है। कमेटी इस प्रस्ताव को स्वीकार करती है क्योंकि प्रस्ताव के पश्चात की घटनाओं ने इसका औचित्य अधिक सिद्ध किया है और यह स्पष्ट कर दिया है कि भारत व मित्र राष्ट्रों की सफलता के लिए भारत से अविलंब ब्रिटिश शासन का हटाया जाना आवश्यक है। इस शासन के स्थिर रहने से भारत निर्बल हो रहा है और वह संसार की स्वाधीनता के कार्य में योग नहीं दे रहा है।

8 अगस्त, सन् 1942 को कांग्रेस की महासमिति ने बंबई में 'अंग्रेजो भारत छोड़ो' का ऐतिहासिक प्रस्ताव पास किया। 9 अगस्त को महात्मा गांधी तथा कांग्रेस महासमिति के सभी सदस्यों को बंदी बना लिया गया। समूचे देश में ब्रिटिश शासन को समाप्त करने का उत्साह सर्वत्र व्याप्त हो गया।

9 अगस्त को मथुरा जनपद में भारत छोड़ो आंदोलन की प्रतिक्रिया प्रारंभ हो गई। क्रांतिकारियों ने एक बैठक का आयोजन किया। यह बैठक यमुना की बीच धारा में नौका में बैठकर हो रही थी, किंतु फिर भी किसी प्रकार पुलिस को जानकारी मिल

गई और वह यमुना किनारे पहुँच गई थी। जैसे ही क्रांतिकारियों ने देखा तो वे भाग खड़े हुए। कोई भी पुलिस के हाथ नहीं लगा और वे सब अलग-अलग गाँव में प्रवेश कर गए। उन्होंने राष्ट्रीय जागरूकता के लिए गाँववासियों को उत्साहित किया। उसमें अगले दिन मथुरा-वृंदावन स्कूल-कॉलेज और बाजारों में हड़ताल का स्वरूप बना, जिसमें बहुत लोग बंदी बनाए गए। जुलूस निकाला, जिसमें पुलिस ने बल-प्रयोग कर लाठी चलाई। बहुत लोग घायल हो गए। प्रतिदिन आंदोलन में प्रगति आने लगी। चारों ओर लोगों में जागरूकता आ रही थी कि हम स्वतंत्रता की दिशा में अग्रसर हो रहे हैं। ब्रिटिश शासन कारागार में बंदी बनाकर ले जाने लगा। उसमें कितने ही नजरबंद कर दिए गए।

14 अगस्त, सन् 1942 को परखम में मालगाड़ी गिराने के लिए लोगों ने पटरी उखाड़ दी थी। दो महीने लगातार भीषण अत्याचार हुआ। गाँववासी गाँव छोड़कर भाग गए। इसी महीने में वृंदावन और तरौली में गोलीकांड हुआ था।

आजाद हिंद फौज का गठन

भारत की स्वतंत्रता के लिए कैप्टन मोहन सिंह ने दक्षिणी-पूर्वी ऐशिया में स्थित जित्रा नामक स्थान पर प्रथम आजाद हिंद फौज का गठन 10 दिसंबर, 1941 को किया गया था। इसमें दक्षिणी-पूर्वी एशिया के लोग और ब्रिटिश सेना के वे सैनिक सम्मिलित थे, जिनको ब्रिटिश सैनिक अधिकारी जापान से पराजित होने के बाद उनके भाग्य पर छोड़कर चले गए थे और जिनको जापान ने युद्ध बंदी बना लिया था। कैप्टन मोहन सिंह द्वारा गठित प्रथम आजाद हिंद फौज के शिथिल हो जाने पर अधिक कुशल एवं प्रभावशाली नेतृत्वकर्ता के अभाव होने पर जब एक बड़े प्रभावशाली संगठन की आवश्यकता थी। उसी स्थिति में देश के महान देशभक्त श्री नेताजी सुभाषचंद्र बोस ने जर्मनी से जापान आकर निराशाजनक स्थिति में प्रथम आजाद हिंद फौज में एक नये जीवन का संचार किया और जुलाई 1943 को उसकी बागडोर अपने हाथ में लेकर इसका एक शक्तिशाली नवगठन किया।

भारतीयों की यही आजाद हिंद फौज अंग्रेजों को भारत से निकालने के लिए इंफाल (असम) तक पहुँच गई थी, लेकिन अप्रत्याशित दैवी एवं राजनैतिक प्रकोपों के कारण इसे पीछे हटना पड़ा। इधर जापान की भी पराजय हुई। इस स्थिति में बढ़ती हुई ब्रिटिश फौजों ने आजाद हिंद फौज के सैनिकों को गिरफ्तार कर बंदी बना लिया था।

द्वितीय महायुद्ध समाप्त (1945) होने से ही ये स्वदेश लौट सके। अनेक आजाद हिंद फौज के सैनिकों ने अपने देश को आजाद कराने के प्रयास में अपने प्राण तक न्यौछावर कर दिए।

मथुरा जनपद के क्रांतिवीरों का यह सौभाग्य रहा कि इस भूमि के अनेक लोगों को आजाद हिंद फौज के सैनिक होने एवं देश की महान विभूति नेताजी सुभाष के नेतृत्व में ब्रिटिश सेनाओं के विरुद्ध संघर्षरत रहना पड़ा। इन्होंने आजाद हिंद फौज में रहते हुए अकथनीय अनेक कष्टों एवं कठिनाइयों का वीरता से सामना किया। हाथिया गाँव मथुरा जनपद के निवासी कैप्टन मनसुख लाल की शौर्य गाथा पर जनपद को गर्व है। ब्रिटिश सेना के विरुद्ध शरीर में गोलियों के अनेक घाव होने पर भी इस वीर पुरुष ने जो संघर्ष किया, वह भारतीय सैनिकों की परंपरागत शौर्य प्रदर्शन के इतिहास में सदैव चिरस्मरणीय रहेगा। इनकी अनुपम वीरता से प्रभावित होकर नेताजी सुभाषचंद्र बोस ने वीरता की पदवी से सम्मानित किया था। मथुरा जनपद के आजाद हिंद फौज के सेनानियों ने बड़े ही पराक्रम का कार्य किया, जिससे वे सदैव के लिए अमर हो गए।

प्रासंगिक घटना

गोआ आंदोलन में मथुरा जनपद : 15 अगस्त, 1947 को भारत स्वतंत्र हुआ, लेकिन पांडुचेरी और गोआ अब भी पराधीन थे। फ्रांस ने तो सूझबूझ से काम लेकर पांडुचेरी को भारत का अंग मानते हुए उसे भारत को दे दिया, लेकिन पुर्तगाल सरकार ने गोआ को भारत का अंग मानने से मना कर दिया। भारत के देशभक्तों को गोआ की पराधीनता असह्य हो गई तो देशभक्तों ने पुर्तगाल सरकार के विरुद्ध सत्याग्रह करने का संकल्प लिया। सत्याग्रह राष्ट्रीय उत्साह से परिपूर्ण था। पुर्तगाल सरकार ने भी हथियार रहित सत्याग्रहियों पर घोर अत्याचार किए। उसने मशीनगनों की गोलियों से भारतीय देशभक्तों के प्राण लेकर अपनी साम्राज्यवादी बर्बरता का परिचय दिया था। पुर्तगीज सीमा में स्थित कौशिंल रोड अनेक देशभक्तों का बलिदान स्थल बन गया।

मथुरा जनपद से भी सत्याग्रहियों का दल गोआ के मोर्चे पर गया था। इस दल में 21 सत्याग्रही थे, जिनमें 19 सत्याग्रही मथुरा जिला कम्युनिस्ट पार्टी के थे। वृंदावन कम्युनिस्ट पार्टी के महंत सर्वश्री बद्री प्रसाद, ब्रजनंदन शर्मा और श्रीरतन थे। मथुरा के सरदार आशा सिंह, एस.के. मुकर्जी, दरोगा सिंह आदि थे।

15 अगस्त, 1955 को राष्ट्रीय ध्वज हाथ में लिये हुए वृंदावन के वीर युवक श्री ब्रजनंदन शर्मा दुर्दांत पुर्तगालियों की मशीनगनों की गोलियों से शहीद हो गए। आप वृंदावन दुसायत के गोपीनाथ गुरु के ज्येष्ठ पुत्र थे। यह बलिदान अविस्मरणीय रहा।

साइमन कमीशन का मथुरा में घोर विरोध : सन् 1928 का वर्ष प्रारंभ हुआ तो देश के राजनैतिक वातावरण में साइमन कमीशन की नियुक्ति के आरंभ से ही सरकार के प्रति रोष-ही-रोष प्रकट होने लगा। अंत में 3 फरवरी, 1928 में भारतीय शासन सुधारों के संबंध में अपनी रिपोर्ट देने के लिए सात अंग्रेजों का कमीशन बंबई आया तो साईमन साहब के चेयरमैन होने के कारण 'साइमन कमीशन' के नाम से संबोधित हुआ। कांग्रेस के आदेश से देश-भर में इसका बहिष्कार हुआ। मथुरा और वृंदावन में भी इसके बहिष्कार के जुलूस निकाले गए।

साईमन कमीशन का बहिष्कार करनेवाला विशाल जनसमूह 'साइमन कमीशन लौट जाओ', 'साईमन गो बैक' आदि नारों से गगन गुंजायमान रहा। 'पंजाब केसरी लाला लाजपत राय जिंदाबाद।' एक गधे पर 'साइमन' लिखा गया था।

गौहत्या : गौहत्या करना प्रारंभ अंग्रेजों के शासन काल में हुआ। मुगलों के शासन काल में गौ हत्या प्रारंभ नहीं हुई थी। इस समय तक मथुरा गोवध के कलंक से बचा हुआ था। मुस्लिम शासकों ने सनातनियों की भावना को ठेस नहीं पहुँचाई थी। सन् 1526 में मुगल साम्राज्य के संस्थापक बाबर ने गोहत्या निषेध की आज्ञा निकालकर धार्मिक सहिष्णुता का परिचय दिया। 1581 ई. कविवर गंग जो ब्रजभाषा के बहुत ही श्रेष्ठ कवि थे, उन्होंने 'गौ की पुकार' कविता सुनाई, जिसे सुनकर अकबर ने अपने साम्राज्य में फरमान द्वारा गोवध का निषेध करवा दिया। इस कानून का उल्लघन करनेवाले अपराधी के हाथों और पैरों की उँगलियों को कटवा दिया जाता था। अकबर ने बिना किसी रुकावट के गौ चरने का भी आदेश निकाला था। अकबर के बाद जहाँगीर और शाहजहाँ ने अपने शासन काल तक इस परंपरा को यथावत रखा। दारा शिकोह ने भी इसमें कोई परिवर्तन नहीं किया। 700 वर्ष तक मुसलमानी शासन में गौहत्या बंद थी।

सन् 1805 में लॉर्ड लेक का मथुरा पर आधिपत्य होने के पश्चात गोवध करने का प्रतिबंध होते हुए भी और बाद में ईस्ट इंडिया कंपनी से सन् 1857 में भारत का राज्य महारानी विक्टोरिया को हस्तांतरित होने पर जो उसने धार्मिक भावनाओं को ठेस न पहुँचाने की घोषणा की थी, उसके होते हुए भी मथुरा में सन् 1857 के बाद गोवंश के वध करने के बूचड़खाने खोल दिए गए। तभी से यहाँ गोवध होने लगा।

अध्याय : 6

मथुरा जनपद के असहयोग आंदोलन के सेनानी

सन् 1921 के प्रारंभिक काल में असहयोग आंदोलन के प्रति एक जागरूकता का संचार होने लगा था। इस आंदोलन में महात्मा गांधी जी के आह्वान पर विद्यालयों के छात्रों ने भी विशेष रुचि के साथ भाग लिया था। जनपद में जिन गाँव में विशेष रूप से प्रभाव दिखाई दिया, उनमें प्रमुख रूप से मथुरा, वृंदावन, गोवर्धन, अड़ींग, कोसी आदि हैं। मथुरा से ही कई समाचार-पत्रों में प्रकाशित हुए, जिनमें ब्रजवासी, प्रेम, नवजीवन, सैनिक, प्रताप, भारत। इन समाचार-पत्रों ने अपने समाचारों के माध्यम से जन-जन में राष्ट्रीय भावना का जागरण किया।

9 अगस्त, सन् 1921 को वृंदावन स्थित मिर्जापुर वाली धर्मशाला में एक विशाल जन सभा हुई, जिसको लाला लाजपत राय ने संबोधित किया। यहाँ लाला जी का सम्मान किया गया। 10 अगस्त गांधी पार्क में अभिनंदन भी हुआ।

4 अक्टूबर, सन् 1921 को तमोलियों की राम बारात निकाली गई, जिसमें मथुरा के युवकों ने उसे पूर्णतः राष्ट्रीय चेतना से सजाया, जिसमें नेताओं के चित्र आदि का प्रदर्शन तो था ही, साथ में समूचे नारे जो लगाए गए, वे भी राष्ट्रीय भावना के ही पोषक थे। इसी प्रकार का साहित्य भी वितरित किया गया। इसमें अनेक युवा बंदी हुए। न्यायालय में विवाद चला जिनमें कतिपय युवाओं को बन्दी बनाकर कारागार भेज दिया गया, जिनमें उल्लेखनीय नाम इस प्रकार हैं—

श्री अमर नाथ जी : आप मथुरा के रहनेवाले थे। असहयोग आंदोलन में 1922 में भाग लेने के कारण आपको दंडित किया गया। जिसमें चार माह का कारावास मिला।

श्री अवनी कुमार गोस्वामी : आपका स्थायी निवास गोवर्द्धन था। आपको असहयोग आंदोलन में भाग लेने पर बंदी बनाकर कारागार भेजा गया, जहाँ न्यायालय से चार माह का दंड स्वरूप कारावास मिला।

इंद्रजीत : आपको सन् 1921 में असहयोग आंदोलन में सक्रिय भाग लेने के कारण छह माह का कारावास मिला।

कृष्ण वल्लभ शर्मा : आप गोवर्द्धन के मूल निवासी थे। आपने 1922 में असहयोग आंदोलन में भाग लिया। अत: आपको दो माह के दंड स्वरूप कारावास की यातना भोगनी पड़ी।

कामेश्वर नाथ : आप मूल रूप से मथुरा के निवासी थे। आप अत्यंत सक्रिय सेनानी थे। आपने कई आंदोलनों सहित असहयोग आंदोलन 1921 में भी भाग लिया जिसमें आपको कारावास हुआ।

काशीनाथ : आप मथुरा के स्थायी निवासी थे। आपके अंदर राष्ट्रीय आंदोलन में भाग लेने की तीव्र लालसा थी, जिससे 1922 में आपने असहयोग आंदोलन में पूर्ण उत्साह से भाग लिया। आपको 30 रु. अर्थदंड अथवा एक माह का कारावास मिला, जिसमें आपने एक माह का कारावास स्वीकार किया।

कुंदन लाल : आप मथुरा के निवासी थे। 1922 में आपने असहयोग आंदोलन में भाग लिया था, जिसके कारण आपको तीन माह तक कारावास का दंड मिला।

केदारनाथ भार्गव : आप मथुरा के निवासी थे। आपको असहयोग आंदोलन में दो बार दंडित किया गया। 1921 में तीन माह का कारावास हुआ तथा 1922 में दफा 506 के अंतर्गत तीन माह का कारावास हुआ।

केशव राव टंडन : आप मथुरा के रहनेवाले थे। 1921 में जब आपने असहयोग आंदोलन में भाग लिया तो आपको बंदी बनाकर कारागार भेज दिया गया। न्यायालय में तीन माह का कारावास और पंद्रह रुपयों का अर्थदंड दिया था।

गोरखनाथ : आप मथुरा के निवासी थे। आपने 1922 में असहयोग आंदोलन में भाग लिया, तीन महीने के कारावास में बंदी रहे।

गंगाश्याम : आप वृंदावन जनपद मथुरा के मूल निवासी थे। आपने असहयोग आंदोलन में 1922 में भाग लिया, जिसमें आपको बंदी बना लिया गया। तीन माह के कारावास का दंड मिला।

छबीलेलाल गोस्वामी : आप वृंदावन के मूल निवासी थे। आपने असहयोग आंदोलन में भाग लिया, जिसके कारण 1922 में आपको एक साल और छह माह का दंड स्वरूप कारावास हुआ।

छंगा भटियारा : आप वृंदावन के निवासी थे। आपके द्वारा असहयोग आंदोलन में भाग लेने के कारण 1921 में तीन माह का कारावास हुआ।

मदनमोहन चतुर्वेदी : आप मानिक चौक मथुरा के निवासी थे। आपने असहयोग आंदोलन में भाग लिया। 22 जुलाई, 1921 को एक वर्ष का कारावास हुआ तथा आपने नमक सत्याग्रह व विदेशी वस्तु बहिष्कार आंदोलन में भाग लेने के कारण 1930 में भी एक वर्ष का कारावास तथा 100 रुपया अर्थदंड भी हुआ।

द्वारका प्रसाद : मथुरा जनपद के फरह गाँव के निवासी थे। आपने 1922 में असहयोग आंदोलन में भाग लिया, जिसके कारण चार माह का कारावास भुगतना पड़ा।

देवीचरण वर्मा : मथुरा के मूल निवासी देवीचरण वर्मा ने सन् 1921 में असहयोग आंदोलन में भाग लेने के कारण तीन माह का कारावास तथा दस रुपया अर्थदंड भी हुआ।

नंदलाल शर्मा : आप मथुरा के निवासी थे। आपके द्वारा 1921 में असहयोग आंदोलन में भाग लेने के कारण 14 दिन का कारावास और सोलह रुपया अर्थदंड भी दिया गया।

नवाब खाँ : आप मथुरा के निवासी थे। 1922 में आपने असहयोग आंदोलन में भाग लिया। अतएव आपको चार माह का कारावास झेलना पड़ा।

निसार अहमद : मथुरा के निवासी थे। आपने 1921 में असहयोग आंदोलन में भाग लिया। आपको तीन माह का कारावास हुआ।

पन्नालाल उदमी : आपने 1921 में असहयोग आंदोलन में भाग लिया था। फलस्वरूप आपको बीस रुपये का आर्थिक दंड भी हुआ।

प्रसादीलाल : आप मथुरा के मूल निवासी थे। 1921 में असहयोग आंदोलन में भाग लेने के कारण तीस माह का कारावास हुआ।

प्रेमचंद लँगड़ा : मथुरा जनपद के निवासी थे। आपने असहयोग आंदोलन में भाग लिया था। 1922 में दो माह का कारावास का दंड मिला।

प्रेमबिहारी : आप मथुरा जनपद के गाँव भरऊ के निवासी थे। 1922 में असहयोग आंदोलन में भाग लिया था। आपको दंडित कर चार माह का कारावास हुआ।

बनवारी लाल : आप मथुरा जनपद के गोवर्द्धन के रहनेवाले थे। असहयोग आंदोलन में भाग लेने के कारण आपको 1922 में तीन माह का कारावास मिला।

बाल गोविंद : आपने मथुरा में जन्म लिया था। 1921 में असहयोग आंदोलन में भाग लेने के कारण आपको तीन माह का कारावास भोगना पड़ा।

बैकुंठ नाथ भार्गव : आप मथुरा के निवासी थे। 1921 में असहयोग आंदोलन में भाग लेने के कारण दो माह का कारावास हुआ।

ब्रजकिशोर : आप मथुरा जनपद के गोवर्द्धन के रहनेवाले थे। आपने 1922 में असहयोग आंदोलन में भाग लिया। फलस्वरूप, दो माह का कारावास हुआ।

ब्रजभूषण : आप मथुरा के ही रहनेवाले थे। सन् 1921 में आपने असहयोग आंदोलन में भाग लिया, जिससे तीन माह का कारावास हुआ।

ब्रजमोहन : आप मथुरा निवासी थे। 1922 में असहयोग आंदोलन में भाग लेने के कारण आपको तीन माह का कारावास हुआ।

मुकुंद लाला वर्मन (हकीम) : आप मथुरा के निवासी रहे थे। 1922 में आपने असहयोग आंदोलन में भाग लिया, जिसके कारण 30 रु. आर्थिक दंड अथवा एक माह कारावास निर्धारित किया गया तो आपने ही कारावास स्वीकार किया।

मुन्ना लाल : आप मूल रूप से मथुरा के निवासी थे। असहयोग आंदोलन में भाग लेने के कारण छह माह का कारावास तथा पचास रुपया अर्थदंड भी हुआ।

मुरलीधर : आप मथुरा के रहनेवाले थे। 1922 में आपने असहयोग आंदोलन में सक्रिय भूमिका निभाई, जिससे आपको तीन माह का कारावास हुआ।

मोती : आप मथुरा निवासी थे। आपने असहयोग आंदोलन में भाग लिया, जिसके कारण 1922 में दो माह का कारावास हुआ।

राजेंद्रनाथ भार्गव : आप मथुरा के रहनेवाले थे। आपने असहयोग आंदोलन में सन् 1921 में भाग लिया। आपको तीन माह का कारावास भोगना पड़ा।

राधाकृष्ण भार्गव : आप मथुरा के निवासी थे। 1921 में असहयोग आंदोलन में भाग लिया, अतः एक वर्ष का कारावास झेलना पड़ा।

राधावल्लभ भार्गव : आप मथुरा के रहनेवाले थे। आपने 1922 में असहयोग आंदोलन में भाग लिया था। इसीलिए तीन माह पंद्रह दिन का कारावास हुआ।

रामदयाल शर्मा : आप मथुरा जनपद में स्थित कोसी के रहनेवाले थे। आपने असहयोग आंदोलन में 1921 में भाग लिया जिसके कारण तीन माह का कारावास हुआ।

रामशरण दास जौहरी : आप मथुरा के ही रहनेवाले थे। असहयोग आंदोलन में भाग लेने के कारण तीन माह का कारावास हुआ तथा 1930 में 1857 का दिवस मनाने के कारण एक वर्ष का सश्रम कारावास हुआ।

मास्टर राम सिंह : आप मथुरा के रहनेवाले थे। आपने असहयोग आंदोलन में भाग लिया फलस्वरूप, आपको दंडित होना पड़ा, जिसमें सन् 1922 में 50 रु. आर्थिक दंड या एक माह का कारावास मिला, पर आपने कारावास ही स्वीकार किया।

रेवती प्रसाद : आप मथुरा के ही निवासी थे। आपने असहयोग आंदोलन में भाग लिया था। अतएव 1922 में तीन माह का कारावास हुआ।

लल्लोलखेरा : आप मथुरा के निवासी थे। असहयोग आंदोलन में भाग लिया। अतः 1922 में दो माह का कारावास हुआ।

सत्यनारायण दत्त : आप मथुरा जनपद वृंदावन के निवासी थे। आपने असहयोग आंदोलन में भाग लिया। फलस्वरूप, 1921 में तीन माह का कारावास मिला।

सुदर्शन : आप मथुरा के रहनेवाले थे। असहयोग आंदोलन में भाग लेने के कारण सन् 1922 में तीन माह बंदी गृह में बंदी बनाया और 20 रुपया अर्थदंड भी दिया।

सूरजभान दयाल : आप मथुरा के निवासी थे। आपने असहयोग आंदोलन में प्रतिभाग किया था, इसीलिए इन्हें कारावास भोगना पड़ा।

सूरत कुमार मुकर्जी : मथुरा जनपद में वृंदावन के रहनेवाले थे। आपने असहयोग आंदोलन में भाग लिया। अतएव 1921 में तीन माह का कारावास हुआ।

सोहन लाल : आप गाँव सौंख जनपद मथुरा के निवासी थे। आपने असहयोग आंदोलन में प्रतिभाग लिया। अतः तीन माह का कारावास हुआ।

श्रीनाथ : आप मथुरा जनपद के अंतर्गत सौंख के निवासी थे। 1921 में असहयोग आंदोलन में भाग लेने के कारण आपको तीन माह का कारावास हुआ।

श्रीनिवास शर्मा : आप मथुरा के ही मूल निवासी थे। 1922 में असहयोग आंदोलन में भाग लेने के कारण तीस रुपया आर्थिक दंड भोगना पड़ा।

व्यक्तिगत सत्याग्रह आंदोलन

तानाशाह हिटलर ने जब पोलैंड पर आक्रमण किया तो द्वितीय महायुद्ध के संकेत प्रारंभ हो चुके थे। सबसे पहले इंगलैंड और फ्रांस ने जर्मनी की फासिस्ट शक्ति के विरोध में युद्ध प्रारंभ कर दिया। उस समय भारत में लॉर्ड लिनथिनगो वायसरॉय थे। उन्होंने 3 सितंबर, 1939 में यह घोषणा की कि भारत भी युद्ध में सम्मिलित होगा। इस घोषणा को करने से पूर्व भारतीय राजनैतिक दलों के संज्ञान में नहीं लाया गया। कोई भी किसी से परामर्श नहीं किया, इस बात से भारतीय नेतृत्व पूर्ण रूप से अनभिज्ञ रहा। अतः सभी नाराज तो थे ही, इस व्यवहार से कांग्रेस असंतुष्ट हो गई। महात्मा गांधी जी ने युद्ध-नीति का विरोध किया और अंहिसात्मक सत्याग्रह 1940 में प्रारंभ कर दिया गया और अहिंसात्मक सत्याग्रह की प्रतिक्रिया समूचे देश में हुई।

महात्मा गांधी जी द्वारा व्यक्तिगत सत्याग्रह की उद्घोषणा होने के पश्चात मथुरा जनपद में समय-समय पर क्रांतिकारियों को बंदी बनाया गया। इस आंदोलन के लिए जो वक्तव्य हुए, उनका मुख्य आधार स्वातंत्र्य रहा। सत्याग्रही को सत्याग्रह करने से पूर्व जिलाधिकारी को अवगत कराना पड़ता था। पत्र का प्रारूप निम्न प्रकार होता था—

वंदेमातरम्

श्रीमान जी,

मुझे गांधीजी ने सत्याग्रह करने के लिए चुना है। इसलिए आपको सूचना देता हूँ कि मैं ता......................को......................बजे स्थान......................पर नीचे लिखे नारे लगाकर सत्याग्रह करूँगा।

नारे

1. अंग्रेजी लड़ाई में आदमी या पैसे देना पाप है।
2. हमारे लिए यही है कि अहिंसात्मक सत्याग्रह के माध्यम से प्रत्येक हथियारबंद लड़ाई का विरोध।

व्यक्तिगत सत्याग्रह के सेनानी

अनार सिंह : आप मथुरा जनपद के गाँव उस्फार के रहनेवाले थे। सन् 1941 में व्यक्तिगत सत्याग्रह में भाग लेने के कारण एक वर्ष का कारावास तथा पचास रुपया का अर्थदंड हुआ।

अमर सिंह : मथुरा जनपद के कारब गाँव के रहनेवाले थे। 1941 में व्यक्तिगत सत्याग्रह में भाग लेने के कारण आपको एक वर्ष का कारावास तथा पचास रुपया अर्थदंड हुआ। इससे पूर्व आपको ही 1930 में सविनय अवज्ञा आंदोलन में तीन माह का कारावास हुआ था।

आनंद : आप काँकरा गाँव मथुरा के निवासी थे। 1941 में व्यक्तिगत सत्याग्रह में भाग लिया। फलस्वरूप, आपको एक साल पाँच माह का कठोर कारावास सहना पड़ा।

उदयपाल : मथुरा जनपद के नरी गाँव के रहनेवाले थे। आपको 1941 में एक वर्ष का कारावास के साथ पचास रुपया अर्थदंड मिला क्योंकि आपने व्यक्तिगत सत्याग्रह आंदोलन में भाग लिया था।

कढ़ेर सिंह : आप आन्यौर (मथुरा) के निवासी थे। व्यक्तिगत सत्याग्रह आंदोलन में भाग लेने के कारण सन् 1941 में 1 वर्ष का कारावास और पचास रुपया अर्थदंड हुआ।

कन्हैया दास : जिखिन गाँव (मथुरा) के रहनेवाले थे। आपको 1941 में व्यक्तिगत सत्याग्रह में भाग लेने के कारण एक वर्ष का कारावास और पचास रुपया अर्थदंड मिला।

कन्हैया लाल : मथुरा जनपद के काचरौट गाँव के रहनेवाले थे। व्यक्तिगत सत्याग्रह में भाग लेने के कारण 1941 में 6 माह का कारावास तथा 50 रुपये अर्थदंड हुआ।

कन्हैया लाल वर्मा : आप मथुरा के रहनेवाले थे। सन् 1941 में व्यक्तिगत आंदोलन में भाग लेने के कारण एक वर्ष का कारावास और 50 रुपये का अर्थदंड दिया गया।

कर्ण सिंह : मथुरा जनपद के गाँव विजाहरी के निवासी थे। व्यक्तिगत सत्याग्रह में भाग लेने के कारण 1941 में एक वर्ष का कारावास और पच्चीस रुपये अर्थदंड का प्रावधान किया गया।

करन सिंह : मथुरा जनपद के अंतर्गत जरेलिया गाँव के रहनेवाले थे। 1941 में व्यक्तिगत सत्याग्रह में भाग लिया, जिसके लिए आपको एक वर्ष का कारावास और पचास रुपया का आर्थिक दंड भुगतना पड़ा।

कल्याण श्रोती : आप मथुरा के ही रहनेवाले थे। 1941 में व्यक्तिगत सत्याग्रह में भाग लेने के कारण आपको एक वर्ष का कारावास और पचास रुपया अर्थदंड मिला।

कृष्ण चंद्र प्रोफेसर : आप मथुरा जनपद वृंदावन के निवासी थे। आपको व्यक्तिगत सत्याग्रह आंदोलन के समय 8 माह का कारावास हुआ।

किरोड़ी सिंह : मथुरा जनपद के बाटी गाँव के रहनेवाले थे। 31 मार्च, 1941 को व्यक्तिगत सत्याग्रह में भाग लेने के कारण एक वर्ष का कारावास और पचाय रुपया अर्थदंड हुआ।

किशोरी लाल गोस्वामी : आप मथुरा जिले के वृंदावन के रहनेवाले थे। व्यक्तिगत सत्याग्रह में भाग लेने के कारण 1941 में एक वर्ष क़ा कारावास व 500 रुपया अर्थदंड हुआ।

किशोरी लाल पालीवाल : आप मथुरा जिले के एदलपुर के रहनेवाले थे। 1941 में व्यक्तिगत सत्याग्रह आंदोलन में भाग लेने के कारण एक वर्ष का कारावास तथा तीस रुपया अर्थदंड हुआ।

कुंदन सिंह : आप नेनूपट्टी गाँव जिला मथुरा के निवासी थे। आपको व्यक्तिगत सत्याग्रह आंदोलन में भाग लेने के कारण सन् 1941 में एक वर्ष का कारावास व पचास रुपया जुर्माना किया गया।

कुंदन सिंह : आप उस्फार गाँव जिला मथुरा के रहनेवाले थे। आपको 7 मार्च, सन् 1941 में एक वर्ष का कारावास हुआ। व्यक्तिगत सत्याग्रह में भाग लेने के कारण आपको दंड मिला।

केदारनाथ भार्गव : आप मथुरा के निवासी थे। सन् 1941 में व्यक्तिगत सत्याग्रह में भाग लेने के कारण एक वर्ष का कारावास तथा 200 रुपया अर्थदंड हुआ।

केहरी सिंह : आप मथुरा जिलांतर्गत बाटी गाँव के निवासी थे। सन् 1941 में आपने व्यक्तिगत सत्याग्रह आंदोलन में भाग लिया जिसके कारण आपको एक वर्ष का कठोर कारावास तथा पचास रुपया जुर्माना हुआ।

खजान सिंह : आप महराम गढ़ी गाँव जिला मथुरा के निवासी थे। 1941 में आपको व्यक्तिगत सत्याग्रह के आंदोलन में भाग लेने के कारण एक वर्ष बंदीगृह में वास करने का दंड मिला और अर्थदंड के रूप में पचास रुपया देना पड़ा।

गिरधर लाल अग्रवाल : गाँव नौहझील जिला मथुरा के निवासी थे। सन् 1941 में व्यक्तिगत सत्याग्रह आंदोलन में भाग लेने के कारण एक वर्ष का कारावास के साथ पचास रुपया अर्थदंड हुआ।

गोकुल चंद : आप गाँव सौंख जनपद मथुरा के निवासी थे। आपने 1941 में व्यक्तिगत सत्याग्रह आंदोलन में भाग लिया। फलस्वरूप, एक वर्ष बंदीगृह में रहना पड़ा तथा 100 रुपया अर्थदंड भी दिया।

गोकुल चंद : आप मथुरा जनपद के मेघपुर गाँव के रहनेवाले थे। 26 अप्रैल, सन् 1941 को आपने व्यक्तिगत आंदोलन में भाग लिया। अतः आपको पचास रुपया अर्थदंड तथा एक वर्ष का कारावास हुआ।

गोकुल सिंह : आप ग्राम बाटी जनपद मथुरा के रहनेवाले थे। आपने 1941 में व्यक्तिगत सत्याग्रह आंदोलन में भाग लेने के कारण एक वर्ष पर्यंत बंदीगृह में वास और पचास रुपया अर्थदंड हुआ।

गोवर्धन सिंह : आप एलवरा गाँव जिला मथुरा के रहनेवाले थे। आपने व्यक्तिगत सत्याग्रह आंदोलन में भाग लिया। अतः आपको 2 अप्रैल, 1941 को एक वर्ष का कारावास तथा दो सौ रुपया अर्थदंड हुआ।

गंगा सागर : आप नवीपुर गाँव जिला मथुरा के रहनेवाले थे। आपने सन् 1941 में व्यक्तिगत सत्याग्रह आंदोलन में भाग लिया। अतः आपको एक वर्ष का कारावास और पचास रुपया अर्थदंड हुआ था।

गंगीराम : आप मथुरा जनपद में परखम गाँव के रहनेवाले थे। 27 मई, सन् 1941 को व्यक्तिगत सत्याग्रह आंदोलन में एक दिन को बंदी बनाया गया तथा 50 रुपया अर्थदंड हुआ।

चंदन सिंह : जिला मथुरा के नगला सिरिया के रहनेवाले थे। सन् 1941 के व्यक्तिगत सत्याग्रह आंदोलन में भाग लेने के कारण एक वर्ष का कारावास व पच्चीस रुपया का अर्थदंड हुआ।

चंद्रपाल आजाद : आप मथुरा जनपद के सोनई गाँव के रहनेवाले थे। 1941 में 9 माह का कारावास और सौ रुपया अर्थदंड हुआ। इन्होंने व्यक्तिगत सत्याग्रह आंदोलन में भाग लिया था।

चरण सिंह उर्फ पातीराम : आप छाता जनपद मथुरा के निवासी थे। व्यक्तिगत सत्याग्रह में भाग लेने के कारण सन् 1941 में एक वर्ष का कारावास हुआ था।

चिरंजी सिंह : आप मथुरा जनपद के गाँव कारब के निवासी थे। आपको 1941 में व्यक्तिगत सत्याग्रह आंदोलन में भाग लेने के कारण एक वर्ष का काराबास और पच्चीस रुपया अर्थदंड हुआ।

चिरंजी सिंह : आप मथुरा के ही रहनेवाले थे। व्यक्तिगत सत्याग्रह आंदोलन में सन् 1941 में भाग लेने के कारण एक वर्ष का कारावास और तीस रुपया अर्थदंड हुआ।

चोखेलाल : आप गाँव ताजपुर जनपद मथुरा के निवासी थे। सन् 1941 में व्यक्तिगत सत्याग्रह में भाग लेने के कारण एक वर्ष का कारावास और बीस रुपये का आर्थिक दंड हुआ।

छिद्दा सिंह : आप जनपद मथुरा के कराहरी गाँव के रहनेवाले थे। सन् 1941 में व्यक्तिगत सत्याग्रह आंदोलन में भाग लेने के कारण पचास रुपये का अर्थदंड मिला।

छिद्दा सिंह : आप मथुरा जनपद के डडीसरा गाँव के रहनेवाले थे। सन् 1941 में व्यक्तिगत सत्याग्रह आंदोलन में भाग लेने के कारण आपको तीन माह का कारावास हुआ।

छेदा लाल : आप गाँव सोनई जिला मथुरा के रहनेवाले थे। सन् 1941 में आपने व्यक्तिगत सत्याग्रह आंदोलन में भाग लिया। अत: आपको एक वर्ष का कारावास तथा दस रुपये का अर्थदंड मिला।

कन्हैया लाल : आप मथुरा जनपद के काचरोट गाँव के निवासी थे। आपने व्यक्तिगत सत्याग्रह में भाग लिया था। अतएव इन्हें 1941 में छह महीने का कारावास और पचास रुपया का अर्थदंड हुआ।

कन्हैया लाल वर्मा : आप मथुरा के रहनेवाले थे। आपने व्यक्तिगत सत्याग्रह में भाग लेने कारण सन् 1941 में एक वर्ष का कारावास तथा पचास रुपया अर्थदंड मिला।

कर्ण सिंह : आप विजाहरी मथुरा के निवासी थे। सन् 1941 में व्यक्तिगत सत्याग्रह आंदोलन में भाग लेने के कारण एक वर्ष का कारावास मिला।

छेदन लाल : जनपद मथुरा के सुरीर गाँव निवासी थे। आपने 1941 के व्यक्तिगत सत्याग्रह में भाग लिया, जिसके कारण आपको दंडित होना पड़ा जिसमें एक वर्ष का कारावास हुआ।

जगदीश उपाध्याय : आप मथुरा के निवासी थे। 1941 में व्यक्तिगत सत्याग्रह आंदोलन में भाग लिया, जिसके कारण आपको एक वर्ष का कारावास और 50 रुपया जुर्माना हुआ।

जगन्नाथ जाटव : चाह कठौती गाँव जिला मथुरा के अंतर्गत आता है। आप वहीं के रहनेवाले थे। आपने व्यक्तिगत सत्याग्रह आंदोलन में भाग लिया। अतः सन् 1941 में एक वर्ष का कारावास और 50 रुपया अर्थदंड हुआ।

जगन्नाथ : आप मथुरा जनपद के गाँव खरौट के रहनेवाले थे। व्यक्तिगत सत्याग्रह आंदोलन में भाग लेने के कारण सन् 1941 में आपको एक वर्ष का कारावास तथा दो सौ रुपया अर्थदंड भी हुआ।

जमुना प्रसाद : आप जनपद मथुरा के एक गाँव के रहनेवाले थे। व्यक्तिगत सत्याग्रह आंदोलन में भाग लेने के कारण सन् 1941 में एक वर्ष का कारावास और सत्तर रुपये अर्थदंड हुआ।

ज्वाला प्रसाद गर्ग : आप राया जिला मथुरा के निवासी थे। व्यक्तिगत सत्याग्रह आंदोलन में सन् 1941 में भाग लेने के कारण 6 माह का कारावास और 200 रु. का अर्थदंड हुआ।

ज्वाला सिंह : आप उस्फार जिला मथुरा के रहनेवाले थे। व्यक्तिगत सत्याग्रह आंदोलन में भाग लेने के कारण सन् 1941 में एक वर्ष का कारावास और पचास रुपया जुर्माना हुआ।

जुगल किशोर : आप जिला मथुरा के गाँव नगला संजा के निवासी थे। आपने सन् 1941 में व्यक्तिगत सत्याग्रह आंदोलन में भाग लिया। परिणामस्वरूप, आपको दंडित किया गया जिसमें पच्चीस रुपया के अर्थदंड के साथ एक वर्ष का कारावास हुआ।

जौहरी : मथुरा जिले का छाता गाँव में आप निवास करते थे। 1941 में आपने व्यक्तिगत सत्याग्रह आंदोलन में भाग लिया था। परिणामस्वरूप, आपको दंडित किया गया, जिसमें एक वर्ष का कारावास व 50 रुपया अर्थदंड हुआ।

झम्मन लाल : आप जिला मथुरा के गाँव नरी के रहनेवाले थे 1941 में आपने व्यक्तिगत सत्याग्रह में भाग लिया। इसलिए आपको चार माह का सश्रम कारावास हुआ।

टीका राम पुजारी : आप ऊँचागाँव, जिला मथुरा के रहनेवाले थे। आपके द्वारा 1941 में व्यक्तिगत सत्याग्रह आंदोलन में भाग लेने के कारण एक साल का कारावास और दो सौ रुपया का अर्थदंड मिला।

डालचंद : आप गाँव मरहला जिला मथुरा के रहनेवाले थे। जून 1941 में आपको व्यक्तिगत सत्याग्रह आंदोलन में भाग लेने के कारण 6 माह का कारावास व दो सौ रुपया आर्थिक दंड मिला।

डालचंद : आप मथुरा जनपद के जरारा गाँव के रहनेवाले थे। व्यक्तिगत सत्याग्रह में भाग लेने के कारण एक वर्ष का कारावास हुआ।

तेज सिंह : आप जनपद मथुरा के सिहोरा गाँव के रहनेवाले थे। आपने 1941 में व्यक्तिगत सत्याग्रह में भाग लिया था। अतः दंड स्वरूप एक वर्ष का कारावास और पचास रुपया अर्थदंड हुआ।

तारा सिंह : आप मथुरा जनपद के महोली गाँव के रहनेवाले थे। आपने 1941 में व्यक्तिगत सत्याग्रह आंदोलन में भाग लिया। अतः एक वर्ष का कारावास व पचास रुपया अर्थदंड मिला।

तेज सिंह : आप सिहोरा गाँव जिला मथुरा के निवासी थे। आपके द्वारा 1941 में व्यक्तिगत सत्याग्रह आंदोलन में भाग लेने के कारण एक साल कारावास और पचास रुपया अर्थदंड दिया गया।

दिलसुख देहाती : आप खायरा गाँव जिला मथुरा के निवासी थे। सन् 1941 में एक साल का कारावास व पचास रुपया अर्थदंड मिला क्योंकि आपने व्यक्तिगत सत्याग्रह आंदोलन में भाग लिया था।

दिलीप : आप मरहला गाँव जिला मथुरा के निवासी थे। 1941 में व्यक्तिगत सत्याग्रह में भाग लिया। अतः आपको 6 माह का कारावास व पचास रुपया अर्थदंड हुआ।

दीपचंद : मथुरा जनपद के गाँव ताजपुर के रहनेवाले थे। व्यक्तिगत सत्याग्रह आंदोलन में भाग लेने के कारण 1941 में एक वर्ष का कारावास और पचास रुपया अर्थदंड मिला।

दुर्गा प्रसाद रावत : आप जनपद मथुरा के मलिकपुर गाँव के निवासी थे। व्यक्तिगत सत्याग्रह आंदोलन में भाग लेने के कारण 1941 में एक साल बंदी गृह में प्रवास और पचास रुपया अर्थदंड मिला।

दुर्ग सिंह : आप मथुरा जनपद के गाँव विजाहरी के रहनेवाले थे। व्यक्तिगत सत्याग्रह आंदोलन में भाग लेने के कारण 1941 में आप एक साल पर्यंत बंदीगृह में बंद रहे तथा पचास रुपया आर्थिक दंड भी मिला।

दुर्ग सिंह : आप मथुरा जनपदीय गाँव झुड़ावई के रहनेवाले थे। आपने व्यक्तिगत सत्याग्रह आंदोलन में भाग लिया अतः दंडित होना पड़ा। आपको 1941 में एक वर्ष का कारावास व पचास रुपया अर्थदंड भी हुआ।

देवकीनंदन : आप मथुरा जनपद के गोवर्द्धन गाँव के रहनेवाले थे। 1941 में व्यक्तिगत सत्याग्रह आंदोलन में भाग लेने के कारण एक वर्ष का कारावास व पचास रुपया अर्थदंड हुआ।

देवनायक हिटीला : आप मथुरा के रहनेवाले थे। आपने व्यक्तिगत सत्याग्रह आंदोलन में भाग लेने के कारण 1941 में एक वर्ष का कारावास और पचास रुपया अर्थदंड हुआ।

धनीराम : आप मथुरा, जनपद गाँव ताजपुर में रहते थे। आपने 1941 में व्यक्तिगत सत्याग्रह आंदोलन में भाग लिया, जिसके कारण एक दिन का कारावास तथा पचास रुपया अर्थदंड हुआ।

धर्मवीर : आप चाँदपुर खुर्द जनपद मथुरा के रहनेवाले थे। आपने व्यक्तिगत सत्याग्रह आंदोलन में भाग लिया, जिस कारण एक साल का कारावास और पचास रु. अर्थदंड मिला।

नत्थीलाल : आप मथुरा जनपद के गाँव झरोठा के रहनेवाले थे। व्यक्तिगत सत्याग्रह आंदोलन में भाग लेने के कारण 1941 में आपको एक वर्ष का कारावास और 150 रु. का अर्थदंड मिला।

नत्थीलाल : आप मथुरा जनपद के गाँव कौकेरा के रहनेवाले थे। व्यक्तिगत सत्याग्रह आंदोलन में भाग लेने के कारण आपको सन् 1941 में 6 माह का कारावास तथा दो सौ रुपया अर्थदंड मिला।

नत्थोमल : मथुरा जनपद के वृंदावन के रहनेवाले थे। आपने 1941 में व्यक्तिगत सत्याग्रह में भाग लिया। अतः दंडित हुए, जिसमें एक साल का कारावास तथा तीन सौ रुपया अर्थदंड देना पड़ा।

नंद कुमार शर्मा : आप मथुरा जनपद के वृंदावन में रहते थे। व्यक्तिगत सत्याग्रह आंदोलन में भाग लेने के कारण 1941 में आपको एक सौ पचास रुपये का अर्थदंड भुगतान करना पड़ा।

नंदलाल : आप गाँव बाजना जिला मथुरा के रहनेवाले थे। व्यक्तिगत सत्याग्रह आंदोलन में भाग लेने के कारण सन् 1941 में 3 माह का कारावास और तीस रुपया अर्थदंड हुआ था।

नन्हूमल : आप मथुरा जनपद के गोवर्द्धन गाँव के रहनेवाले थे। सन् 1941 में एक वर्ष का कारावास और पचास रुपया अर्थदंड हुआ।

नलिनीकांत मुकर्जी : आप मथुरा जनपद के वृंदावन के रहनेवाले थे। व्यक्तिगत सत्याग्रह आंदोलन में भाग लेने के कारण आपको एक वर्ष का कारावास और पचास रुपयों अर्थदंड हुआ था।

नानक चंद : आप मथुरा जनपद के ओल नामक गाँव के रहनेवाले थे। 1941 में व्यक्तिगत सत्याग्रह आंदोलन में भाग लेने के कारण आपको एक दिन का कारावास हुआ था।

नानक सिंह : आप मथुरा जनपद के बेरी गाँव के रहनेवाले थे। आपको 10 मार्च, सन् 1941 में धारा 38 के अंतर्गत व्यक्तिगत सत्याग्रह में भाग लेने के कारण एक वर्ष का कारावास तथा पच्चीस रुपयों का अर्थदंड दिया गया।

ननिगीराम : आप गाँव परखम जिला मथुरा के निवासी थे। व्यक्तिगत सत्याग्रह आंदोलन में भाग लेने के कारण 1941 में एक वर्ष का कारावास हुआ।

नारायण सिंह : आप मथुरा जनपद के सौंख गाँव के निवासी थे। व्यक्तिगत सत्याग्रह आंदोलन में भाग लेने के कारण एक वर्ष का कारावास तथा पचास रुपये का अर्थदंड हुआ।

नित्याई चरण दास : आप वृंदावन जिला मथुरा के रहनेवाले थे। आपको 1941 में व्यक्तिगत सत्याग्रह आंदोलन में भाग लेने के कारण एक वर्ष का कारावास और पचास रुपये का अर्थदंड हुआ।

पन्नालाल गौतम : आप विसावर जिला मथुरा के निवासी थे। आपको 1941 में व्यक्तिगत सत्याग्रह आंदोलन में एक वर्ष का कारावास और 40 रुपये अर्थदंड हुआ।

ब्रजेंद्र केशौरैय्या : आप गोवर्धन के रहनेवाले थे। पिता का नाम श्री राम स्वरूप कैशोरैय्या था। सन् 1941 में व्यक्तिगत सत्याग्रह आंदोलन में भाग लेने के कारण आपको एक वर्ष का कारावास एवं 50 रुपये का अर्थदंड हुआ।

बलवीर सक्सेना : आप मथुरा के रहनेवाले थे। 1941 में व्यक्तिगत सत्याग्रह आंदोलन में भाग लेने के कारण आपको एक वर्ष का कारावास और पचास रुपये अर्थदंड हुआ।

बीरी सिंह : आप मथुरा जनपद के गाँव हतकौली के रहनेवाले थे। सन् 1941 के व्यक्तिगत सत्याग्रह आंदोलन में भाग लेने के कारण आपको बंदी बनाकर नजरबंद कर दिया गया तथा पचास रूपए का अर्थदंड भी दिया गया।

बुत्तन लाल : आप धनगाँव जिला मथुरा के रहनेवाले थे। 6 मार्च, सन् 1941 को व्यक्तिगत सत्याग्रह में भाग लेने के कारण बंदी बनाया गया तथा 22 दिसंबर, 1941 को मुक्त कर दिया गया।

बुद्ध सिंह : मथुरा जिला के गाँव उसपार के रहनेवाले थे। आपने 1941 में व्यक्तिगत सत्याग्रह आंदोलन में भाग लिया था। आपको एक वर्ष का सश्रम कारावास हुआ था। 100 रुपया अर्थदंड भी हुआ था। अर्थदंड न देने के कारण दो माह का अतिरिक्त कारावास भोगना पड़ा।

बुलाकी राम : आप गोवर्द्धन जिला मथुरा के रहनेवाले थे। आपने व्यक्तिगत सत्याग्रह आंदोलन में भाग लेने के कारण 1941 में आपको एक वर्ष का कारावास और 50 रुपये अर्थदंड हुआ।

बौना राम : मथुरा जनपद के ऐदलपुर गाँव के निवासी थे। 1941 में आपने व्यक्तिगत सत्याग्रह आंदोलन में भाग लेने के कारण आपको एक साल का कारावास व दस रुपया अर्थदंड हुआ।

ब्रज वल्लभ : आप छटीकरा जिला मथुरा के रहनेवाले थे। व्यक्तिगत सत्याग्रह आंदोलन में आपको 1941 में एक वर्ष का कारावास हुआ।

भगवत प्रसाद : मथुरा जिला अंतर्गत गोवर्द्धन के आप रहनेवाले थे। आपको व्यक्तिगत सत्याग्रह आंदोलन में भाग लेने के कारण एक साल की बंदीगृह की यातना भोगनी पड़ी। साथ में 50 रुपया आर्थिक दंड भी हुआ।

भगवान सिंह : मथुरा जनपद के गाँव भढ़ाका के रहनेवाले थे। आपने व्यक्तिगत सत्याग्रह में भाग लेने के कारण एक साल का कारावास व 50 रुपया अर्थदंड हुआ।

भरत सिंह : आपका निवास मथुरा जिले के गाँव जाव में था। सन् 1941 में व्यक्तिगत सत्याग्रह आंदोलन में भाग लेने के कारण एक वर्ष का कारावास तथा 50 रुपया अर्थदंड हुआ।

भँवर सिंह शर्मा : मथुरा जिले के गोवर्द्धन गाँव के निवासी थे। सन् 1941 में व्यक्तिगत सत्याग्रह आंदोलन में एक वर्ष का कारावास व 50 रुपया अर्थदंड हुआ।

भागमल : आप मथुरा जनपद के गाँव विजहारी के रहनेवाले थे। आपने 1941 में व्यक्तिगत सत्याग्रह आंदोलन में सक्रिय भाग लेने के कारण आपको 9 माह का कारावास तथा 25 रुपया अर्थदंड हुआ।

भागीरथ : आप मथुरा जनपद के पचावर गाँव के निवासी थे। आपने सन् 1941 में व्यक्तिगत सत्याग्रह आंदोलन में भाग लिया। अत: आपको एक साल का कारावास भोगना पड़ा।

भुल्लन सिंह : आप शाहपुर गाँव जिला मथुरा के निवासी थे। सन् 1941 में व्यक्तिगत सत्याग्रह आंदोलन में भाग लिया था। अतएव आपको एक साल का कारावास तथा 50 रुपया अर्थदंड हुआ।

भूप सिंह : आप झुड़ाबई जिला मथुरा के रहनेवाले थे। आपने व्यक्तिगत सत्याग्रह आंदोलन में भाग लिया था। अत: आपको एक दिन का कारावास 50 रुपया अर्थदंड हुआ।

भूपाली राम : आप मथुरा जनपद के गाँव परखम के निवासी थे। आपने व्यक्तिगत सत्याग्रह में भाग लिया था। अत: 1941 में एक वर्ष का कारावास और 50 रुपया अर्थदंड हुआ।

भोजपाल सिंह : आप मथुरा जनपद के गाँव कुंजेरा के रहनेवाले थे। सन् 1941 में व्यक्तिगत सत्याग्रह आंदोलन में भाग लिया। अत: आपको एक साल का कारावास व 50 रुपया आर्थिक दंड हुआ।

भोजीराम : आप मथुरा जनपद के गाँव परखम के रहनेवाले थे। 1941 में आपको एक वर्ष का कारावास और 50 रुपये अर्थदंड हुआ था क्योंकि आपने व्यक्तिगत सत्याग्रह आंदोलन में भाग लिया था और पुलिस द्वारा पकड़े गए।

मटोल चंद : आप गाँव बंदी जिला मथुरा के रहनेवाले थे। आपको व्यक्तिगत सत्याग्रह आंदोलन में भाग लेने के कारण एक साल का कारावास व 50 रुपया अर्थदंड हुआ।

मदन कुमार : मथुरा जनपद के अंतर्गत कोसीकलां के थे। व्यक्तिगत सत्याग्रह आंदोलन में भाग लेने के कारण एक वर्ष का कारावास और 50 रुपया का अर्थदंड भी हुआ।

मदन लाल : आप मथुरा जनपद के गोवर्द्धन के निवासी थे। आपने 1941 में व्यक्तिगत सत्याग्रह आंदोलन में भाग लिया था। अत: आपको एक साल का कारावास व 100 रुपया अर्थदंड हुआ।

मिट्ठन लाल : आप गाँव परखम जनपद मथुरा के रहनेवाले थे। आपको व्यक्तिगत सत्याग्रह आंदोलन में भाग लेने के कारण सन् 1941 में एक साल का कारावास और 25 रुपये अर्थदंड हुआ।

मूलचंद : आप मथुरा जनपद के नंद गाँव के रहनेवाले थे। सन् 1941 में व्यक्तिगत सत्याग्रह आंदोलन में भाग लिया था। अतः आपको एक साल का कारावास और 200 रुपया अर्थदंड हुआ।

मेघ सिंह : आप गाँव सरौठ जिला मथुरा के निवासी थे। व्यक्तिगत सत्याग्रह आंदोलन में भाग लेने के कारण सन् 1941 में एक वर्ष का कारावास हुआ।

मोतीराम पाठक : आप मथुरा जनपद के गाँव नौहझील के रहनेवाले थे। व्यक्तिगत सत्याग्रह आंदोलन में भाग लेने के कारण सन् 1941 में 9 माह का कारावास तथा 50 रुपया का अर्थदंड हुआ।

मोती सिंह : आप मथुरा जनपद के गाँव देह के निवासी थे। सन् 1941 में व्यक्तिगत सत्याग्रह आंदोलन में भाग लिया, जिसके कारण एक वर्ष का कारावास और 100 रुपया आर्थिक दंड दिया गया।

मौहर सिंह : आप मथुरा जनपद के गाँव तरौली के रहनेवाले थे। 1941 में आपने व्यक्तिगत सत्याग्रह में भाग लिया, जिसके कारण एक वर्ष का कारावास और 50 रुपया अर्थदंड हुआ।

रतीराम : आप छाता जिला मथुरा के निवासी थे। 1941 में आपको व्यक्तिगत सत्याग्रह आंदोलन में भाग लेने के कारण एक दिन का कारावास व 50 रुपया अर्थदंड हुआ।

रमन लाल शर्मा : आप मथुरा जनपद के गोवर्द्धन के रहनेवाले थे। 1941 में आपने व्यक्तिगत सत्याग्रह आंदोलन में भाग लिया था अतः आपको एक साल का कारावास और 50 रुपया अर्थदंड भी हुआ।

राधा मोहन चतुर्वेदी : आप मथुरा के रहनेवाले थे। सन् 1941 में व्यक्तिगत सत्याग्रह आंदोलन में भाग लेने के कारण एक वर्ष का कारावास और 50 रुपया अर्थदंड हुआ।

राधेश्याम : आप गाँव धाना तेजा जिला मथुरा के रहनेवाले थे आपको 1941 में व्यक्तिगत सत्याग्रह आंदोलन में भाग लेने के कारण एक वर्ष का कारावास और 50 रुपया अर्थदंड हुआ।

रामचंद्र : आप मथुरा जनपद के गाँव नैनूपट्टी के रहनेवाले थे। 1941 में आपको व्यक्तिगत सत्याग्रह आंदोलन में भाग लेने के कारण एक वर्ष का कारावास और 50 रुपया अर्थदंड हुआ।

रामचंद्र शास्त्री : मथुरा जनपद के गाँव सोनई के रहनेवाले थे। आपने 1941 में व्यक्तिगत सत्याग्रह आंदोलन में भाग लिया। अतः एक वर्ष का आपको कारावास और 80 रुपया जुर्माना हुआ।

रामजी लाल : आप मथुरा जनपद के गांजौली के निवासी थे। 1941 में आपको एक दिन का कारावास और 50 रुपया आर्थिक दंड दिया गया था, उसका प्रमुख कारण था कि आपने व्यक्तिगत सत्याग्रह आंदोलन में भाग लिया था।

राम प्रसाद शर्मा (डॉक्टर) : आप मथुरा जिला अंतर्गत वृंदावन में निवास करते थे। व्यक्तिगत सत्याग्रह आंदोलन में भाग लेने के कारण 1941 में आपको एक वर्ष तक बंदीगृह में बंदी बनाकर रखा गया तथा 50 रुपया अर्थदंड भी दिया गया।

रामलाल मदन : आप मथुरा जिला के गाँव छाता के रहनेवाले थे। 1941 में व्यक्तिगत सत्याग्रह आंदोलन में भाग लेने के कारण एक साल का कारावास तथा 70 रुपया अर्थदंड दिया गया।

राम स्वरूप पालीवाल : आप मथुरा जनपद के नगर कोसीकलां के निवासी थे। 1941 में व्यक्तिगत सत्याग्रह आंदोलन में भाग लिया। अतः आपको दंड स्वरूप 6 माह का कारावास के साथ 200 रुपया का अर्थदंड भी हुआ।

राम स्वरूप वर्मा : आप गूजर हट्टा मथुरा के निवासी थे। व्यक्तिगत सत्याग्रह आंदोलन में भाग लेने के कारण 6 माह का कारावास तथा 200 रुपया अर्थदंड दिया गया।

राम सिंह : आपका गाँव शंकरगढ़ी जिला मथुरा में है। वहीं आपका निवास था। सन् 1941 में व्यक्तिगत सत्याग्रह में भाग लेने के कारण दंडित हुए जिसमें एक साल और 100 रुपया अर्थदंड भी हुआ।

राम सिंह राठौर : आप मथुरा जनपद के कारब गाँव के रहनेवाले थे। 1941 में व्यक्तिगत सत्याग्रह आंदोलन के अंतर्गत आपको एक साल बंदीगृह की यातना भोगनी पड़ी, साथ में 50 रुपया आर्थिक दंड का भी बोझ झेलना पड़ा।

राम सिंह : आप गाँव जैंत जिला मथुरा के रहनेवाले थे। व्यक्तिगत सत्याग्रह आंदोलन में सक्रिय भूमिका निभाने के कारण एक साल पर्यंत कारावास तथा 50 रुपया अर्थदंड हुआ।

राम सिंह : आपका गाँव झुड़ावई मथुरा जनपद में है। वहीं आप रहते थे। 1941 में व्यक्तिगत सत्याग्रह आंदोलन में भाग लेने के कारण एक साल तक कारावास में प्रवास का दंड मिला, साथ में 50 रुपया अर्थदंड भी हुआ।

रामहेत सिंह : आप मथुरा जनपद के गाँव आझई खुर्द के रहनेवाले थे। व्यक्तिगत सत्याग्रह आंदोलन में भाग लेने के कारण आपको एक साल का कारावास तथा अर्थदंड 200 रुपया हुआ।

राम हंस : आप झुड़ावई गाँव जिला मथुरा के रहनेवाले थे। 1941 के व्यक्तिगत सत्याग्रह आंदोलन में भाग लिया था। अतः आप दंडित हुए। जिसमें एक वर्ष का कारावास और 50 रुपया अर्थदंड हुआ।

लक्खी सिंह : आप गाँव ऐंचा मथुरा के निवासी थे। आपने व्यक्तिगत सत्याग्रह आंदोलन में भाग लिया था। अतः आपको एक वर्ष का कारावास तथा 50 रुपया का अर्थदंड हुआ।

लखन सिंह : आप मथुरा जनपद के सिहोरा गाँव के रहनेवाले थे। व्यक्तिगत सत्याग्रह आंदोलन में भाग लेने के कारण 1941 में 9 माह का कारावास तथा 55 रुपया का अर्थदंड हुआ।

लक्ष्मण गिरि बाबा : आप मथुरा जनपद के गाँव ऐदलपुर के रहनेवाले थे। 1941 में आपको दंडित किया गया था, जिसमें एक वर्ष का कारावास तथा 50 रुपया अर्थदंड हुआ। आपने व्यक्तिगत सत्याग्रह आंदोलन में भाग लिया था। इसी कारण दंडित हुए।

लक्ष्मण प्रसाद : आप मथुरा जनपद के गोवर्द्धन गाँव के रहनेवाले थे। व्यक्तिगत सत्याग्रह आंदोलन में भाग लेने के कारण दंडित होना पड़ा, जिसमें आपको एक वर्ष का कारावास तथा 100 रुपया अर्थदंड भी हुआ।

लाल सिंह : आप मथुरा जिले के गाँव जरेलिया के रहनेवाले थे। 1941 में व्यक्तिगत सत्याग्रह आंदोलन में सक्रिय भूमिका निभाने के कारण आपको दंडित किया गया, जिसमें एक वर्ष की जेल तथा 100 रुपया आर्थिक दंड हुआ।

लालाराम : आप छाता जिला मथुरा के रहनेवाले थे। सन् 1941 में व्यक्तिगत सत्याग्रह आंदोलन में भाग लेने के कारण 6 माह का कारावास तथा 25 रुपया अर्थदंड हुआ।

लेखराज सिंह : ऐदलपुर गाँव जिला मथुरा में आप निवास करते थे। व्यक्तिगत सत्याग्रह आंदोलन में भाग लेने के कारण आपको एक साल का कारावास तथा 30 रुपया अर्थदंड हुआ।

लोकमणि शर्मा : आप गाँव पचहरा जिला मथुरा के रहनेवाले थे। 1941 में व्यक्तिगत सत्याग्रह आंदोलन में भाग लेने के कारण आपको एक साल का सश्रम कारावास तथा 50 रुपया अर्थदंड हुआ।

लोहरे सिंह : आप मथुरा जनपद के गाँव जरेलिया के निवासी थे। 1941 में आपको व्यक्तिगत सत्याग्रह आंदोलन में भाग लेने के कारण 9 माह का सश्रम कारावास तथा 50 रुपया अर्थदंड हुआ।

विजय पाल सिंह : आप जिला मथुरा के नरी गाँव के निवासी थे। व्यक्तिगत सत्याग्रह आंदोलन में भाग लेने के कारण एक वर्ष का कारावास व 200 रुपया अर्थदंड हुआ। संयोग से कारावास के समय ही इनका देहावसान हो गया।

वैंकटेश शर्मा (वैद्य) : आप मथुरा जनपद के गाँव राया के रहनेवाले थे। 1941 में आपने व्यक्तिगत सत्याग्रह आंदोलन में भाग लिया, इसलिए आपको दंडित भी होना पड़ा जिसमें एक वर्ष का कारावास तथा 50 रुपये अर्थदंड हुआ।

वेदप्रकाश : आप मथुरा जनपद के गाँव सरोठ के रहनेवाले थे। सन् 1941 में व्यक्तिगत सत्याग्रह आंदोलन में भाग लेने के कारण आपको एक वर्ष का कारावास तथा 50 रुपये का अर्थदंड हुआ।

श्यामलाल : आप अकबरपुर गाँव मथुरा जिले के निवासी थे। सन् 1941 में व्यक्तिगत सत्याग्रह आंदोलन में भाग लेने के कारण 6 महीने का कारावास और 25 रुपया अर्थदंड हुआ।

श्यामलाल : मथुरा जिले के पचहरा गाँव के निवासी थे। आपको 1941 में व्यक्तिगत सत्याग्रह आंदोलन में भाग लेने के कारण एक साल का कारावास व 50 रुपया अर्थदंड हुआ।

शिवलाल : आप गाँव मीरपुर जिला मथुरा के निवासी थे। व्यक्तिगत सत्याग्रह आंदोलन में भाग लेने के कारण सन् 1941 में एक वर्ष का कारावास और 100 रुपये अर्थदंड भी हुआ।

शिवलाल सिंह : आप गाँव भदार, मथुरा जनपद के रहनेवाले थे। सन् 1941 में व्यक्तिगत सत्याग्रह आंदोलन में भाग लेने से आप दंडित हुए, जिसमें एक वर्ष कारावास और 50 रुपया अर्थदंड हुआ।

शिवशंकर उपाध्याय : आप मथुरा के रहनेवाले थे। व्यक्तिगत सत्याग्रह आंदोलन में भाग लेने के कारण 1941 में 6 माह का कारावास और 100 रुपया का अर्थदंड हुआ।

शंकरलाल : आप मथुरा जनपद के गाँव नौहझील के निवासी थे। आपको व्यक्तिगत सत्याग्रह आंदोलन में भाग लेने के कारण 1941 में एक वर्ष का सश्रम कारावास और 300 रुपया आर्थिक दंड मिला था।

शंकरलाल : आप मथुरा जिले के सिंहाना गाँव के रहनेवाले थे। व्यक्तिगत सत्याग्रह आंदोलन में भाग लेने के कारण एक साल पर्यंत सश्रम कारावास तथा 200 रुपये अर्थदंड मिला।

स्वामी रघुवीर शरण : आप मथुरा के रहनेवाले थे। व्यक्तिगत सत्याग्रह आंदोलन में भाग लेने के कारण एक वर्ष का कारावास तथा 100 रुपया अर्थदंड हुआ।

सात्वकी शर्मा : आप मथुरा जिले के लोहई गाँव के रहनेवाले थे। आपको सन् 1941 में व्यक्तिगत सत्याग्रह आंदोलन में भाग लेने के कारण एक वर्ष का कारावास और 25 रुपया अर्थदंड हुआ।

सुक्खी सिंह : आप मथुरा जनपद के तरौली गाँव के रहनेवाले थे। आपको व्यक्तिगत सत्याग्रह आंदोलन में भाग लेने के कारण सन् 1941 में एक वर्ष का कारावास और 50 रुपया अर्थदंड हुआ।

सुखराम : आप गाँव बरौली जिला मथुरा के निवासी थे। आपने 1941 में व्यक्तिगत सत्याग्रह में भाग लिया था, जिसके कारण एक वर्ष का कारावास और 50 रुपया अर्थदंड मिला।

सुरेंद्र सिंह राघव : आप गाँव तुलागढ़ी जिला मथुरा के निवासी थे। आपने व्यक्तिगत सत्याग्रह आंदोलन में भाग लिया था। सन् 1941 में आपको एक वर्ष का कारावास तथा 50 रुपया अर्थदंड हुआ।

सूरजपाल सिंह : आप वृंदावन जिला मथुरा के रहनेवाले थे। व्यक्तिगत सत्याग्रह आंदोलन में भाग लेने के कारण एक वर्ष का कारावास और 50 रुपया अर्थदंड हुआ।

सोहन पाल : आप जिला मथुरा के गाँव ऐदलपुर के रहनेवाले थे। आपने 1941 में व्यक्तिगत सत्याग्रह आंदोलन में भाग लिया था। अत: आपको एक वर्ष का कारावास और 50 रुपया अर्थदंड हुआ।

सोहन लाल : आप गाँव पचहरा जिला मथुरा के रहनेवाले थे। सन् 1941 में व्यक्तिगत सत्याग्रह आंदोलन में भाग लेने के कारण एक वर्ष का कारावास तथा 50 रुपया अर्थदंड हुआ।

चंदन सिंह : आप गोवर्द्धन जिला मथुरा के निवासी थे। आपको व्यक्तिगत सत्याग्रह आंदोलन में भाग लेने के कारण एक वर्ष का कारावास तथा 50/-का अर्थदंड हुआ।

श्रीधर गोस्वामी : आप मथुरा जनपद के वृंदावन के रहनेवाले थे। आपको व्यक्तिगत सत्याग्रह आंदोलन में भाग लेने के कारण सन् 1940 में एक वर्ष का कारावास हुआ।

हजारीलाल (विश्वनाथ शाह) : आप वृंदावन जिला मथुरा के रहनेवाले थे। 1941 में व्यक्तिगत सत्याग्रह आंदोलन में भाग लेने के कारण आपको एक वर्ष का कारावास हुआ।

हरचंद : आप मथुरा जिला के अकबरपुर गाँव में रहते थे। 1941 में व्यक्तिगत सत्याग्रह आंदोलन में भाग लेने के कारण आपको एक वर्ष का कारावास तथा 50 रुपये का अर्थदंड हुआ।

हरचरनलाल गुप्ता : आप वृंदावन जिला मथुरा के रहनेवाले थे। व्यक्तिगत सत्याग्रह आंदोलन में भाग लेने के कारण 1941 में आपको एक वर्ष का कारावास तथा 50 रुपये अर्थदंड हुआ।

हरिश्चंद्र सिंह वर्मा : आप गाँव तरौली, जिला मथुरा के रहनेवाले थे। आपको व्यक्तिगत सत्याग्रह आंदोलन में भाग लेने के कारण एक वर्ष का कारावास और 50 रुपया अर्थदंड हुआ।

हरी सिंह : आप गाँव सिहोरा, जिला मथुरा के रहनेवाले थे। आपने 1941 में व्यक्तिगत सत्याग्रह आंदोलन में भाग लिया था अत: आपको एक साल का कारावास और 50 रुपया अर्थदंड मिला।

हुकुम चंद्र : आप हसनपुर, जिला मथुरा के रहनेवाले थे। सन् 1941 में व्यक्तिगत सत्याग्रह आंदोलन में भाग लेने के कारण आपको एक साल का कारावास और 50 रुपये का आर्थिकदंड भी हुआ।

हुकुम सिंह : आप गाँव कारब, जिला मथुरा के रहनेवाले थे। सन् 1941 में व्यक्तिगत सत्याग्रह आंदोलन में भाग लेने के कारण आपको एक वर्ष का कारावास और 50 रुपये अर्थदंड हुआ।

हुलसी राम : आप बड़ी बठैन, जिला मथुरा के निवासी थे। सन् 1941 में व्यक्तिगत सत्याग्रह आंदोलन में भाग लेने के कारण आपको 6 माह का कारावास तथा 50 रुपये का अर्थदंड हुआ।

कन्हैया लाल वर्मा : आप मथुरा के रहनेवाले थे। सन् 1941 में आपने व्यक्तिगत सत्याग्रह आंदोलन में भाग लिया था। अत: आपको एक वर्ष का कारावास और 50 रुपया जुर्माना हुआ।

गौरीदत्त चतुर्वेदी : आप मथुरा के निवासी थे। आपने सन् 1941 में व्यक्तिगत सत्याग्रह आंदोलन में भाग लिया था। अत: आपको एक वर्ष का कारावास और 50 रुपये अर्थदंड हुआ।

रामस्वरूप वर्मा : आप मथुरा के रहनेवाले थे। सन् 1941 में व्यक्तिगत सत्याग्रह आंदोलन में भाग लेने के कारण आपको 6 माह का कारावास और 200 रुपया जुर्माना हुआ।

नमक सत्याग्रह में भाग लेनेवाले स्वतंत्रता संग्राम सेनानी

अर्जुन प्रसाद : आप वृंदावन, मथुरा जिले के रहनेवाले थे। सन् 1930 में नमक सत्याग्रह और विदेशी वस्तु बहिष्कार आंदोलन में भाग लेने के कारण 6 माह का कारावास हुआ।

कृष्ण चंद्र प्रोफेसर : आप वृंदावन, जिला मथुरा के ही निवासी थे। सन् 1930 में नमक सत्याग्रह व विदेशी वस्तु बहिष्कार आंदोलन में भाग लेने के कारण आपको एक साल का कारावास हुआ।

कृष्ण स्वरूप : आप मथुरा के निवासी थे, सन् 1931 में नमक सत्याग्रह एवं विदेशी वस्तु बहिष्कार आंदोलन में भाग लेने के कारण आपको 6 माह का कारावास और 50 रुपया अर्थदंड हुआ।

कामेश्वर नाथ : आप मथुरा के निवासी थे। सन् 1930 में नमक सत्याग्रह एवं विदेशी वस्तु बहिष्कार आंदोलन में भाग लेने के कारण आपको एक वर्ष का कारावास हुआ।

कालीचरण चतुर्वेदी : आप मथुरा के रहनेवाले थे। सन् 1930 में नमक सत्याग्रह एवं विदेशी वस्तु बहिष्कार आंदोलन में भाग लेने के कारण आपको 6 माह का कारावास तथा 50 रुपये अर्थदंड हुआ।

किशनपाल सिंह : आप मथुरा जिले के बंदी गाँव के रहनेवाले थे। 1931 में नमक सत्याग्रह व विदेशी वस्तु बहिष्कार आंदोलन में भाग लेने के कारण आपको 6 माह का कारावास तथा 25 रुपया अर्थदंड हुआ।

किशोरी लाल : आप नगला लोका पचावर के गाँव जिला मथुरा के रहनेवाले थे। आपने 1930 में नमक सत्याग्रह आंदोलन व विदेशी वस्तु बहिष्कार आंदोलन में भाग लिया था। अत: आपको 6 माह का कारावास हुआ।

केदारनाथ भार्गव : आप मथुरा के निवासी थे। सन् 1930 में आपने नमक सत्याग्रह व विदेशी वस्तु बहिष्कार आंदोलन में सक्रिय भाग लिया। अत: आपको 18 माह का कारावास हुआ।

खगेंद्रनाथ राम : आप मथुरा जिला के अंतर्गत वृंदावन के रहनेवाले थे। आपने सन् 1930 में नमक सत्याग्रह में भाग लिया था। अत: आपको एक वर्ष का कारावास हुआ।

गुलजारी लाल : आप मथुरा के रहनेवाले थे, आपको सन् 1930 में नमक सत्याग्रह एवं विदेशी वस्तु बहिष्कार आंदोलन में भाग लेने के कारण 6 माह का कारावास एवं 50 रुपया आर्थिक दंड हुआ।

गोकुल चंद : आप मथुरा जिले के अंतर्गत सौंख़ गाँव के रहनेवाले थे। आपको सन् 1930 में नमक सत्याग्रह एवं विदेशी वस्तु बहिष्कार आंदोलन में भाग लेने के कारण 6 माह का कारावास व 50 रुपया अर्थदंड हुआ।

गोपाल दत्त : आप इरौली जुनारदार गाँव जिला मथुरा के रहनेवाले थे। आपने सन् 1930 में नमक सत्याग्रह और विदेशी वस्तु बहिष्कार आंदोलन में भाग लिया था। अत: आपको 6 माह का कारावास हुआ।

गोपाल दास सेठ : आप मथुरा के रहनेवाले थे। 1930 में नमक सत्याग्रह आंदोलन एवं विदेशी वस्तु बहिष्कार आंदोलन में भाग लेने के कारण आपको 6 माह का कारावास तथा 100 रुपया अर्थदंड हुआ।

गौरीदत्त चतुर्वेदी : आप मथुरा के रहनेवाले थे। आपने 1930 में नमक सत्याग्रह आंदोलन एवं विदेशी वस्तु बहिष्कार आंदोलन में भाग लिया था। अत: आपको एक वर्ष का कारावास हुआ।

घूरेलाल : आप मथुरा जनपद के इरौली जुन्नारदार गाँव के निवासी थे। 1930 में नमक सत्याग्रह व विदेशी वस्तु बहिष्कार आंदोलन में भाग लेने के कारण आपको 1930 में 6 माह का कारावास हुआ।

चरण सिंह : आप नौगाँव जिला मथुरा के निवासी थे। नमक सत्याग्रह आंदोलन व विदेशी वस्तु बहिष्कार आंदोलन में भाग लेने के कारण आपको सन् 1931 में 6 माह का कारावास तथा 50 रुपया अर्थदंड हुआ।

प्रो. चिंतामणि शुक्ल : आप वृंदावन जिला मथुरा के रहनेवाले थे। 1930 में आपके द्वारा नमक सत्याग्रह आंदोलन व विदेशी वस्तु बहिष्कार आंदोलन में भाग लेने के कारण आपको 6 माह का कारावास हुआ।

चिरंजी सिंह : आप मथुरा के रहनेवाले थे। 1930 में नमक सत्याग्रह आंदोलन व विदेशी वस्तु बहिष्कार आंदोलन में भाग लेने के कारण आपको 6 माह का कारावास हुआ।

छिद्दा सिंह : आप मथुरा जनपद के डडीसरा गाँव के निवासी थे। सन् 1930 में नमक सत्याग्रह आंदोलन एवं विदेशी वस्तु बहिष्कार आंदोलन में भाग लेने के कारण आपको एक साल 6 माह का कारावास हुआ।

डोरी लाल : आप मथुरा के रहनेवाले थे। सन् 1930 में आपने नमक सत्याग्रह आंदोलन व विदेशी वस्तु बहिष्कार आंदोलन में भाग लेने के कारण आपको एक वर्ष हेतु कारावास हुआ।

तुलसी राम : आप मथुरा जनपद के इरौली जुन्नारदार गाँव के रहनेवाले थे। सन् 1930 में नमक सत्याग्रह आंदोलन व विदेशी वस्तु बहिष्कार आंदोलन में भाग लेने के कारण आपको 6 माह का कारावास और 25 रुपये अर्थदंड हुआ।

दाऊदयाल पंडा : आप मथुरा जनपद के वृंदावन के रहनेवाले थे। सन् 1930 में आपको नमक सत्याग्रह आंदोलन व विदेशी वस्तु बहिष्कार आंदोलन में भाग लेने के कारण 6 माह का कारावास हुआ। साथ ही 100 रुपया अर्थदंड हुआ।

द्वारका प्रसाद : आप मथुरा जनपद के बलदेव गाँव के रहनेवाले थे। आपको नमक सत्याग्रह आंदोलन व विदेशी वस्तु बहिष्कार आंदोलन में भाग लेने के कारण सन् 1930 में 6 माह का कारावास हुआ।

देवकी नंदन : आप मथुरा जनपद के गोवर्द्धन गाँव के रहनेवाले थे। सन् 1930 में नमक सत्याग्रह आंदोलन में भाग लेने के कारण आपको तीन माह का कारावास हुआ।

देवीचरण गर्ग : आप मथुरा जनपद के राया गाँव के रहनेवाले थे। आपने सन् 1930 में नमक सत्याग्रह में भाग लिया था। अतः 6 माह का कारावास व 500 रुपया अर्थदंड मिला।

धर्मकिशोर : आप वृंदावन (मथुरा) के रहनेवाले थे। आपको सन् 1930 में नमक सत्याग्रह में भाग लेने के कारण एक वर्ष का कारावास हुआ।

नत्थीलाल वर्मा : आप मथुरा के निवासी थे। सन् 1931 में नमक सत्याग्रह में भाग लेने के कारण आपको एक वर्ष का कारावास हुआ।

नंदकुमार शर्मा : आप मथुरा के रहनेवाले थे। सन् 1930 में नमक सत्याग्रह आंदोलन में भाग लेने के कारण आपको 6 माह का कारावास एवं 50 रुपये अर्थदंड हुआ।

नरोत्तम प्रसाद नागर : आप मथुरा के निवासी थे। सन् 1931 में नमक सत्याग्रह एवं विदेशी वस्तु बहिष्कार आंदोलन में भाग लेने के कारण 6 माह का कारावास और 50 रुपये अर्थदंड हुआ।

नरोत्तम दास गांधी : आप यौरनी जिला मथुरा के रहनेवाले थे। आपको 1930 में नमक सत्याग्रह आंदोलन में भाग लेने के कारण एक वर्ष का कठोर कारावास हुआ।

नित्याई चरण दास : आप वृंदावन (मथुरा) के रहनेवाले थे। सन् 1930 में नमक सत्याग्रह आंदोलन व विदेशी वस्तु बहिष्कार आंदोलन में भाग लेने के कारण आपको 6 माह का कारावास तथा 50 रु. अर्थदंड हुआ।

नृत्य गोपाल : आप वृंदावन जिला मथुरा के रहनेवाले थे। 1930 में नमक सत्याग्रह आंदोलन व विदेशी वस्तु बहिष्कार आंदोलन में भाग लेने के कारण आपको एक वर्ष का कारावास हुआ।

प्रताप सिंह ब्रह्मचारी : आप वृंदावन (मथुरा) के रहनेवाले थे। 1930 में नमक सत्याग्रह आंदोलन में भाग लेने के कारण दो वर्ष का कारावास हुआ, साथ में बीस बेतों का दंड मिला।

प्रभुदयाल भार्गव : आप वृंदावन (मथुरा) के निवासी थे। सन् 1931 में नमक सत्याग्रह आंदोलन में भाग लेने के कारण आपको दो माह का कारावास हुआ।

प्रमोद रंजन चौधरी : आप वृंदावन (मथुरा) के रहनेवाले थे। आपको नमक सत्याग्रह आंदोलन में भाग लेने के कारण 1930 में 6 माह का कारावास और 50 रुपया अर्थदंड हुआ।

प्यारेलाल (पोखा) : आप मथुरा के निवासी थे। नमक सत्याग्रह में भाग लेने के कारण सन् 1930 में एक माह का कारावास और तीस रुपये का अर्थदंड हुआ।

पीतांबर : आप वृंदावन जिला मथुरा के रहनेवाले थे। नमक सत्याग्रह में भाग लेने के कारण सन् 1930 में आपको 6 माह का कारावास और 50 रुपये अर्थदंड हुआ।

पुरुषोत्तम लाल : आप वृंदावन जिला मथुरा के निवासी थे। आपके पिता का नाम गोवर्धनदास जी था। सन् 1930 में नमक सत्याग्रह आंदोलन व विदेशी वस्तु बहिष्कार आंदोलन में भाग लेने के कारण आपको 6 माह का कारावास और 50 रुपया अर्थदंड हुआ।

फतह सिंह : आपके पिता का नाम उदय सिंह था। सन् 1930 में नमक सत्याग्रह आंदोलन में भाग लेने के कारण आपको 6 माह का कारावास हुआ।

फूलचंद्र : आप मथुरा जनपद के कोसी के रहनेवाले थे। आपके पिता का नाम टीकाराम था। सन् 1930 में नमक सत्याग्रह व विदेशी वस्तु बहिष्कार आंदोलन में भाग लेने के कारण आपको 6 माह का कारावास और 500 रुपया जुर्माना हुआ।

बतासी राम : आपके पिता का नाम लक्कीमल था। गाँव परखम जिला मथुरा के रहनेवाले थे। सन् 1932 में नमक सत्याग्रह आंदोलन में भाग लेने के कारण आपको 6 माह का कारावास हुआ।

बदाम सिंह : आप गाँव सरौठ जिला मथुरा के निवासी थे। 1930 में नमक सत्याग्रह आंदोलन में भाग लेने के कारण आपको 6 माह का कारावास हुआ।

भगवान दत्त चतुर्वेदी : आपके पिता का नाम झींगन शर्मा था। आप मथुरा के निवासी थे। सन् 1930 में नमक सत्याग्रह आंदोलन में भाग लेने के कारण आपको 6 माह का कारावास और 50 रुपये का अर्थदंड हुआ।

भागमल : आपके पिता का नाम टीका था। आप बिजहारी जिला मथुरा के रहनेवाले थे। नमक सत्याग्रह आंदोलन में भाग लेने के कारण आपको 9 माह का कारावास और 25 रुपया अर्थदंड हुआ।

भिक्षुभाई : आपके पिता का नाम नारायण प्रसाद था। आप गाँव राया जिला मथुरा के रहनेवाले थे। सन् 1931 में आपको एक वर्ष का कारावास हुआ।

मनीराम : आप वृंदावन जिला मथुरा के निवासी थे। आपके पिता का नाम नवल किशोर था। सन् 1930 में नमक सत्याग्रह व विदेशी वस्तु बहिष्कार आंदोलन में भाग लेने के कारण आपको 6 माह का कारावास हुआ।

मनोहर लाल : आप गाँव लोघई जिला मथुरा के रहनेवाले थे। सन् 1930 में आपने नमक सत्याग्रह में भाग लिया। फलस्वरूप, 6 माह का कारावास हुआ।

माखन लाल : आप मथुरा के रहनेवाले थे। आपके पिता का नाम रामस्वरूप अग्रवाल था। सन् 1930 में नमक सत्याग्रह आंदोलन में प्रतिभाग करने के कारण आपको 6 माह के कारावास का दंड भुगतना पड़ा।

मिहिदत्त : आपके पिता का नाम लालजी था। आप गाँव इरौली जुन्नारदार जिला मथुरा के रहनेवाले थे। आपने सन् 1930 में नमक सत्याग्रह व विदेशी वस्तु बहिष्कार आंदोलन में भाग लिया। अत: आपको 6 माह का कारावास हुआ।

मुख्तार सिंह : आप गाँव कारव जिला मथुरा के रहनेवाले थे। आपके पिता का नाम श्री बस्तीराम था। आपको नमक सत्याग्रह आंदोलन में भाग लेने के कारण सन् 1930 में 6 माह का कारावास हुआ। इससे इतनी मानसिक प्रताड़ना हुई कि आप पागल हो गए। उसके कुछ दिनों के पश्चात मृत्यु भी हो गई।

मूलचंद : आप गाँव सरौठ, जिला मथुरा के निवासी थे। इनको नमक सत्याग्रह आंदोलन में भाग लेने के कारण सन् 1930 में 6 माह का कारावास तथा 10 रुपया अर्थदंड हुआ।

रघुनंदन प्रसाद पांडे : आपके पिता का नाम महादेव पांडे था। आप वृंदावन जिला मथुरा के निवासी थे। आपको 1931 में नमक सत्याग्रह व विदेशी वस्तु बहिष्कार आंदोलन में भाग लेने के लिए 6 माह का कारावास हुआ।

रघुनाथ प्रसाद : आपके पिता का नाम रूप किशोर था। आपको नमक सत्याग्रह आंदोलन में प्रतिभाग लेने के कारण सन् 1930 में 6 माह का कारावास तथा 50 रुपया अर्थदंड हुआ।

रणवीर सिंह सरदार : आपके पिता का नाम धन्ना सिंह था। आप मथुरा के रहनेवाले थे। 1930 में नमक सत्याग्रह आंदोलन में भाग लेने के कारण आपको 6 माह का कारावास हुआ।

राधामोहन चतुर्वेदी : आपके पिता का नाम श्री गोविंद प्रसाद चतुर्वेदी था। आप मथुरा के रहनेवाले थे। सन् 1930 में नमक सत्याग्रह आंदोलन में भाग लिया जिससे आपको 6 माह का कारावास और 50 रुपया अर्थदंड भी देना पड़ा।

राधेश्याम : आपके पिता का नाम नोन्हेराम था। सन् 1930 में नमक सत्याग्रह आंदोलन में भाग लेने के कारण आपको पाँच माह का कारावास और 25 रुपया अर्थदंड हुआ।

रामचंद्र : आप मथुरा के निवासी थे। आपके पिता का नाम नत्थाराम था। सन् 1930 में नमक सत्याग्रह आंदोलन में भाग लेने के कारण 6 माह का कारावास हुआ।

रामचरन : आप गाँव सिहोरा जिला मथुरा के रहनेवाले थे। आपके पिता का नाम खड्ग सिंह था। सन् 1931 में नमक सत्याग्रह आंदोलन में भाग लेने के कारण आपको 6 माह का कारावास हुआ।

रामजी दास गुप्त : आप मथुरा के रहनेवाले थे। आपके पिता का नाम पुरुषोत्तम दास गुप्त (परसीमल) था। सन् 1930 में नमक सत्याग्रह व विदेशी वस्तु बहिष्कार आंदोलन में प्रतिभाग करने के कारण आपको 6 माह का कारावास हुआ।

रामदेव : आप गाँव बाजना जिला मथुरा के रहनेवाले थे। आपके पिता का नाम नैनसुख था। सन् 1930 में नमक सत्याग्रह व विदेशी वस्तु बहिष्कार आंदोलन में भाग लेने के कारण आपको 6 माह का कारावास हुआ।

राम रक्षा पांडेय : आप वृंदावन (मथुरा) के रहनेवाले थे। आपके पिता का नाम मुसहान पांडेय था। सन् 1930 में नमक सत्याग्रह आंदोलन में भाग लेने के कारण 6 माह का कारावास हुआ।

रामशरण : आप गाँव विसावर जिला मथुरा के निवासी थे। आपको 1931 में 6 माह का कारावास और 50 रुपया अर्थदंड हुआ क्योंकि आपने नमक सत्याग्रह आंदोलन में भाग लिया था।

रामस्वरूप : आप गाँव सिहोरा जिला मथुरा के निवासी थे। आपके पिता का नाम टीकाराम था। नमक सत्याग्रह आंदोलन में भाग लेने के कारण आपको सन् 1931 में 5 माह का कारावास तथा 50 रुपया अर्थदंड हुआ।

राम सिंह : आप गाँव जैंत जिला मथुरा के रहनेवाले थे। आपके पिता का नाम युगल सिंह था। सन् 1930 में आपको 6 माह का कारावास तथा तीस बेंतों की सजा मिली थी।

पं. रूपराम शर्मा : आपके पिता का नाम पं. गेंदालाल शर्मा था। आप गाँव परखम जिला मथुरा के निवासी थे। नमक सत्याग्रह आंदोलन में भाग लेने के कारण आपको सन् 1930 में 6 माह तक बंदीगृह में रहने का दंड मिला था।

लीलाधर : आप मथुरा के निवासी थे। आपके पिता का नाम मलखान सिंह था। आपने सन् 1930 में नमक सत्याग्रह आंदोलन में प्रतिभाग लिया था, अतएव आपको एक वर्ष का कारागार और दस रुपया अर्थदंड हुआ था।

बी.के. फड़के : आप वृंदावन जिला मथुरा के निवासी थे। आपके पिता का नाम कृष्ण राय फड़के था। आपको 1931 में नमक सत्याग्रह आंदोलन में भाग लेने के कारण आपको 6 माह का कारावास और सौ रुपया अर्थदंड हुआ।

वेदराम : आपके पिता का नाम लक्ष्मण प्रसाद था। जनपद मथुरा में आपका गाँव इरौली जुन्नारदार था। सन् 1930 में नमक सत्याग्रह आंदोलन में भाग लेने के कारण आपको 6 माह का कारावास हुआ।

शांति स्वरूप : आप वृंदावन जिला मथुरा के रहनेवाले थे। नमक सत्याग्रह आंदोलन में भाग लेने के कारण आपको 1930 ई. में 6 माह का कारावास हुआ था।

श्याम लाल : आप गाँव बलदेव जिला मथुरा के निवासी थे। आपके पिता का नाम ललिता प्रसाद था। सन् 1930 में नमक सत्याग्रह आंदोलन में भाग लेने के कारण आपको 6 माह का कारावास तथा 100 रुपया अर्थदंड हुआ।

शिव शंकर उपाध्याय (डॉक्टर) : आप मथुरा के निवासी थे। आपके पिता का नाम चुन्नीलाल था। सन् 1930 में नमक सत्याग्रह आंदोलन में भाग लेने के कारण आपको 6 माह का कारावास हुआ।

सालिग्राम : आप गाँव नौहझील जिला मथुरा के निवासी थे। सन् 1931 में नमक सत्याग्रह आंदोलन में भाग लेने के कारण आपको एक वर्ष का कारावास हुआ।

सीताराम : आप गाँव कारब जनपद मथुरा के रहनेवाले थे। आपके पिता का नाम कन्हैयालाल था। नमक सत्याग्रह आंदोलन सन् 1930 में आपको 6 माह का कारावास और 500 रुपया अर्थदंड हुआ।

सुखराम : आप गाँव बरौली जनपद मथुरा के रहनेवाले थे। 1932 में नमक सत्याग्रह आंदोलन में भाग लेने के कारण एक वर्ष का कारावास हुआ।

सोहनलाल : आप वृंदावन जिला मथुरा के रहनेवाले थे। आपके पिता का नाम घनश्याम दास था। आपको नमक सत्याग्रह आंदोलन में भाग लेने के कारण सन् 1930 में 6 माह का कारावास और 100 रुपया अर्थदंड हुआ।

श्रीनाथ भार्गव (डॉक्टर) : आप मथुरा के रहनेवाले थे। आपके पिता का नाम श्री जगन्नाथ प्रसाद भार्गव था। सन् 1930 में नमक सत्याग्रह आंदोलन में भाग लेने के कारण आपको 18 माह का कारावास तथा 200 रुपया अर्थदंड हुआ।

हजारी लाल (विश्वनाथ शाह) : आप वृंदावन जनपद मथुरा के रहनेवाले थे। आपके पिता का नाम पुत्तूलाल था। सन् 1930 में नमक सत्याग्रह में भाग लेने के कारण आपको 6 माह का कारावास हुआ।

हरचरनलाल गुप्ता : आप वृंदावन जनपद मथुरा के रहनेवाले थे। आपके पिता का नाम गणेशीलाल था। आपको 6 माह का कारावास हुआ था क्योंकि आपने नमक सत्याग्रह आंदोलन में भाग लिया था। साथ ही, 100 रुपया अर्थदंड भी देना पड़ा।

हरी सिंह : आप गाँव सिहोरा जनपद मथुरा के रहनेवाले थे। सन् 1930 में नमक सत्याग्रह आंदोलन में भाग लेने के कारण आपको 6 माह कारावास हुआ।

हरे कृष्ण : आप गाँव छाता जनपद मथुरा के रहनेवाले थे। इनके पिता का नाम चंदा सिंह था। आपने नमक सत्याग्रह आंदोलन में सन् 1930 में भाग लिया था, जिसके कारण आपको 6 माह का कारावास हुआ।

हुकुम सिंह : आप गाँव कारब जिला मथुरा के रहनेवाले थे। आपके पिता का नाम नन्हूमल था। नमक सत्याग्रह आंदोलन में भाग लेने के कारण सन् 1930 में आपको 6 माह का कारावास हुआ।

ज्ञानेंद्र : आप मथुरा के रहनेवाले थे। आपके पिता का नाम सुखलाल था। नमक सत्याग्रह आंदोलन में भाग लेने के कारण आपको 6 माह का कारावास और पचास रुपया अर्थदंड हुआ।

गौरीदत्त चतुर्वेदी : आप मथुरा के रहनेवाले थे। आपके पिता का नाम झडेराम चौबे था। आपने सन् 1930 में नमक सत्याग्रह आंदोलन में भाग लेने के कारण आपको एक वर्ष का कारावास हुआ।

सविनय अवज्ञा आंदोलन के सेनानी

महात्मा गांधी जी ने कांग्रेस की जैसे ही कमान सँभाली थी वैसे ही स्वतंत्रता संग्राम में एक गति आ गई। गांधी जी ने सत्य, अहिंसा और सत्याग्रह की शक्ति से ब्रिटिश शासन का स्वराज्य देने के लिए आह्वान किया। उन्होंने ही सन् 1921 में असहयोग आंदोलन का समूचे देश में संचालन किया। मथुरा जनपद भी राष्ट्रीय उत्साह के साथ सम्मिलित हुआ। उसमें यहाँ के नेता श्रीराधाकृष्ण भार्गव, हकीम ब्रजलाल वर्मन, केदार नाथ भार्गव, वृंदावन के गोस्वामी, छबीले लाल, बाबू नारायण दास, बी.एस. आदि थे।

उस समय क्रांतिकारी राजा महेंद्र प्रताप तो सन् 1914 में ही देश की स्वतंत्रता की यात्रा पर निकल पड़े थे और लगभग 33 वर्ष के पश्चात सन् 1946 में देश में लौटे थे। 7 नवंबर, 1921 को मथुरा में आगमन हुआ। उनके साथ पं. मोतीलाल नेहरू, डॉ. अंसारी, मौलाना आजाद भी सभा में उपस्थित हुए। मथुरा में विशाल जनसभा का आयोजन हुआ।

10 मार्च, सन् 1922 को गांधी जी को मथुरा के पास पलवल में बंदी बना लिया गया। मथुरा ने इस बंदी की सूचना पूरे देश में प्रसारित की थी। 1923 में नागपुर में झंडा सत्याग्रह में मथुरा जनपद के देशभक्तों ने प्रतिभाग किया था। इस प्रकार मथुरा जनपद का 1921 के स्वतंत्रता संग्राम में बहुत बड़ा योगदान था। इस समय मथुरा गांधी पार्क राष्ट्रीय गतिविधियों का केंद्र बन गया था।

महात्मा गांधी ने चौरीचौरा कांड के पश्चात असहयोग आंदोलन स्थगित कर दिया था। इससे चारों ओर निराशा का वातावरण छा गया। देश की स्वतंत्रता के लिए व्याकुल युवकों ने क्रांतिमार्ग को अपनाया। काकोरी केस में पं. राम प्रसाद बिस्मिल, अशफ़ाक़ुल्लाह, राजेंद्र लाहिरी और रोशन सिंह ने फाँसी पर झूलकर अमरत्व प्राप्त किया। लाहौर षड्यंत्र के सरदार भगत सिंह, राजगुरु और सुखदेव आदि की क्रांतिकारी गतिविधियों ने देश को उत्तेजित कर दिया था। सन् 1928 में साइमन कमीशन की राष्ट्रव्यापी घटना ने देश को झकझोर दिया था। मथुरा में भी बहिष्कार संबंधी विशेष प्रदर्शन हुआ था।

8, 9 नवंबर, 1929 को महात्मा गांधी मथुरा में दो दिन रहते हुए वृंदावन, गोवर्धन आदि अनेक स्थलों पर जनता को संबोधित करते हुए आगे बढ़ गए। गांधी जी के इस दौरे से राष्ट्रीय चेतना जाग्रत हुई।

इधर लाहौर में कांग्रेस ने सन् 1930 में पूर्ण स्वतंत्रता का प्रस्ताव पास कर देश को स्वाधीनता के लिए सब कुछ आत्मोत्सर्ग करने को ललकारा था। देश की इन परिस्थितियों में महात्मा गांधी ने 12 मार्च, 1930 को नमक कानून भंग करने के लिए दांडी की ओर ऐतिहासिक प्रस्थान किया। इस घटना के साथ ही देश-भर में नमक कानून भंग करने की राष्ट्रीय लहर दौड़ गई थी।

मथुरा जनपद भी राष्ट्रीय उत्साह के साथ नमक कानून भंग हेतु विविध गतिविधियों में संलग्न रहा। प्रेम महाविद्यालय के प्राचार्य जुगल किशोर के नेतृत्व में एक दल ने आगरा की ओर जाते हुए गाँव-गाँव स्वतंत्रता का जन जागरण किया। इस प्रकार 1930 के इस स्वतंत्रता संग्राम को व्यापक बना दिया। गाँवों-गाँवों से टोली-की-टोली निकलकर नमक कानून को तोड़ते हुए कारागार में बंद हो गई। विदेशी वस्त्र बहिष्कार में महिलाओं ने बढ़-चढ़कर प्रतिभाग किया। 1930 की राष्ट्रीय जागरण के आंदोलन में प्रात:काल की विशाल प्रभात फेरियाँ और जन-यात्राओं में महिलाओं की उपस्थित विशेष रहती थी।

द्वितीय महायुद्ध कालीन युद्ध-नीति से असंतुष्ट होकर राष्ट्र ने कर्णधार महात्मा गांधी जी ने युद्ध-नीति का विरोध करने के लिए सन् 1940-41 में व्यक्तिगत सत्याग्रह चलाया था। इसमें सत्याग्रही पूर्व में ही जिलाधीश को सत्याग्रह करने की सूचना देकर अपने को

बंदी करा देता था। मथुरा जनपद में भी व्यक्तिगत सत्याग्रह बड़े ही उत्साह के साथ चला। गाँवों में भी देश-भक्त बंदी बनाए गए। व्यक्तिगत सत्याग्रह में मथुरा जनपद के लगभग 300 देश-भक्तों ने सत्याग्रह किया। ये सभी देशभक्त अन्य जनपदों के कारागार में बंद किए गए थे।

8 अगस्त, 1942 बंबई में कांग्रेस ने अंग्रेजो भारत छोड़ो का ऐतिहासिक प्रस्ताव पास किया। नेताओं ने देशवासियों को 'करो या मरो' का उत्तेजक नारा दिया। 9 अगस्त को महात्मा गांधी और देश के विशिष्ट नेताओं को बंदी बनाने की सूचना से देश में एक आक्रोश की लहर दौड़ा दी, जिसको ब्रिटिश शासकों द्वारा रोकना दुरूह कार्य एवं जटिल प्रश्न बन गया। मथुरा में इस क्रांति की वेगवती धारा ने ब्रिटिश सत्ता की जड़ें हिला दीं। छात्रों ने नगर के मार्गों पर निकलते हुए अंग्रेजो भारत छोड़ो के गगनभेदी नारों से वातावरण प्रतिध्वनित कर दिया। उस दिन राष्ट्रीय आक्रोश चरमोत्कर्ष पर था।

9 अगस्त को राष्ट्रीय जागरण के महत्त्वपूर्ण नेता बंदी बनाकर नजरबंद कर दिए गए, जिसमें प्रमुख रूप से केदार भार्गव, राधेश्याम द्विवेदी आदि थे। राधामोहन चतुर्वेदी ने नगर-यात्रा निकालकर धारा 144 का उल्लंघन करते हुए अपने को बंदी बनवाया। आपको नजरबंद कर दिया गया। उसके बाद हकीम ब्रजलाल वर्मन, देवनायक हटीला, भगवानदत्त चतुर्वेदी, मदनगोपाल माहेश्वरी, लक्ष्मी नारायण आचार्य, रामगोपाल शर्मा, रघुवीर शरण, विनोद भास्कर, चिंतामणि शुक्ल आदि।

बम कांड के मामलों में श्री शंकर लाल यादव, कृष्ण दास वैद्य, रामरतन शर्मा, रामनिवास शर्मा, शिवहरी गौड़ आदि को बंदी बनाया गया। मथुरा जनपद ने देश की स्वतंत्रता के संघर्षों में अपूर्व योगदान दिया, जिसे राष्ट्रीय इतिहास कभी विस्मृत नहीं कर सकता।

अमर सिंह : आपका गाँव कारब जिला मथुरा के निवासी थे। आपके पिता का नाम भूधर सिंह था। आपको सविनय अवज्ञा आंदोलन में भाग लेने के कारण 1930 में 3 माह का कारावास हुआ।

अरुण चंद्र चक्रवर्ती : आप वृंदावन जनपद मथुरा के रहनेवाले थे। सविनय अवज्ञा आंदोलन में भाग लेने के कारण सन् 1932 में आपको 6 माह का कारावास और 25 रुपया अर्थदंड हुआ।

कमल सिंह : आप गाँव परखम जिला मथुरा के रहनेवाले थे। आपके पिता का नाम सितावा सिंह था। सन् 1932 में सविनय अवज्ञा आंदोलन में भाग लेने के कारण आपको 6 माह का कारावास हुआ।

कर्ण सिंह : आप गाँव विजहारी जनपद मथुरा के रहनेवाले थे। आपके पिता का नाम गोवर्धन सिंह था। आपको सन् 1932 में सविनय अवज्ञा आंदोलन में भाग लेने के कारण आपको 3 माह का कारावास और 50 रुपया अर्थदंड हुआ।

कृष्ण चंद्र प्रोफेसर : आप वृंदावन जिला मथुरा के रहनेवाले थे। आपके पिता का नाम श्रीराम था। सन् 1932 में सविनय अवज्ञा आंदोलन में भाग लेने के कारण आपको एक वर्ष का कारावास और 100 रुपया अर्थदंड हुआ।

कामता प्रसाद श्रीवास्तव : आप मथुरा के रहनेवाले थे। सविनय अवज्ञा आंदोलन में भाग लेने के कारण आपको 1930 से 1933 तीन साल का कारावास हुआ।

कामेश्वर नाथ : आप मथुरा के रहनेवाले थे। आपके पिता का नाम रामनाथ था। आपने सविनय अवज्ञा आंदोलन में भाग लिया था। अत: 1932 में आपको एक वर्ष का कारावास और 25 रुपया अर्थदंड हुआ।

कालीदास दत्त : आप वृंदावन जिला मथुरा के रहनेवाले थे। आपके पिता का नाम जतींद्रनाथ दत्त था। 1932 में सविनय अवज्ञा आंदोलन में भाग लेने के कारण आपको तीन माह का कारावास तथा 100 रुपया अर्थदंड हुआ।

केदारनाथ भार्गव : आप मथुरा के रहनेवाले थे। आपके पिता का नाम बैजनाथ भार्गव था। सविनय अवज्ञा आंदोलन में भाग लेने के कारण 1933 में आपको 6 माह का कारावास हुआ और 300 रुपया अर्थदंड हुआ।

खजान सिंह : आप गाँव महराम गढ़ी जिला मथुरा के रहनेवाले थे। सन् 1932 में आपने सविनय अवज्ञा आंदोलन में भाग लिया था। इस कारण 3 माह का कारावास हुआ।

गणेशीलाल : आप वृंदावन जिला मथुरा के रहनेवाले थे। आपके पिता का नाम शिवराज पांडे था। 1932 में आपने सविनय अवज्ञा आंदोलन में भाग लिया था। अत: आपको 6 माह का कारावास और 50 रुपया अर्थदंड घोषित हुआ।

गिरधर लाल भाटिया : आप मथुरा के रहनेवाले थे। पिता का नाम हरदेव दास भाटिया था। सन् 1933 में सविनय अवज्ञा आंदोलन में भाग लेने के कारण आपको 6 माह का कारावास और 25 रुपया अर्थदंड हुआ।

गोकुल चंद : आप गाँव सौंख जिला मथुरा के रहनेवाले थे। सन् 1932 में सविनय अवज्ञा आंदोलन में भाग लेने के कारण एक वर्ष का कारावास 5 रुपया अर्थदंड हुआ।

गंगाधर : आप मथुरा के निवासी थे। पिता का नाम हरेकृष्ण था। सन् 1933 में सविनय अवज्ञा आंदोलन में भाग लेने के कारण आपको 6 माह का कारावास हुआ।

घुर्री : आप गाँव खायरा जिला मथुरा के निवासी थे। 1932 में सविनय अवज्ञा आंदोलन में भाग लेने के कारण आपको एक वर्ष का कारावास हुआ।

चंद दत्त पांडेय : आप वृंदावन जिला मथुरा के रहनेवाले थे। पिता का नाम नंदादत्त था। सन् 1932 में आपको 1 वर्ष का कारावास और 25 रुपया अर्थदंड हुआ।

चरण सिंह उर्फ पातीराम : आप गाँव छाता जनपद मथुरा के रहनेवाले थे। 1932 में सविनय अवज्ञा आंदोलन में भाग लेने के कारण आपको 6 माह का कारावास और 50 रुपया अर्थदंड हुआ।

चिंतामणि शुक्ल : आप मथुरा के रहनेवाले थे। पिता का नाम गुरुदेव स्वामी था। 1932 में सविनय अवज्ञा आंदोलन में भाग लेने के कारण आपको 6 माह का कारावास हुआ।

चिरंजीलाल रसिक : आप गाँव चाँदपुर जिला मथुरा के रहनेवाले थे। पिता का नाम मोहन लाल शर्मा था। सन् 1932 में सविनय अवज्ञा आंदोलन में भाग लेने के कारण आपको 3 माह का कारावास और 50 रुपया अर्थदंड हुआ।

चिरंजी सिंह : आप गाँव कारब जिला मथुरा के निवासी थे। आपके पिता का नाम जीवाराम था। सन् 1932 में सविनय अवज्ञा आंदोलन में भाग लेने के कारण आपको प्रथम बार 3 माह और द्वितीय बार 6 माह का कारावास हुआ।

चिरंजी सिंह : आप मथुरा के निवासी थे। पिता का नाम धन्ना सिंह था। सन् 1933 में सविनय अवज्ञा आंदोलन में आपको 6 माह का कारावास हुआ।

चुन्नीलाल : आप मथुरा के निवासी थे। आपको सविनय अवज्ञा आंदोलन में भाग लेने के कारण सन् 1932 में आपको 6 माह का कारावास हुआ।

चेना सिंह : आप गाँव कारब जिला मथुरा के निवासी थे। पिता का नाम भीकाराम था। सविनय अवज्ञा आंदोलन में 1930 व 1932 में आपको 6-6 माह का कारावास व 50 रुपया अर्थदंड हुआ।

छतर सिंह : आप गाँव सरौठ जिला मथुरा के निवासी थे। पिता का नाम सुखराम था। सन् 1930 में सविनय अवज्ञा आंदोलन में भाग लेने के कारण आपको 2 माह का कारावास हुआ।

जगदीश मंडल : आप वृंदावन जिला मथुरा के रहनेवाले थे। पिता का नाम मुंशी मंडल था। सन् 1932 में सविनय अवज्ञा आंदोलन में भाग लेने के कारण आपको 6 माह का कारावास हुआ।

जगन्नाथ प्रसाद : आप गाँव अड़ींग जिला मथुरा के रहनेवाले थे। पिता का नाम विधिचंद था। सन् 1930 में आपने सविनय अवज्ञा आंदोलन में भाग लिया, जिसके कारण 6 माह का कारावास हुआ।

जगमोहन लाल : आप वृंदावन जनपद मथुरा के रहनेवाले थे। आपको 1930 में सविनय अवज्ञा आंदोलन में भाग लेने के कारण आपको 6 माह की बंदीगृह की यातना का दंड मिला।

जवाहर लाल : आप मथुरा के निवासी थे। आपके पिता का नाम पुरुषोत्तम पांडे था। सन् 1932 में सविनय अवज्ञा आंदोलन में भाग लेने के कारण आपको 6 माह का कारावास हुआ।

ज्योति प्रसाद : आप अकबरपुर जनपद मथुरा के रहनेवाले थे। आपके पिता का नाम चित्रपाल था। सन् 1933 में सविनय अवज्ञा आंदोलन में भाग लेने के कारण आपको 6 माह का कारावास हुआ।

जुगल किशोर : आप गाँव चाँदपुर खुर्द जिला मथुरा के रहनेवाले थे। पिता का नाम निहाल सिंह था। 11 अक्टूबर, 1932 को सविनय अवज्ञा आंदोलन में भाग लेने के कारण आपको 6 माह का कारावास हुआ।

जेसीराम : आप बलदेव, जनपद मथुरा के रहनेवाले थे। सन् 1932 में सविनय अवज्ञा आंदोलन में भाग लेने के कारण आपको 6 माह का कारावास हुआ।

झुन्नी राम : आप गाँव झुड़ावई जिला मथुरा के रहनेवाले थे। आपके पिता का नाम माखन सिंह था। आपको सन् 1932 में सविनय अवज्ञा आंदोलन में भाग लेने के कारण 19 मार्च को 6 माह का कारावास तथा 30 रुपया अर्थदंड हुआ।

टीकाराम : आप गाँव छाता जिला मथुरा के रहनेवाले थे। आपके पिता का नाम श्री हीरालाल था। सन् 1932 को सविनय अवज्ञा आंदोलन में भाग लेने के कारण आपको 1 वर्ष का कारावास हुआ।

तेज सिंह : आप गाँव लोधई जिला मथुरा के रहनेवाले थे। आपके पिता का नाम श्री भोजराम था। सन् 1932 में सविनय अवज्ञा आंदोलन में भाग लेने के कारण आपको एक वर्ष का कारावास हुआ था।

दाऊदयाल शर्मा : आप मथुरा के रहनेवाले थे। आपके पिता का नाम भगवान दास शर्मा था। 15 फरवरी, सन् 1932 को आपने सविनय अवज्ञा आंदोलन में भाग लिया था, इसलिए 6 माह का कारावास हुआ।

दुर्गादत्त : आप गाँव इरौली जुन्नारदार जिला मथुरा के रहनेवाले थे। आपके पिता का नाम लक्ष्मण प्रसाद था। आपको धारा 15 (5) सी.एल.ए के अंतर्गत 26 अक्टूबर,

सन् 1932 में सविनय अवज्ञा आंदोलन में भाग लेने के कारण आपको 6 माह का कारावास और दस रुपया अर्थदंड हुआ।

देविया उर्फ देवीराम : आप गाँव कारब जिला मथुरा के निवासी थे। आपके पिता का नाम डालचंद था। आपको सन् 1932 में सविनय अवज्ञा आंदोलन में भाग लेने के कारण आपको 6 माह का कारावास हुआ।

धर्मकिशोर : आप वृंदावन जिला मथुरा के रहनेवाले थे। आपके पिता का नाम ललिता प्रसाद था। सन् 1932 में सविनय अवज्ञा आंदोलन में भाग लेने के कारण आपको 6 माह का कारावास हुआ।

धर्मजीत : आप गाँव इरौली जुन्नारदार जिला मथुरा के निवासी थे। 1932 में सविनय अवज्ञा आंदोलन में भाग लेने के कारण आपको एक वर्ष का कारावास हुआ।

नंदराम : आप गाँव कारब जिला मथुरा के रहनेवाले थे। आपके पिता का नाम चेतराम था। सन् 1932 में सविनय अवज्ञा आंदोलन में भाग लेने के कारण आपको 6 माह का कारावास हुआ।

नंदलाल : आप गाँव बाजना जिला मथुरा के रहनेवाले थे। सन् 1932 में सविनय अवज्ञा आंदोलन में भाग लेने के कारण आपको 3 माह का कारावास हुआ। 30 रुपये का अर्थदंड भी हुआ।

नलिनीकांत मुकर्जी : आप वृंदावन जनपद मथुरा के रहनेवाले थे। आपके पिता का नाम अक्षय कुमार मुकर्जी था। सन् 1932 में सविनय अवज्ञा आंदोलन में भाग लेने के कारण आपको 9 माह का कारावास हुआ।

नवल किशोर : आप वृंदावन जिला मथुरा के निवासी थे। पिता का नाम मदन मोहन था। सन् 1932 में सविनय अवज्ञा आंदोलन में भाग लेने के कारण 6 माह का कारावास तथा 50 रुपये अर्थदंड हुआ।

नानक चंद : आप गाँव ओल जिला मथुरा के निवासी थे। आपके पिता का नाम नारायण प्रसाद था। सन् 1933 में आपने सविनय अवज्ञा आंदोलन में भाग लिया था, जिसके कारण आपको 6 माह का कारावास हुआ।

प्यारे लाल : आप गाँव कारब जिला मथुरा के रहनेवाले थे। आपके पिता का नाम नत्थी सिंह था। सन् 1932 में आपको 6 माह का कारावास तथा 30 रुपया अर्थदंड हुआ था।

पीतांबर सिंह : आप गाँव सरोठ जिला मथुरा के रहनेवाले थे, पिता का नाम राम लाल था। सन् 1932 में सविनय अवज्ञा आंदोलन में भाग लेने के कारण आपको 6 माह का कारावास और 20 रुपया का अर्थदंड भी हुआ।

पुरुषोत्तम लाल : आप वृंदावन जिला मथुरा के निवासी थे। आपके पिता का नाम गोवर्द्धन दास था। सन् 1932 में सविनय अवज्ञा आंदोलन में भाग लेने के कारण आपको 3 माह का कारावास हुआ।

पूरन : आप गाँव बैरनी जिला मथुरा के रहनेवाले थे। आपके पिता का नाम वल्ली था। सन् 1932 में आपको सविनय अवज्ञा आंदोलन में भाग लेने के कारण एक माह और पंद्रह दिन का कारावास हुआ।

पोखर सिंह : आप गाँव नंदगाँव जिला मथुरा के निवासी थे। सन् 1932 में आपको सविनय अवज्ञा आंदोलन में भाग लेने के कारण 6 माह का कारावास हुआ।

बाबू लाल : आप गोवर्द्धन, जिला मथुरा के रहनेवाले थे। आपके पिता का नाम ठाकुरदास था। सन् 1933 में सविनय अवज्ञा आंदोलन में भाग लेने के कारण आपको 6 माह का कारावास हुआ।

बुद्धिलाल : आप गाँव झुड़ावई, जिला मथुरा के रहनेवाले थे। आपके पिता का नाम बालकिया था। सन् 1932 में सविनय अवज्ञा आंदोलन में भाग लेने के कारण एक वर्ष का कारावास हुआ।

बेनीराम : आप गाँव पचावर, जिला मथुरा के रहनेवाले थे। सन् 1932 में सविनय अवज्ञा आंदोलन में भाग लेने के कारण आपको 6 माह का कारावास और 20 रुपया अर्थदंड भी हुआ।

भजनलाल : आप कोसी जिला मथुरा के रहनेवाले थे। आपके पिता का नाम मंगला था। सन् 1932 में सविनय अवज्ञा आंदोलन में भाग लेने के कारण एक वर्ष का कारावास और 25 रुपया अर्थदंड हुआ।

भजनलाल : आप मथुरा के रहनेवाले थे, पिता का नाम वृंदावन दास था। 1932 में सविनय अवज्ञा आंदोलन में भाग लेने के कारण आपको एक वर्ष का कारावास हुआ।

भागीरथ : आप गाँव पचावर, जिला मथुरा के निवासी थे। आपके पिता का नाम छिद्दू सिंह था। सन् 1932 में सविनय अवज्ञा आंदोलन में भाग लेने के कारण आपको 6 माह का कारावास व तीस रुपया अर्थदंड हुआ।

भीकंबर : आप गाँव इरौली जुन्नारदार, जिला मथुरा के रहनेवाले थे। आपके पिता का नाम दुल्ली था। सन् 1932 में सविनय अवज्ञा आंदोलन में भाग लेने के कारण आपको 6 माह का कारावास हुआ।

भेरौ प्रसाद : आप वृंदावन, जिला मथुरा के रहनेवाले थे। सन् 1933 में सविनय अवज्ञा आंदोलन में भाग लेने के कारण आपको 6 माह का कारावास हुआ।

भोजपाल सिंह : आप गाँव कुंजेरा, जिला मथुरा के रहनेवाले थे। आपके पिता का नाम भूरा सिंह था। सन् 1932 में सविनय अवज्ञा आंदोलन में भाग लेने के कारण आपको 6 माह का कारावास हुआ।

माखनलाल : आप मथुरा के निवासी थे। पिता का नाम रामस्वरूप अग्रवाल था। सन् 1932 में सविनय अवज्ञा आंदोलन में भाग लेने के कारण आपको एक वर्ष का कारावास हुआ।

मिहि दत्त : आप इरौली जुन्नारदार गाँव, जनपद मथुरा के निवासी थे। पिता का नाम लालजी था। 1930-1932 में सविनय अवज्ञा आंदोलन में भाग लेने के कारण आपको 6-6 माह का कारावास हुआ।

मूलचंद : आप गाँव सोरठ, जिला मथुरा के रहनेवाले थे। आपके पिता का नाम परम सिंह था। सन् 1932 में सविनय अवज्ञा आंदोलन में भाग लेने के कारण आपको 6 माह का कारावास और 20 रुपया अर्थदंड हुआ।

मोतीलाल : आप मथुरा के निवासी थे। पिता का नाम भीमसैन था। सन् 1933 में सविनय अवज्ञा आंदोलन में भाग लेने के कारण आपको 6 माह का कारावास और 15 रुपया अर्थदंड भी हुआ।

मोहन लाल : आप बछगाँव, जिला मथुरा के रहनेवाले थे। आपके पिता का नाम नथुआ सिंह था। सन् 1932 में सविनय अवज्ञा आंदोलन में प्रतिभाग किया था जिसके कारण आपको 6 माह का कारावास हुआ।

रणवीर सिंह सरदार : आप मथुरा के रहनेवाले थे। आपके पिता का नाम धन्ना सिंह था। सन् 1932 में सविनय अवज्ञा आंदोलन में भाग लेने के कारण आपको 6 माह का कारावास हुआ।

रवींद्र शर्मा : आप वृंदावन जिला मथुरा के निवासी थे। सविनय अवज्ञा आंदोलन में भाग लेने के कारण आपको 1932 में 6 माह का कारावास हुआ।

राजपाल सिंह : आप छाता जिला मथुरा के रहनेवाले थे। पिता का नाम विजैपाल सिंह था। सन् 1932 में सविनय अवज्ञा आंदोलन में भाग लेने के कारण आपको 6 माह का कारावास हुआ।

राधामोहन चतुर्वेदी : आप मथुरा के रहनेवाले थे। पिता का नाम गोविंद प्रसाद चतुर्वेदी था। सन् 1932 में सविनय अवज्ञा आंदोलन में भाग लेने के कारण आपको 6 माह का कारावास और 50 रुपया अर्थदंड हुआ।

रामचंद्र : आप विसावर जिला मथुरा के रहनेवाले थे। पिता का नाम अमर सिंह था। 1933 में सविनय अवज्ञा आंदोलन में भाग लेने के कारण आपको 6 माह का कारावास हुआ।

राम चरन : आप गाँव सिहोरा, जिला मथुरा के रहनेवाले थे। आपके पिता का नाम खड़ग सिंह था। सन् 1932 में सविनय अवज्ञा आंदोलन में भाग लेने के कारण आपको एक वर्ष का कारावास और 25 रुपया अर्थदंड हुआ।

रामजी दास गुप्त : आप मथुरा के निवासी थे। आपके पिता का नाम पुरुषोत्तम दास गुप्त था। सन् 1932 में सविनय अवज्ञा आंदोलन में भाग लेने के कारण 6 माह का कारावास हुआ।

रामजी लाल : आप गाँव सौंख जिला मथुरा के रहनेवाले थे। सन् 1932 में सविनय अवज्ञा आंदोलन में भाग लेने के कारण 6 माह का कारावास हुआ।

रामदत्त वैद्य : आप राया जिला मथुरा के रहनेवाले थे। पिता का नाम संकट हरण था। आपको 1932 में सविनय अवज्ञा आंदोलन में भाग लेने के कारण 6 माह का कारावास और 20 रुपया अर्थदंड हुआ।

राम नारायण मिश्र : आप वृंदावन जनपद मथुरा के निवासी थे। सन् 1932 में सविनय अवज्ञा आंदोलन में भाग लेने के कारण एक साल का कारावास और 25 रुपया अर्थदंड हुआ।

रामप्रसाद : आप गोवर्द्धन जिला मथुरा के रहनेवाले थे। पिता का नाम साँवलराम था। सन् 1932 में सविनय अवज्ञा आंदोलन में भाग लेने के कारण 6 माह का कारावास हुआ।

राम स्वरूप पालीवाल : आप कोसी जनपद मथुरा के निवासी थे। आपके पिता का नाम जीवन लाल था। सन् 1932 में सविनय अवज्ञा आंदोलन में सहभागिता करने के कारण 6 माह का कारावास और 50 रुपया अर्थदंड हुआ।

राम स्वरूप रामो : आप मथुरा के रहनेवाले थे। पिता का नाम नंदलाल था। सन् 1932 में सविनय अवज्ञा आंदोलन में प्रतिभाग लेने के कारण 6 माह का कारावास और 50 रुपया अर्थदंड हुआ।

राम सिंह : आप गाँव विसावर जिला मथुरा के रहनेवाले थे। पिता का नाम जय राम था। सन् 1933 में सविनय अवज्ञा आंदोलन में भाग लेने के कारण 6 माह का कारावास हुआ।

राम सिंह : आप गाँव जैंत जिला मथुरा के रहनेवाले थे। पिता का नाम युगल सिंह था। सन् 1932 में सविनय अवज्ञा आंदोलन में सक्रिय होकर प्रतिभाग लिया था, अतएव 6 माह का कारावास और 50 रुपया अर्थदंड भोगना पड़ा।

राम शरण दास जौहरी : आप मथुरा के रहनेवाले थे। पिता का नाम नवल किशोर था। सन् 1932 में सविनय अवज्ञा आंदोलन में भाग लेने के कारण 6 माह का कारावास हुआ।

रूप किशोर उपाध्याय : आप गाँव कोला अलीपुर, जिला मथुरा के निवासी थे। पिता का नाम श्री गिरिधर उपाध्याय था। सन् 1932 में सविनय अवज्ञा आंदोलन में भाग लेने के कारण एक माह का कारावास हुआ।

रूप चंद : आप गाँव ऐदलपुर जिला मथुरा के निवासी थे। पिता का नाम मोहन लाल था। सन् 1932 में सविनय अवज्ञा आंदोलन में भाग लेने के कारण 6 माह का कारावास हुआ।

रूप राम शर्मा : आप परखम जिला मथुरा के रहनेवाले थे। पिता का नाम गेंदालाल शर्मा था। सन् 1932 में सविनय अवज्ञा आंदोलन में भाग लेने के कारण 6 माह का कारावास और 50 रुपया अर्थदंड हुआ।

लक्ष्मी चंद पालीवाल : आप मथुरा जनपद छाता गाँव के निवासी थे। पिता का नाम लालजी मल पालीवाल था। सन् 1932 में 1 वर्ष 6 माह का कारावास इसलिए हुआ था कि आपने सविनय अवज्ञा आंदोलन में प्रतिभाग लिया था।

लालाराम : आप गाँव छाता जिला मथुरा के रहनेवाले थे। पिता का नाम बाल किशन था। सन् 1932 में सविनय अवज्ञा आंदोलन में भाग लेने के कारण एक वर्ष का कारावास का दंड भोगा।

लीलाधर : आप मथुरा के रहनेवाले थे। पिता का नाम मलखान सिंह था। सन् 1932 में सविनय अवज्ञा आंदोलन में भाग लेने के कारण 6 माह का कारावास हुआ।

लीलाधर : आप राया जिला मथुरा के निवासी थे। आपके पिता का नाम तारा था। सन् 1932 में सविनय अवज्ञा आंदोलन में भाग लेने के कारण 6 माह का कारावास 10 रुपया अर्थदंड हुआ।

वासुदेव ओझा : आप मथुरा के रहनेवाले थे। पिता का नाम छोटे लाल ओझा था। सन् 1932 में 6 माह का कारावास और 50 रुपये का अर्थदंड हुआ क्योंकि आपने सविनय अवज्ञा आंदोलन में प्रतिभाग किया था।

विनोद भास्कर : आप मथुरा के रहनेवाले थे। पिता का नाम नंद किशोर भास्कर था। आपको 1932 में सविनय अवज्ञा आंदोलन में भाग लेने के कारण एक वर्ष का कारावास और 50 रुपया अर्थदंड हुआ।

विनोदीलाल गोस्वामी : आप वृंदावन जिला मथुरा के रहनेवाले थे। 1932 में सविनय अवज्ञा आंदोलन में भाग लेने के कारण 3 माह 15 दिवस का कारावास हुआ।

विश्वनाथ चतुर्वेदी : आप मथुरा के रहनेवाले थे। 1932 में सविनय अवज्ञा आंदोलन में भाग लेने के कारण 6 माह का कारावास और 10 रुपया अर्थदंड हुआ।

शांति स्वरूप : आप वृंदावन जिला मथुरा के रहनेवाले थे। सन् 1932 में सविनय अवज्ञा आंदोलन में भाग लेने के कारण 8 माह का कारावास हुआ।

शिव मंगल सिंह : आप मथुरा के निवासी थे, पिता का नाम जीवाराम था। सन् 1932 में सविनय अवज्ञा आंदोलन में भाग लेने के कारण 6 माह का कारावास और 100 रुपया अर्थदंड हुआ।

शिव लाल सिंह : आप गाँव भदार जिला मथुरा के रहनेवाले थे। पिता का नाम चिरंजीलाल था। सन् 1932 में सविनय अवज्ञा आंदोलन में भाग लेने के कारण 6 माह का कारावास और पाँच रुपया अर्थदंड हुआ।

शिवशंकर उपाध्याय : आप मथुरा के निवासी थे। पिता का नाम चुन्नीलाल था। 1933 में सविनय अवज्ञा आंदोलन में प्रतिभाग के कारण 6 माह का कारावास हुआ।

शिव सिंह : आप सुथरिया जिला मथुरा के निवासी थे। पिता का नाम कल्लू सिंह था। सन् 1932 में सविनय अवज्ञा आंदोलन में भाग लेने के कारण 3 माह का कारावास और 10 रुपया अर्थदंड हुआ।

शेर सिंह : आप गाँव कुंजेरा के निवासी थे। पिता का नाम लहर सिंह था। सन् 1933 में सविनय अवज्ञा आंदोलन में भाग लेने के कारण 6 माह का कारावास का दंड मिला।

शेर सिंह : आप मथुरा के रहनेवाले थे। पिता का नाम चंदन सिंह था। सन् 1933 में सविनय अवज्ञा आंदोलन में भाग लेने के कारण 6 माह का कारावास हुआ।

शोभाराम : आप गाँव सुरीर जिला मथुरा के निवासी थे। पिता का नाम गोवर्द्धन था। सन् 1932 में सविनय अवज्ञा आंदोलन में भाग लेने के कारण 3 माह का कारावास हुआ।

सुक्खी हरप्रसाद : आप गाँव लोहई सुरीर जिला मथुरा के रहनेवाले थे। पिता का नाम घूरे लाल था। 1932 में आपको सविनय अवज्ञा आंदोलन में भाग लेने के कारण 3 माह का कारावास और 50 रुपये अर्थदंड हुआ था।

सात्वकी शर्मा : आप गाँव लोहई जिला मथुरा के रहनेवाले थे। पिता का नाम घूरेलाल था। 1930 में सविनय अवज्ञा आंदोलन में भाग लेने के कारण एक वर्ष का कारावास हुआ।

सालिग्राम : आप गाँव नौहझील जिला मथुरा के रहनेवाले थे। सन् 1932 में सविनय अवज्ञा आंदोलन में भाग लेने के कारण 3 माह का कारावास तथा 50 रुपये का अर्थदंड हुआ।

साँवल सिंह : आप गाँव कारब जिला मथुरा के रहनेवाले थे। पिता का नाम जसराम था। सन् 1932 में सविनय अवज्ञा आंदोलन में भाग लेने के कारण 3 माह का कारावास हुआ।

साहबराम : आप गाँव चाँदपुर जिला मथुरा के निवासी थे। पिता का नाम हरगोविंद था। सन् 1932 में सविनय अवज्ञा आंदोलन में भाग लेने के कारण आपको 6 माह का कारावास हुआ।

सिद्धनाथ : आप वृंदावन जिला मथुरा के रहनेवाले थे। सन् 1932 में सविनय अवज्ञा आंदोलन में भाग लेने के कारण 6 माह का कारावास हुआ।

सुनपति सिंह : आप गाँव परखम जिला मथुरा के रहनेवाले थे। पिता का नाम भोजीराम था। सन् 1932 में सविनय अवज्ञा आंदोलन में भाग लेने के कारण 6 माह का कारावास हुआ।

सुरेंद्र सिंह राघव : आप गाँव तुलागढ़ी जिला मथुरा के रहनेवाले थे। पिता का नाम चुन्नी सिंह था। सन् 1932 में सविनय अवज्ञा आंदोलन में भाग लेने के कारण 6 माह का कारावास और 30 रुपया अर्थदंड हुआ।

सोन पाल : आप गाँव कुंजेरा जिला मथुरा के निवासी थे। पिता का नाम सोनपाल था। सन् 1932 में सविनय अवज्ञा आंदोलन में भाग लेने के कारण एक साल का कारावास हुआ।

श्रीधर प्रसाद : आप वृंदावन जिला मथुरा के निवासी थे। सन् 1932 में सविनय अवज्ञा आंदोलन में भाग लेने के कारण एक वर्ष का कारावास तथा 25 रुपये अर्थदंड मिला।

श्रीनाथ भार्गव (डॉक्टर) : आप मथुरा के रहनेवाले थे। पिता का नाम जगन्नाथ प्रसाद भार्गव था। 1932 में सविनय अवज्ञा आंदोलन में भाग लेने के कारण 6 माह का कारावास तथा 100 रुपया अर्थदंड हुआ।

हजारी लाल विश्वनाथ शाह : आप वृंदावन जिला मथुरा के रहनेवाले थे। पिता का नाम पुत्तुलाल था। सन् 1932 में सविनय अवज्ञा आंदोलन में प्रतिभाग किया, जिसके कारण 6 माह का कारावास हुआ।

हरचरनलाल गुप्ता : आप वृंदावन जिला मथुरा के रहनेवाले थे। पिता का नाम गणेशीलाल था। सन् 1932 में सविनय अवज्ञा आंदोलन में प्रतिभाग लेने के कारण 6 माह का कारावास हुआ।

हर प्रसाद कामरेड : आप मथुरा के रहनेवाले थे। पिता का नाम डल्लू सिंह था। सन् 1932 में सविनय अवज्ञा आंदोलन में भाग लेने के कारण 3 माह का कारावास और 30 रुपया अर्थदंड हुआ।

हर प्रसाद कामरेड : आप वृंदावन जिला मथुरा के रहनेवाले थे। पिता का नाम राम प्रसाद मिश्र था। सन् 1932 में सविनय अवज्ञा आंदोलन में भाग लेने के कारण 6 माह का कारावास और 40 रुपये का अर्थदंड हुआ था।

हरिश्चंद्र शर्मा : आप कोसीकलाँ जिला मथुरा के रहनेवाले थे। पिता का नाम लाल सिंह था। सन् 1932 में सविनय अवज्ञा आंदोलन में प्रतिभाग लिया, जिसके कारण 6 माह का कारावास और 10 रुपये अर्थदंड हुआ।

हरीशंकर गौतम : आप गाँव जैंत जिला मथुरा के रहनेवाले थे। पिता का नाम मुंडाराम गौतम था। आपको सन् 1932 में सविनय अवज्ञा आंदोलन में भाग लेने के कारण 3 माह का कारावास और 20 रुपया अर्थदंड हुआ।

हुकुम चंद : आप गाँव नंगला पोल जिला मथुरा के रहनेवाले थे। पिता का नाम नारायण लाल था। सन् 1932 में सविनय अवज्ञा आंदोलन में भाग लेने के कारण 3 माह का कारावास हुआ।

हुकुम चंद : आप गाँव इरौली जुन्नारदार के निवासी थे। पिता का नाम हीरा सिंह था। सन् 1932 में सविनय अवज्ञा आंदोलन में भाग लेने के कारण 6 माह का कारावास हुआ।

हुकुम चंद : आप गाँव कारब जिला मथुरा के रहनेवाले थे। पिता का नाम नन्हूमल था। सन् 1932 में सविनय अवज्ञा आंदोलन में आपने भाग लिया, जिसके कारण 6 माह का कारावास हुआ।

मथुरा जनपद की महिला स्वतंत्रता सेनानी

कलावती : आप ऊँचागाँव मथुरा की निवासी थीं। आप विनोद भास्कर की पत्नी थीं। सन् 1932 में सविनय अवज्ञा आंदोलन में भाग लेने के कारण 6 माह का कारावास हुआ।

केशर कुँवर : आप मथुरा की रहनेवाली थीं। आप नौबत सिंह की पत्नी थीं। सन् 1933 में सविनय अवज्ञा आंदोलन में भाग लेने के कारण 6 माह का कारावास हुआ।

ग्यासो : आप गाँव कुंजेरा जिला मथुरा की रहनेवाली थीं। आपके पति का नाम भोजपाल था। सन् 1932 में सविनय अवज्ञा आंदोलन में भाग लेने के कारण 6 माह का

कारावास और 15 रुपया अर्थदंड हुआ तथा आपने भारत छोड़ो आंदोलन में भी प्रतिभाग किया, जिसमें 300 रुपये का अर्थदंड भी हुआ था।

गोदावरी देवी : आप मथुरा की रहनेवाली थीं। आपके पति का नाम उदयराम था। सन् 1932 में सविनय अवज्ञा आंदोलन में भाग लेने के कारण 6 माह का कारावास और 50 रुपया अर्थदंड हुआ।

चमेली देवी : आप गाँव कारब जिला मथुरा की रहनेवाली थीं। आपके पति का नाम हुकुम सिंह था। सन् 1932 में सविनय अवज्ञा आंदोलन में भाग लेने के कारण 3 माह का कारावास हुआ था।

चिरौंजी देवी : आप गाँव सरौठ जिला मथुरा की निवासी थीं। सविनय अवज्ञा आंदोलन में भाग लेने के कारण सन् 1932 में 6 माह का कारावास हुआ।

दुलारी कुँवर : आप गाँव कुंजेरा जिला मथुरा की रहनेवाली थीं। आपके पिता का नाम साँवलिया था। सविनय अवज्ञा आंदोलन में भाग लेने के कारण 1933 में 6 माह का कारावास का दंड मिला।

धनकौर : आप गाँव कुंजेरा जिला मथुरा की रहनेवाली थीं। पिता का नाम छत्तर सिंह था। सन् 1933 में सविनय अवज्ञा आंदोलन में भाग लेने के कारण 6 माह का कारावास हुआ।

नारायण बाला : आप वृंदावन जिला मथुरा की रहनेवाली थीं। आपके पिता का नाम भगवान चंद मुकर्जी था। सविनय अवज्ञा आंदोलन में भाग लेने के कारण 6 माह का कारावास हुआ। सन् 1933 में 6 माह का कारावास हुआ था। सन् 1941 में व्यक्तिगत सत्याग्रह आंदोलन में भाग लेने के कारण 2 माह का कारावास हुआ।

ब्रजेश्वरी देवी : आप मथुरा की रहनेवाली थीं। प्रो. चिंतामणि शुक्ल की पत्नी थीं। सन् 1932 में सविनय अवज्ञा आंदोलन में भाग लेने के कारण 3 माह का कारावास हुआ था।

भगवान देवी : आप मथुरा जिले के वृंदावन नगर की रहनेवाली थीं। व्यक्तिगत सत्याग्रह में भाग लेने के कारण 1941 में दो माह का कारावास हुआ।

भूदेवी : आप इरौली जुन्नारदार जिला मथुरा की रहनेवाली थीं। आपके पिता का नाम धूरेलाल था। सविनय अवज्ञा आंदोलन में भाग लेने के कारण सन् 1933 में 6 माह का कारावास हुआ।

भूप कुंवर : आप मथुरा की रहनेवाली थीं। शिव मंगल सिंह की माता का नाम भूप कुँवर था। 1932 में सविनय अवज्ञा आंदोलन में भाग लेने के कारण 3 माह का कारावास हुआ।

मंगली देवी : आप मथुरा की निवासी थीं। राम सिंह जैन की धर्मपत्नी थीं। सविनय अवज्ञा आंदोलन में भाग लेने के कारण सन् 1932 में 6 माह का कारावास हुआ।

राधादेवी : आप मथुरा की रहनेवाली थीं। आपके पिता का नाम राम दुलारे था। सन् 1932 में सविनय अवज्ञा आंदोलन में भाग लेने के कारण 3 माह का कारावास हुआ।

रामप्यारी : आप गाँव राया जिला मथुरा की रहनेवाली थीं। पिता का नाम चरण सिंह था। सन् 1932 में सविनय अवज्ञा आंदोलन में भाग लेने के कारण 6 माह का कारावास और 5 रुपया अर्थदंड हुआ।

रामदेवी : आप गाँव लोहई जिला मथुरा की रहनेवाली थीं। पति का नाम सात्वकी शर्मा था। सन् 1932 में सविनय अवज्ञा आंदोलन में भाग लेने के कारण 6 माह का कारावास और 50 रुपये अर्थदंड हुआ।

रामा देवी : आप मथुरा की रहनेवाली थीं। पिता का नाम मोतीराम था। सन् 1933 में सविनय अवज्ञा आंदोलन में भाग लेने के कारण सन् 1933 में 6 माह का कारावास हुआ।

लीलावती अग्रवाल : आप मथुरा की रहनेवाली थीं। पिता का नाम मथुरादास था। आपने सन् 1942 में भारत छोड़ो आंदोलन में भूमिगत रहकर सक्रिय भूमिका निभाई थी।

विद्या देवी : आप गाँव सुथरिया जिला मथुरा की रहनेवाली थीं। पति का नाम विधिचंद था। 1933 में सविनय अवज्ञा आंदोलन में भाग लेने के कारण 6 माह का कारावास हुआ।

श्याम कुमारी : आप मथुरा की रहनेवाली थीं। पति का नाम शिवमंगल सिंह था। सन् 1932 में सविनय अवज्ञा आंदोलन में भाग लेने के कारण 3 माह का कारावास हुआ।

श्याम सुंदरी भाटिया : आप मथुरा की रहनेवाली थीं। पिता नाम ईश्वर दास भाटिया था। सन् 1932 में सविनय अवज्ञा आंदोलन में भाग लेने के कारण 6 माह का कारावास और 10 रुपये अर्थदंड हुआ।

शांति देवी : आप वृंदावन जिला मथुरा की रहनेवाली थीं। आप प्रो. कृष्ण चंद्र की पत्नी थीं, सन् 1932 में सविनय अवज्ञा आंदोलन में भाग लेने के कारण 6 माह का कारावास हुआ।

शांति देवी : आप वृंदावन जिला मथुरा की रहनेवाली थीं। आप आचार्य जुगल किशोर जी की पत्नी थीं। 1933 में सविनय अवज्ञा आंदोलन में भाग लेने के कारण 6 माह का कारावास हुआ। 1940 में व्यक्तिगत सत्याग्रह आंदोलन में 3 माह का कारावास तथा 1942 में भारत छोड़ो आंदोलन में नजरबंद रखा गया।

शांति देवी : आप मथुरा की रहनेवाली थीं। पिता का नाम दीनदयाल था। 1930 में नमक सत्याग्रह आंदोलन में भाग लेने के कारण 6 माह का कारावास, 1932 में सविनय अवज्ञा आंदोलन में भाग लेने के कारण 1 वर्ष का कारावास और 50 रुपया अर्थदंड हुआ।

सुखदा देवी : आप मथुरा की रहनेवाली थीं। पिता का नाम कामता प्रसाद था। सन् 1932 में सविनय अवज्ञा आंदोलन में भाग लेने के कारण 3 माह का कारावास हुआ।

सौभाग्यवती : आप मथुरा की निवासी थीं। पिता का नाम राजबहादुर था। सन् 1932 में सविनय अवज्ञा आंदोलन में भाग लेने के कारण 3 माह का कारावास हुआ।

चंपी देवी : आप मथुरा जनपद की खरौट गाँव में रहती थीं। सन् 1941 में आपको व्यक्तिगत सत्याग्रह आंदोलन में भाग लेने के कारण दो माह का कारावास हुआ।

चकोरी : आप मथुरा जिला के अंतर्गत विंदा नगला गाँव की रहनेवाली थीं। आपको 1930 में नमक सत्याग्रह आंदोलन एवं विदेशी वस्तु बहिष्कार आंदोलन में भाग लेने के कारण 6 माह का कारावास तथा दस रुपया अर्थदंड मिला।

हर देवी : आप गाँव लोहई जिला मथुरा की रहनेवाली थीं। पति का नाम रामजी लाल शर्मा था। सन् 1932 में अपनी माता राम देवी के साथ कारावास में गई थीं जहाँ इन्हें 6 माह का कारावास और 50 रुपया अर्थदंड हुआ।

नारायण बाला : आप वृंदावन जिला मथुरा की रहनेवाली थीं। सन् 1941 में व्यक्तिगत सत्याग्रह आंदोलन में भाग लेने के कारण दो माह का कारावास हुआ।

अंग्रेजो भारत छोड़ो आंदोलन

अद्वैत कुमार : आप वृंदावन जिला मथुरा के निवासी थे। पिता का नाम अनंत लाल था। सन् 1942 में अंग्रेजो भारत छोड़ो आंदोलन में प्रतिभाग लिया। अत: आपको एक वर्ष के कारावास की सजा मिली थी।

अंबिका प्रसाद कुलश्रेष्ठ : आप मथुरा के रहनेवाले थे। पिता का नाम भवानी प्रसाद कुलश्रेष्ठ था। सन् 1942 में भारत छोड़ो आंदोलन के अंतर्गत इन्हें गोली चलाने का आदेश दिया गया था क्योंकि आप पुलिस के सिपाही थे, किंतु इन्होंने आदेश का पालन करने से मना कर दिया। उसी समय आपको बंदी बना लिया गया था। आपको पुलिस एक्ट में 3 माह और भारत रक्षा कानून की धारा 34/38 के अनुसार 15 माह का कारावास हुआ।

ओम प्रकाश तिवारी : आप गाँव छाँहरी जिला मथुरा के रहनेवाले थे। पिता का नाम लक्ष्मी नारायण तिवारी था। सन् 1943 में भारत छोड़ो आंदोलन के अंतर्गत 3 वर्ष का कारावास हुआ।

कन्हैया लाल (कन्हो) : आप वृंदावन जिला मथुरा के रहनेवाले थे। पिता का नाम मदनलाल था। सन् 1942 में भारत छोड़ो आंदोलन के अंतर्गत वृंदावन में गोली चली थी, जिसमें आपको 3 वर्ष का कारावास हुआ।

कर्ण सिंह : आप मथुरा के रहनेवाले थे। पिता का नाम हमीर सिंह था। सन् 1942 में भारत छोड़ो आंदोलन में भाग लेने के कारण 3 वर्ष का सश्रम कारावास हो गया।

कृष्ण गोपाल : आप मथुरा के निवासी थे। पिता का नाम लक्ष्मण दास था। सन् 1943 में भारत छोड़ो आंदोलन में भाग लेने के कारण 6 सप्ताह का कारावास और 50 रुपया अर्थदंड हुआ।

कृष्ण चंद्र प्रोफेसर : आप वृंदावन जनपद मथुरा के रहनेवाले थे। पिता का नाम श्रीराम था। सन् 1942 में भारत छोड़ो आंदोलन में भाग लेने के कारण इन्हें नजरबंद रखा गया तथा सन् 1944 में मुक्त किया गया।

कुंजीलाल : आप गाँव कराहरी जिला मथुरा के निवासी थे। पिता का नाम मोतीराम था। सन् 1943 में भारत छोड़ो आंदोलन में भाग लेने के कारण राया षड्यंत्र में आपको दो वर्ष का कारावास हुआ।

केशरीदत्त : आप मथुरा के रहनेवाले थे। पिता का नाम कन्हैया दत्त था। भारत छोड़ो आंदोलन में भाग लेने के कारण सन् 1942 में 400 रुपये का अर्थदंड अथवा 9 माह का कारावास हुआ।

खचेरा : आप गोवर्द्धन जिला मथुरा के रहनेवाले थे। पिता का नाम मालुमन था। सन् 1942 में भारत छोड़ो आंदोलन में भाग लेने के कारण दो वर्ष का कारावास और 100 रुपया अर्थदंड लगवाया।

ग्यासी : आप गाँव तरौली जिला मथुरा के रहनेवाले थे। पिता का नाम थाना था। सन् 1942 में भारत छोड़ो आंदोलन के अंतर्गत और तरौली कांड के अंतर्गत दो वर्ष का कारावास हुआ।

गिरधारीलाल : आप मथुरा के रहनेवाले थे। पिता का नाम अंगनामाली था। सन् 1943 में भारत छोड़ो आंदोलन में भाग लेने के कारण बंदी बनाया गया। 3 माह 15 दिन में कारावास में रहे।

गिरिराज प्रसाद धवल : आप वृंदावन जिला मथुरा के निवासी थे। पिता का नाम जयराम दास था। सन् 1942 में भारत छोड़ो आंदोलन में भाग लेने के कारण तीन वर्ष का कारावास हुआ।

गेंदालाल : आप मथुरा के निवासी थे। पिता का नाम उमराव सिंह था। आपको भारत छोड़ो आंदोलन में भाग लेने के कारण सन् 1942 में 6 माह का कारावास हुआ।

गोपाल प्रसाद बोहरे : आप वृंदावन जिला मथुरा के निवासी थे। पिता का नाम सुंदरलाल था। आपको भारत छोड़ो आंदोलन में भाग लेने के कारण तीन वर्ष का कारावास हुआ।

गोपीनाथ : आप वृंदावन जिला मथुरा के रहनेवाले थे। पिता का नाम नत्थीलाल था। सन् 1942 में भारत छोड़ो आंदोलन में वृंदावन गोलीकांड के अंतर्गत जाँघ में गोली लगी। इन्होंने 3 माह 18 दिन कारावास में व्यतीत किए।

गोपीनाथ चतुर्वेदी : आप मथुरा के निवासी थे। पिता का नाम कुलकी राम था। सन् 1943 में भारत छोड़ो आंदोलन में भाग लेने के कारण 6 माह का कारावास और 200 रुपये अर्थदंड हुआ।

गंगा विष्णु : आप वृंदावन जिला मथुरा के रहनेवाले थे। पिता का नाम केशवदेव था। आपको सन् 1942 में भारत छोड़ो आंदोलन में भाग लेने के कारण तीन वर्ष का कारावास हुआ।

घासीराम : आप गाँव काचरोठ जिला मथुरा के निवासी थे। सन् 1942 में भारत छोड़ो आंदोलन में भाग लेने के कारण 6 माह का कारावास हुआ।

घूरे सिंह : आप मथुरा के रहनेवाले थे। पिता का नाम कन्हैया लाल था। 1943 में भारत छोड़ो आंदोलन में भाग लेने के कारण दो वर्ष का कारावास और 25 रुपया अर्थदंड मिला।

चकलेश्वर सिंह : आप गाँव धनगाँव जिला मथुरा के निवासी थे। पिता का नाम श्री मंगल सिंह था। सन् 1942 में भारत छोड़ो आंदोलन में भाग लेने के कारण नजरबंद किया गया।

चिंतामणि शुक्ला : आप वृंदावन जिला मथुरा के रहनेवाले थे। पिता का नाम गुरुदेव स्वामी था। सन् 1942 में भारत छोड़ो आंदोलन में भाग लेने के कारण 6 माह का कारावास हुआ।

छिद्दा सिंह : आप गाँव कराहरी जिला मथुरा के रहनेवाले थे। पिता का नाम गिरिवर सिंह था। सन् 1942 में भारत छोड़ो आंदोलन में भाग लेने के कारण एक माह का कारावास हुआ।

जगदीश उपाध्याय : आप मथुरा के रहनेवाले थे। पिता का नाम दामोदर दास था। सन् 1942 में भारत छोड़ो आंदोलन के समय आपको नजरबंद रखा गया।

दम्मो सरदार : आप वृंदावन जिला मथुरा के रहनेवाले थे। पिता का नाम रामचंद था। 1942 में भारत छोड़ो आंदोलन में भाग लेने के कारण 28 माह का कारावास और 25 बेंतों का दंड भी मिला।

दीनानाथ चतुर्वेदी : आप मथुरा के निवासी थे। पिता का नाम द्वारिकानाथ चतुर्वेदी था। सन् 1942 में 'भारत छोड़ो आंदोलन' के अंतर्गत 6 माह का कारावास या 500 रुपया अर्थदंड हुआ था, जिसमें से आपने 6 माह का कारावास स्वीकार किया था।

देवकीनंदन : आप गाँव गोवर्द्धन जिला मथुरा के निवासी थे। पिता का नाम वासुदेव था। सन् 1942 में इन्हें दो माह नजरबंद रखा था।

देवनायक हिटीला : आप मथुरा के निवासी थे। पिता का नाम वंशीधर था। सन् 1942 में भारत छोड़ो आंदोलन में भाग लेने के कारण आपको तीन वर्ष का कारावास हुआ।

धर्मकिशोर : आप वृंदावन जिला मथुरा के रहनेवाले थे। पिता का नाम ललिता प्रसाद था। सन् 1942 में भारत छोड़ो आंदोलन में क्रांतिकारी गतिविधियों के कारण नजरबंद किया गया।

धर्मवीर : आप चाँदपुर खुर्द जिला मथुरा के निवासी थे। पिता का नाम इंद्र सिंह पहलवान था। सन् 1942 भारत छोड़ो आंदोलन के अंतर्गत भाग लेने के कारण तीन वर्ष का सश्रम कारावास हुआ।

नत्थोमल सर्राफ : आप वृंदावन जिला मथुरा के निवासी थे। पिता का नाम ब्रजलाल अग्रवाल था। भारत छोड़ो आंदोलन में भाग लेने के कारण 1942 में वृंदावन गोलीकांड में 20 दिन तक कारावास में रहना पड़ा।

नंद किशोर : आप मथुरा के निवासी थे। पिता का नाम वंशीधर था। भारत छोड़ो आंदोलन में भाग लेने के कारण 1942 में 6 माह का कारावास हुआ।

नन्हूमल : आप गाँव राया जिला मथुरा के रहनेवाले थे। पिता का नाम बलिराम था। सन् 1942 में भारत छोड़ो आंदोलन में आपको एक वर्ष का कारावास हुआ।

नंद कुमार शर्मा : आप वृंदावन जिला मथुरा के रहनेवाले थे। पिता का नाम रुकमणि रमण शर्मा था। सन् 1942 में वृंदावन में भारत छोड़ो आंदोलन के समय वृंदावन में एक जुलूस निकाला गया था, तभी आपको 500 रुपया अर्थदंड और एक वर्ष का कारावास हुआ।

नंद कुमार शुक्ला : आप वृंदावन जिला मथुरा के रहनेवाले थे। पिता का नाम ब्रजमोहन शुक्ला था। सन् 1942 में 28 अगस्त को भारत छोड़ो आंदोलन में वृंदावन में हुए गोली कांड के समय बंदी बनाकर तीन माह का कारावास हुआ।

नलिनीकांत मुकर्जी : आप वृंदावन जिला मथुरा के रहनेवाले थे। पिता का नाम अक्षय कुमार मुकर्जी था। सन् 1942 में भारत छोड़ो आंदोलन के समय इन्हें नजरबंद रखा था।

नेतेंद्र गोपाल अग्रवाल : आप मथुरा के रहनेवाले थे। पिता का नाम ठाकुर प्रसाद अग्रवाल था। आपको 14 अगस्त 1942 को छात्रावास में तोड़-फोड़ के कारण 19 सितंबर को 18 माह का कारावास और 400 रुपया अर्थदंड दिया गया। यह भारत छोड़ो आंदोलन का समय था।

परमानंद शर्मा : आप वृंदावन जिला मथुरा के रहनेवाले थे। पिता का नाम गंगाधर शर्मा था। सन् 1942 में 'भारत छोड़ो आंदोलन' में भाग लेने के कारण 3 माह 18 दिन का कारावास हुआ था।

परसी : आप गाँव तरौली जिला मथुरा के रहनेवाले थे। पिता का नाम मटरा जी था। आप सन् 1942 में 'भारत छोड़ो आंदोलन' के अंतर्गत तरौली कांड डी.आई.आर. की धारा 26 के अनुसार 15 सितंबर, 1942 से 30 अक्टूबर, सन् 1943 तक बंदी गृह में बंदी रहे।

प्रकाशचंद्र भार्गव : आप मथुरा के रहनेवाले थे। पिता का नाम भगवान दास भार्गव था। आपको 1942 में 'भारत छोड़ो आंदोलन' में भाग लेने के कारण एक वर्ष का कारावास व 500 रुपया अर्थदंड भी हुआ।

प्रमोद नाथ गोस्वामी : आप मथुरा के रहनेवाले थे। सन् 1942 में भारत छोड़ो आंदोलन में भाग लेने के कारण कुछ दिन नजरबंद रखा गया।

प्रताप सिंह पेंटर : आप मथुरा के रहनेवाले थे। पिता का नाम श्री सेवा सिंह था। सन् 1942 में भारत छोड़ो आंदोलन में रेल की पटरी उखाड़ने व अंग्रेज अधिकारियों पर बम फेंकने के आरोप में आपको 11 वर्ष का कारावास हुआ।

प्यारेलाल : आप वृंदावन जिला मथुरा के रहनेवाले थे। पिता का नाम किशोरी वल्लभ था। सन् 1942 में भारत छोड़ो आंदोलन अंतर्भूत गोलीकांड में डी.आई.आर. के अंतर्गत दो वर्ष का सश्रम कारावास हुआ।

ब्रजेंद्र कैशोरैय्या : आप गोवर्धन के रहनेवाले थे। पिता का नाम श्री रामस्वरूप कैशोरैय्या था। सन् 1942 में भारत छोड़ो आंदोलन में भाग लेने के कारण नजरबंद रखा गया।

बलवीर सिंह बघेल : आप मथुरा के रहनेवाले थे। पिता का नाम गुलाब सिंह था। सन् 1942 में 12 सितंबर को आपको भारत छोड़ो आंदोलन में भाग लेने के कारण 500 रुपयों का अर्थदंड अथवा 1 वर्ष का कारावास हुआ। आपने एक वर्ष का कारावास स्वीकार किया।

बसंत लाल : आप राया मथुरा के निवासी थे। पिता का नाम गोपाल प्रसाद वैश्य था। आपको 1942 में भारत छोड़ो आंदोलन में भाग लेने के कारण 7 माह तक नजरबंद रखा गया।

बिरजो : आप मथुरा के रहनेवाले थे। पिता का नाम बाबूलाल था। भारत छोड़ो आंदोलन में भाग लेने के कारण सन् 1942 में 300 रुपये अर्थदंड या 2 वर्ष का कारावास की सजा सुनाई गई थी।

बिहारीलाल : आप गाँव कारब जिला मथुरा के रहनेवाले थे। पिता का नाम टीकाराम था। सन् 1942 में भारत छोड़ो आंदोलन में भाग लेने के कारण कोसी कांड में सवा साल कारावास की सजा हुई।

बिहारीलाल बिहारो : आप वृंदावन जिला मथुरा के निवासी थे। पिता का नाम राधारमन था। आप भारत छोड़ो आंदोलन में 28 अगस्त 1942 में वृंदावन गोलीकांड में बंदी बना लिये गए। आपको तीन वर्ष का सश्रम कारावास हुआ।

बंगाली मल : आप मथुरा के निवासी थे। पिता का नाम नत्थीमल था। सन् 1943 में भारत छोड़ो आंदोलन में भाग लेने के कारण राया षड्यंत्र के कारण 3 वर्ष का कारावास हुआ।

मदनगोपाल सौदागर : आप मथुरा के रहनेवाले थे। पिता का नाम लक्ष्मण दास था। भारत छोड़ो आंदोलन में भाग लेने के कारण सन् 1942 में 500 रुपयों का अर्थदंड व 6 माह का कारावास हुआ।

महेंद्रनाथ कमल : आप मथुरा के निवासी थे। पिता का नाम केदारनाथ था। सन् 1942 में भारत छोड़ो आंदोलन में भाग लेने के कारण 200 रुपयों का अर्थदंड व एक वर्ष का कारावास हुआ।

मानदेव : आप गाँव इरौली जुन्नारदार जिला मथुरा के रहनेवाले थे। पिता का नाम गंगाधर शर्मा था। 1942 में भारत छोड़ो आंदोलन में भाग लेने के कारण आपको 1 वर्ष का कारावास हुआ।

मिहिदत्त : आप इरौली जुन्नारदार गाँव जिला मथुरा के रहनेवाले थे। पिता का नाम लाल जी था। सन् 1942 में भारत छोड़ो आंदोलन में भाग लेने के कारण आप नजरबंद रहे थे।

मुरारी लाल चतुर्वेदी : आप मथुरा के रहनेवाले थे। पिता का नाम बिहारीलाल था। सन् 1943 को भारत छोड़ो आंदोलन में भाग लेने के कारण 6 माह का कारावास और 200 रुपये अर्थदंड हुआ।

मूलचंद आजाद : आप मथुरा के रहनेवाले थे। पिता का नाम जौहरी था। आपको सन् 1943 में भारत छोड़ो आंदोलन में भाग लेने के कारण 6 माह का कारावास हुआ।

यशोदानंदन : आप वृंदावन जिला मथुरा के रहनेवाले थे। पिता का नाम केशव देव था। आपको सन् 1945 में भारत छोड़ो आंदोलन में भाग लेने के कारण 3 वर्ष का कारावास हुआ।

रणछोड़ चतुर्वेदी : आप मथुरा के रहनेवाले थे। पिता का नाम अनंतलाल चतुर्वेदी था। सन् 1942 में भारत छोड़ो आंदोलन में भाग लेने के कारण 2 वर्ष का कारावास तथा 100 रुपये अर्थदंड हुआ।

रणवीर सिंह सरदार : आप मथुरा के निवासी थे। पिता का नाम धन्ना सिंह था। सन् 1942 में भारत छोड़ो आंदोलन में भाग लेने के कारण 1 वर्ष का कारावास 400 रुपयों का अर्थदंड हुआ।

राधामोहन चतुर्वेदी : आप मथुरा के रहनेवाले थे। पिता का नाम गोविंद चतुर्वेदी था। सन् 1942 में भारत छोड़ो आंदोलन में भाग लेने के कारण आपको नजरबंद रखा गया।

राधारमण : आप वृंदावन जिला मथुरा के रहनेवाले थे। सन् 1942 में भारत छोड़ो आंदोलन में भाग लेने के कारण तीन माह 15 दिन का कारावास हुआ।

राधेश्याम : आप अड़ींग जिला मथुरा के रहनेवाले थे। पिता का नाम नोन्हे राम था। सन् 1942 में भारत छोड़ो आंदोलन में भाग लेने के कारण आपको 2 माह का कारावास हुआ।

राधेश्याम द्विवेदी (जोशी बाबा) : आप मथुरा के रहनेवाले थे। पिता का नाम माधव लाल द्विवेदी था। सन् 1942 में भारत छोड़ो आंदोलन के समय आपको 6 माह नजरबंद रखा गया।

राम गोपाल शर्मा : आप मथुरा के निवासी थे। पिता का नाम वृंदावन दास शर्मा था। सन् 1942 में भारत छोड़ो आंदोलन के समय सहभागिता के कारण 1 वर्ष का कारावास तथा 500 रुपया अर्थदंड हुआ।

रामजी दयाल : आप वृंदावन जिला मथुरा के रहनेवाले थे, सन् 1942 में वृंदावन में भारत छोड़ो आंदोलन के अंतर्गत वृंदावन में गोली कांड के समय आपको बंदी बनाया था, जिसमें साढ़े तीन माह का कारावास हुआ था।

लक्ष्मीनारायण : आप वृंदावन जिला मथुरा के रहनेवाले थे। पिता का नाम किस्सोमल था। सन् 1942 में वृंदावन गोली कांड के समय 14 दिसंबर को 3 वर्ष का कारावास हुआ।

लालोमल : आप वृंदावन, जिला मथुरा के रहनेवाले थे। पिता का नाम राधारमन था। आपको सन् 1942 में भारत छोड़ो आंदोलन वृंदावन गोलीकांड के समय 3 वर्ष का कारावास हुआ।

विनोद भास्कर : आप मथुरा के रहनेवाले थे। पिता का नाम नंद किशोर था। सन् 1942 में भारत छोड़ो आंदोलन में भाग लेने के कारण 6 माह का कारावास या 1000 रुपया अर्थदंड मिला। आपने 6 माह का कारावास स्वीकारा।

शिवचरण : आप वृंदावन जिला मथुरा के रहनेवाले थे। पिता का नाम तुलाराम था। सन् 1942 में भारत छोड़ो आंदोलन में भाग लेने के कारण 3 वर्ष का कारावास हुआ।

शिवमंगल सिंह : आप मथुरा के रहनेवाले थे। पिता का नाम जीवाराम था। सन् 1942 में भारत छोड़ो आंदोलन में भाग लेने के कारण आपको नजरबंद रखा गया था।

शिवलाल सिंह : आप गाँव भदार जिला मथुरा के रहनेवाले थे। पिता का नाम चिरंजी सिंह था। सन् 1942 में भारत छोड़ो आंदोलन के अंतर्गत आपको नजरबंद रखा गया था।

सरन गोपाल माहेश्वरी : आप मथुरा के रहनेवाले थे। पिता का नाम नत्थीमल था। सन् 1942 में भारत छोड़ो आंदोलन में भाग लेने के कारण नजरबंद रखा गया था।

सुक्खा : आप गाँव पसौली जिला मथुरा के रहनेवाले थे। पिता का नाम शिवाजी था। सन् 1942 में भारत छोड़ो आंदोलन के अंतर्गत आपको तरौली कांड में 3 वर्ष का कारावास और 50 रुपये का अर्थदंड हुआ था।

सुंदर श्याम चतुर्वेदी : आप मथुरा के रहनेवाले थे। पिता का नाम लाल जी चतुर्वेदी था। सन् 1942 में भारत छोड़ो आंदोलन के अंतर्गत नजरबंद रहे।

सूखा सिंह : आप गाँव ऐंच जिला मथुरा के रहनेवाले थे। पिता का नाम निहाल सिंह था। सन् 1942 में भारत छोड़ो आंदोलन में भाग लेने के कारण 4 माह का कारावास हुआ था।

श्रीनाथ (सीनो) : आप वृंदावन जिला मथुरा के रहनेवाले थे। पिता का नाम प्यारेलाल था। सन् 1942 में भारत छोड़ो आंदोलन में भाग लेने के कारण 100 रुपये का अर्थदंड हुआ।

श्रीनाथ भार्गव (डॉक्टर) : आप मथुरा के रहनेवाले थे। पिता का नाम जगन्नाथ प्रसाद भार्गव था। सन् 1942 में भारत छोड़ो आंदोलन में भाग लेने के कारण आपको नजरबंद रखा गया था।

श्रीपति : आप गाँव परखम जिला मथुरा के रहनेवाले थे। पिता का नाम गंगाधर था। सन् 1942 में भारत छोड़ो आंदोलन में भाग लेने के कारण आपको नजरबंद रखा गया था।

हरचरन लाल गुप्ता : आप वृंदावन जिला मथुरा के रहनेवाले थे। पिता का नाम गणेशी लाल था। सन् 1942 में भारत छोड़ो आंदोलन में भाग लेने के कारण नजरबंद रखा गया था।

हरप्रसाद कामरेड : आप मथुरा के रहनेवाले थे। पिता का नाम डल्लू सिंह था। सन् 1942 में भारत छोड़ो आंदोलन में भाग लेने के कारण 6 माह का कारावास या 300 रुपयों का अर्थदंड किया। आपने 6 माह का कारावास स्वीकार किया। छूटते ही एक माह के लिए पुनः कारावास हुआ।

हरदेव सिंह : आप मथुरा के रहनेवाले थे। पिता का नाम लक्ष्मण सिंह था। आपको सन् 1942 में भारत छोड़ो आंदोलन में भाग लेने के कारण दो वर्ष नजरबंद रखा गया था।

हरेकृष्ण : आप गाँव छाता जिला मथुरा के रहनेवाले थे। पिता का नाम चंदा सिंह था। सन् 1942 में भारत छोड़ो आंदोलन में भाग लेने के कारण आपको नजरबंद रखा गया था।

हुकुम चंद : आप गाँव नगला पोला जिला मथुरा के रहनेवाले थे। पिता का नाम नारायण लाल था। सन् 1942 के भारत छोड़ो आंदोलन में भाग लेने के कारण आपको 3 वर्ष का कारावास हुआ।

हेमंत कुमार : आप वृंदावन जिला मथुरा के रहनेवाले थे। पिता का नाम श्रीकृष्ण चंद्र था। सन् 1942 में भारत छोड़ो आंदोलन में भाग लेने के कारण एक वर्ष का कारावास या 500 रुपयों का अर्थदंड था। आपने 1 वर्ष का कारावास स्वीकार किया।

ज्ञानेंद्र : आप मथुरा के रहनेवाले थे। पिता का नाम सुखलाल था। सन् 1942 में भारत छोड़ो आंदोलन में भाग लेने के कारण आप छिपकर रहे।

गिरिराज प्रसाद धवल : आप वृंदावन जिला मथुरा के रहनेवाले थे। पिता का नाम जयराम दास था। 28 अगस्त, सन् 1942 को वृंदावन में गोली कांड हुआ था। उसी समय आपको बंदी बनाया गया, जो तीन साल तक कारावास में ही रहे।

मदन गोपाल माहेश्वरी : आप मथुरा के रहनेवाले थे। पिता का नाम लक्ष्मण दास माहेश्वरी था। सन् 1942 में भारत छोड़ो आंदोलन में भाग लेने के कारण 6 माह का सश्रम कारवास या 500 रुपयों का अर्थदंड किया। आपने 6 माह का कारावास स्वीकार किया।

राधारमण कविराज : आप वृंदावन जिला मथुरा के रहनेवाले थे। पिता का नाम बच्चीराम था। सन् 1942 में भारत छोड़ो आंदोलन में भाग लेने के कारण तीन माह का कारावास हुआ।

नवाब सिंह चौहान : आप वृंदावन जिला मथुरा के निवासी थे। पिता का नाम लाल सिंह चौहान था। सन् 1942 में भारत छोड़ो आंदोलन में भाग लेने के कारण 1 माह का कारावास हुआ।

नानिगा : आप गाँव परखम जिला मथुरा के रहनेवाले थे। पिता का नाम किसोरा था। सन् 1942 में भारत छोड़ो आंदोलन के अंतर्गत 11 माह नजरबंदी हुई।

रामजी दास गुप्ता : आप मथुरा के रहनेवाले थे। पिता का नाम पुरुषोत्तम गुप्त था। सन् 1942 में भारत छोड़ो आंदोलन में भाग लेने के कारण 9 सितंबर को नजरबंद रखा।

खिलाफत आंदोलन

अब्दुल कादिर : आप मथुरा के रहनेवाले थे। सन् 1922 में खिलाफत आंदोलन में भाग लेने के कारण 3 माह का कारावास हुआ।

अब्दुल गनी : आप मथुरा के रहनेवाले थे। सन् 1922 में खिलाफत आंदोलन में भाग लेने के कारण 6 माह का कारावास हुआ।

अब्दुल लतीफ : आप मथुरा के रहनेवाले थे। सन् 1921 में खिलाफत आंदोलन में भाग लेने के कारण 3 माह का कारावास की सजा मिली।

अब्दुल वाहिद : आप मथुरा के रहनेवाले थे। सन् 1921 में खिलाफत आंदोलन में भाग लेने के कारण 3 माह का कारावास का दंड मिला।

अब्दुल शकूर : आप मथुरा के रहनेवाले थे। सन् 1921 में खिलाफत आंदोलन में भाग लेने के कारण 3 माह का कारावास हुआ।

अलाउद्दीन : आप मथुरा के रहनेवाले थे। सन् 1921 में खिलाफत आंदोलन में भाग लेने के कारण 4 माह का कारावास हुआ।

इनाम इलाही : आप मथुरा के निवासी थे। सन् 1921 में खिलाफत आंदोलन में भाग लेने के कारण 3 माह का कारावास हुआ।

गोपाल प्रसाद चतुर्वेदी : आप मथुरा के निवासी थे। पिता का नाम कुलकीराम था। आपको 1922 में खिलाफत आंदोलन में भाग लेने के कारण 3 माह का कारावास हुआ।

मुन्नालाल डॉक्टर : आप मथुरा के रहनेवाले थे। पिता का नाम पुत्तुलाल था। सन् 1922 में खिलाफत आंदोलन में भाग लेने के कारण 6 माह का कारावास और 50 रुपया अर्थदंड हुआ।

यासीन खाँ : आप मथुरा के निवासी थे। सन् 1922 में खिलाफत आंदोलन में भाग लेने के कारण 30 रुपया अर्थदंड या 1 माह का कारावास मिला, पर आपने 1 माह का कारावास स्वीकार किया।

रमजान बख्श : आप गोवर्द्धन के रहनेवाले थे। सन् 1922 में आपको खिलाफत आंदोलन में भाग लेने के कारण 1 माह का कारावास हुआ।

रशीद खाँ : आप मथुरा के निवासी थे। सन् 1922 में खिलाफत आंदोलन में भाग लेने के कारण 2 माह का कारावास हुआ।

विलायत हुसैन : मथुरा के निवासी श्री विलायत हुसैन को खिलाफत आंदोलन में भाग लेने के कारण सन् 1922 में 3 माह का कारावास हुआ।

अन्य विविध आंदोलनों के सेनानी

ओम प्रकाश गुप्त : आप मथुरा के वासी थे। पिता का नाम ऋषिकेश था। देश को स्वतंत्र कराने में आपको 11 माह का कारावास हुआ। एक बार आपको नजरबंदी की भी यातना हुई।

किशन चंद्र चतुर्वेदी : आप मथुरा के रहनेवाले थे। पिता का नाम प्यारेलाल चतुर्वेदी था। 'आजाद हिंद फौज' के सदस्य होने के कारण आपको अप्रैल सन् 1945 में 2 मार्च, सन् 1946 तक कारागार में नजरबंद रखा गया।

किशन पाल सिंह : आप गाँव बंदी जिला मथुरा के रहनेवाले थे। पिता का नाम मदन पाल सिंह था। सन् 1932 में 3 माह का कारावास और 20 रुपये अर्थदंड हुआ।

ग्यासीराम : आप गाँव परखम जिला मथुरा के थे। पिता का नाम प्यारेलाल था। आपको सन् 1942 में रेल की पटरी काटने के कारण बंदी बनाया गया था।

गिरिराज सिंह : आप गाँव वछगाँव जिला मथुरा के रहनेवाले थे। पिता का नाम मौहर सिंह था। आपने 'आजाद हिंद फौज' में रहकर स्वतंत्रता संग्राम में देश की स्वतंत्रता के लिए युद्ध किया।

गोपाल दास सेठ : आप मथुरा के रहनेवाले थे। पिता का नाम गोरधन दास सेठ था। आपको सन् 1930 में 6 माह की सजा और 100 रुपया अर्थदंड हुआ। सन् 1932

में 1 साल की सजा और 200 रुपया अर्थदंड हुआ। सन् 1941 में 1 साल की सजा और 50 रुपया अर्थदंड हुआ।

झुन्नीलाल महाशय : आप गाँव खिटावटा मथुरा जनपद के निवासी थे। पिता का नाम नत्थीलाल था। आपको धारा 38 (5) डी.आई.आर. में दिनांक 29 अक्टूबर, सन् 1942 को 7 माह का कारावास एवं 100 रुपया अर्थदंड हुआ।

देवी सिंह : आप मथुरा जनपद पालखेड़ा गाँव के रहनेवाले थे। पिता का नाम खड़ग सिंह था। आप सन् 1942 से सन् 1946 तक 'आजाद हिंद फौज' के सदस्य रहे।

नौरत्न : आप मथुरा जिले के मड़नई गाँव के रहनेवाले थे। पिता का नाम जीवाराम था। आप नेताजी सुभाषचंद्र बोस की 'आजाद हिंद फौज' के सदस्य थे।

बृजपाल नाथ त्रिपाठी : आप गाँव अड़ींग जिला मथुरा के रहनेवाले थे। पिता का नाम पुरुषोत्तम लाल था। आपको आपकी गतिविधियों के कारण 10 माह का कारावास हुआ।

मनोहरी तमोली : आप मथुरा के रहनेवाले थे। पिता का नाम रामजी लाल था। आपको तमोली रामलीला केस में सन् 1921 में बंदी बना लिया गया था तथा 3 मार्च, 1922 को 1 माह का कारावास और 50 रुपया अर्थदंड हुआ।

मिहिलाल (महीदत्त) : आप मथुरा के निवासी थे। उग्रवादी गतिविधियों के कारण सन् 1942 में बंदी बनाया गया। आप 32 दिन कारावास में रहे।

मुन्नीलाल : आप मथुरा जनपद के कोसी खुर्द के रहनेवाले थे। पिता का नाम डालचंद था। आप नेताजी सुभाषचंद्र बोस की आजाद हिंद फौज में रहकर संघर्षरत रहे।

मुरारीलाल गुप्त : आप वृंदावन जिला मथुरा के निवासी थे। पिता का नाम भजनलाल था। आपको उग्रवादी गतिविधियों के कारण सन् 1943 में बंदी बना लिया गया तथा 5 वर्ष का कारावास हुआ।

मूलचंद आजाद : आप मथुरा के निवासी थे। पिता का नाम जौहरी था। आपको चुंगी झंडा केस में सन् 1930 में 3 वर्ष 6 माह का कारावास 10 रुपये का अर्थदंड हुआ था।

मेवाराम : आप गाँव हमजापुर मथुरा जनपद के रहनेवाले थे। पिता का नाम नाहर सिंह था। आपको 1932 में 6 माह का सश्रम कारावास हुआ था। 10 रुपये का अर्थदंड हुआ।

मोहनलाल : आप मथुरा जनपद में चौकीपुर कलाँ के रहनेवाले थे। पिता का नाम बालू राम था। आप नेताजी सुभाषचंद्र बोस की आजाद हिंद फौज में कार्यरत रहे।

मोहम्मद अशरफ (डॉ.) : आप गाँव गोहनपुर जिला मथुरा के थे। साम्यवादी विचारधारा की गतिविधियों के कारण सन् 1941 में नजरबंद किया गया।

मौहर सिंह : आप गाँव तरौली जिला मथुरा के रहनेवाले थे। पिता का नाम मधुवन सिंह था। सन् 1942 में 500 रुपये अर्थदंड व 1 वर्ष का कारावास हुआ।

रमनलाल अग्रवाल : आप गाँव गिड़ोह जिला मथुरा के रहनेवाले थे। पिता का नाम भिक्खन लाल था। आपको 25 नवंबर, 1930 को पचावर कॉन्फ्रेंस में बंदी बनाया गया। 4 माह का कारावास हुआ।

राजेंद्र सिंह वर्मा : आप वृंदावन जिला मथुरा के रहनेवाले थे। पिता का नाम जोध सिंह था। आपने सन् 1939 में हैदराबाद के निजाम के विरुद्ध सत्याग्रह करने के कारण 9 माह का कारावास और 200 रुपयों का अर्थदंड हुआ।

राम शरण दास जौहरी : आप मथुरा के निवासी थे। पिता का नाम नवल किशोर था। आपके घर साम्यवादी साहित्य प्राप्त हुआ। इसलिए प्रेस कानून के अंतर्गत सन् 1933 में 6 माह का सश्रम कारावास हुआ। भारतीय दंड संहिता की धारा 124-3 (अ) के अनुसार 18 माह का सश्रम कारावास दिया गया।

लक्खी सिंह : आप ऐंचा गाँव जनपद मथुरा के रहनेवाले थे। पिता का नाम माधौ सिंह था। सन् 1942 में फिरोजपुर में बंदी हुए तथा 9 माह का कारावास हुआ। पुनः 3 माह का कारावास भी हुआ।

ललित बिहारी : आप गाँव अड़ींग जिला मथुरा के रहनेवाले थे। पिता का नाम रामदास था। स्वतंत्रता संग्राम की गतिविधियों में भाग लेने के कारण आपको 1 वर्ष का कारावास हुआ।

लक्ष्मी रमण आचार्य : आप मथुरा के रहनेवाले थे। पिता का नाम श्री रेवती रमण आचार्य था। आपको सन् 1933 में 2 वर्ष का कारावास हुआ। सन् 1942 में भी कारावास का दंड मिला।

हरि प्रसाद सिंह चौधरी : आप गाँव सोनई मथुरा के रहनेवाले थे। पिता का नाम रामशरन सिंह था। आपको जर्मन, जापान, सिंगापुर और रंगून के कारावासों में बंदी बनाकर रखा गया। आप आजाद हिंद फौज के सेकंड लेफ्टीनेंट जनरल थे।

किशोरी लाल : आप परखम जिला मथुरा में रहते थे। पिता का नाम मिट्ठन लाल था। आपको सन् 1942 में रेलगाड़ी गिराने के कारण नजरबंद रखा गया था।

अध्याय : 7

स्वतंत्रता संग्राम से संबंधित प्रमुख गाँव

दौताना : 1857 में इस गाँव में रहनेवालों में सबसे अधिक संख्या पठानों की थी। पठानों ने क्रांति में सक्रिय भाग लिया था। इस क्रांति में देशभक्तों की भूमियाँ छीन ली गईं। जी.टी. रोड पर अवस्थित यह गाँव पूर्णतः बर्बाद कर दिया गया। वर्तमान में गाँव की स्थिति पुनः समृद्ध रूप में विकसित है।

चौमुहाँ : मथुरा से दिल्ली वाले राजमार्ग पर यह गाँव स्थित है। इस गाँव के निवासियों ने राष्ट्र धर्म का पालन करते हुए क्रांति यज्ञ में भाग लिया। इसी से क्रुद्ध होकर अंग्रेजों ने समूचे गाँव को जलाकर राख कर दिया था। भूमियों को किसानों से छुड़ा लिया गया था। लगान की दर आधी और बढ़ा दी थी। वर्तमान में गाँव सारी सुविधाओं से संपन्न है, समृद्ध है।

छाता : तत्कालीन सभी क्रांतिकारियों ने इसी गाँव में स्थित सराय को अपने अधिकार में ले लिया था। अंग्रेजी सैनिकों ने इसमें क्रांतिकारी पाने के लिए इसके एक भाग को तोपों से उड़ा दिया गया था। अधिकार का अवरोध करते अनेक लोग शहीद हुए। यहाँ 22 देशभक्तों को गोलियों से उड़ा दिया गया। इसमें आग लगाकर इसके कुछ भाग को नष्ट कर दिया गया। वर्तमान में यहाँ तहसील है और सब प्रकार से समृद्ध है। चतुर्भुज बिहारी का प्राचीन मंदिर भी है, जहाँ पर्यटकों का आवागमन रहता है।

आझई : यहाँ अंग्रेजों की छावनी थी। ब्रिटिश सेना के द्वारा कष्टकारक स्थितियों में अत्याचारों का शिकार होता रहा। इस गाँव पर धावा बोला गया। गाँववालों ने जब अवरोध उत्पन्न किया तो 28 लोग शहीद हुए। क्रूरता की सभी सीमाओं का उल्लंघन करते हुए विदेशी शासकों ने इस गाँव में आग लगवा दी थी और इस गाँव को 500 रुपया अर्थदंड भी किया गया। वर्तमान में यहाँ पर्याप्त खुशहाली है।

शेरगढ़ क्षेत्र : इस गाँव के चतुर्दिक गूजर बस्ती है। उन्होंने क्रांतिकारी कार्यकलापों में विशेष योगदान किया था। क्रांति की गतिविधियों के कारण अंग्रेजों ने इस गाँव में घोर

दमन किया। यहाँ अनेक देशभक्तों को फाँसी पर लटकाया गया। कितने ही लोग अत्याचार के कारण गाँव छोड़कर भाग गए थे। गूजरों की संपत्तियाँ अपने अधिकार में कर ली गई थीं। सब भूमि आदि हाथरस के राजा गोविंद सिंह को दे दी गई थीं। ये अंग्रेजों की सहायता में सदैव तत्पर रहते थे।

अड़ींग : सन् 1857 में गाँव में विशेष घटनाओं का क्रम बना रहा। यहाँ इस गाँव में क्षत्रियों को समूल नष्ट कर दिया था। एक-एक को पकड़कर फाँसी पर लटका दिया था। एक गर्भवती महिला जो अपने मायके में थी, इसलिए वह बच गई। आज उसी की संतति इस गाँव में फल-फूल रही है। वर्तमान गाँव प्रगति के पथ पर अग्रसर हो रहा है।

भदार : यह गाँव क्रांति की लपटों से अछूता नहीं रहा। यहाँ के जमींदार इतने दुखी हो गए थे कि वे विदेशी शासन के भय के कारण फैंचरी में जाकर बस गए। वर्तमान में गाँव सुख-शांति से है।

जमालपुर सराय : इस गाँव को मई मिर्जापुर के तोमर ने बसाया था। अकबर के शासन काल में यहाँ अवस्थित सराय को ख्वाजा इतवार खाँ ने जो कि दिल्ली सरकार का राज्यपाल था, ने निर्मित कराया था। ब्रिटिश शासन काल में पुलिस स्टेशन के रूप में प्रयोग में लाई गई थी। 1857 की क्रांतिकाल में सेहरू और मानसिंह ने इसको लूटा और नष्ट कर दिया। इसी कारण से उन्हें कोड़ों की सजा हुई। इतना मारा था कि वे शहीद हो गए थे। गाँव को जलाकर पूरी तरह तहस-नहस कर दिया गया। इस स्थल पर वर्तमान में जिला कारागार और न्यायालय अधिवक्ता परिसर, प्रशासनिक अधिकारियों के कार्यालय निर्मित है। एक ओर तहसील बनी हुई है। गाँवों के भग्नावशेष भी दृष्टि ओझल हो चुके हैं। इसके निर्माण में प्राचीन मूर्तियाँ प्राप्त हुईं जो राजकीय संग्रहालय में प्रदर्शित हैं।

जैसिंह पुरा : यह क्रांतिकारी नेता नाना साहब का निवास था। आप कानपुर जनपद विठूर से यहाँ आकर रहते थे। लगभग 17 बीघे में अति सुरम्य उद्यान भी था; आसपास बस्तियाँ थीं। क्रांतिकारी गतिविधियों के कारण अंग्रेजों ने इसको नष्ट-भ्रष्ट कर दिया। वर्तमान में जैसिंहपुरा नाम से बहुत सुंदर विकसित आवास बने हुए हैं।

जानू : यहाँ के निवासियों ने प्राय: सभी क्रांतिकारी आंदोलनों में भाग लिया था, अतएव अपने अधिकार में लेकर ब्रिटिश शासन द्वारा चौधरी दौलत सिंह को दे दिया गया। वर्तमान में गाँव विकसित है।

लालपुर : यह सौंख और मथुरा के मध्य में अवस्थित है। यहाँ राना धौलपुर के खुमानी पुरोहित को स्वातंत्र्य सैनिकों ने क्रांतिकारी गतिविधियों के समय जान से मार दिया था। गाँव में भी उपद्रव हुए थे। वर्तमान में गाँव में खुशहाली है।

बेरी परखम : क्रांति के अवसर इस गाँव के लोगों ने सक्रिय भूमिका प्रस्तुत की थी। यहाँ के लोगों ने रेल की पटरी उखाड़ दी थी, जिससे मालगाड़ी पलट गई थी। अंग्रेजों ने इस गाँव में आग लगा दी थी। वर्तमान में गाँव पूर्ण विकासोन्मुख है, सभी सुविधाएँ हैं।

मोरा : यहाँ के वृद्ध जमींदार छीतर ने क्रांतिकारियों के साथ अनेक घटनाओं तथा आंदोलनों में भाग लिया था। कई बार जेल गए थे, जेल में ही ये शहीद हो गए। वर्तमान में गाँव विकसित है।

महरौली : इस गाँव के क्रांतिवीरों ने सिविल स्टेशन को लूट लिया और पूरी तरह से समाप्त कर दिया, जिसके कारण विदेशी शासकों ने गाँव में आग लगवा दी। कुछ ही समय में देखते-ही-देखते गाँव जलकर राख हो गया। लोग घर से बेघर हो गए। यहाँ की समूची जमींदारी रोशन लाल को पुरस्कार में दे दी गई थी। वर्तमान में यह गाँव पूर्ण विकसित और गाँववासियों के श्रम से आबाद है।

मांट : यह यमुना के किनारे बसा हुआ बड़ा ही सुंदर गाँव है, एक बार गेहूँ से लदी हुई छह नावें यहाँ से जा रही थीं। वो नावें विदेशी शासकों की ही थी। गाँव के लोगों ने उन नावों को लूट लिया था इसलिए गाँव के जमींदारों पर अर्थदंड लगाया गया। गाँव को कोई क्षति नहीं पहुँचाई।

नौहझील : 4 जून, 1857 को मुसमुना, नौहझील और पारसौली गाँव के लोगों ने मिलकर यहाँ के किले को लूटा था। केवल ब्राह्मण-पुरोहितों को छोड़कर सभी को लूटा था। इस आक्रमणकारी लूट में अभयपुरा के नवाब अशरफ खाँ के पुत्र उमराव बहादुर ने प्रमुख भाग लिया था। इस कारण से क्षुब्ध होकर उमराव बहादुर की समस्त संपत्ति छीनकर मथुरा के सेठ लक्ष्मीचंद को दे दी।

अरुआ : क्रांतिकारियों ने मिलकर अरुआ के ऊधा जमींदार जो कि ब्रिटिश शासकों का भक्त था, को क्रोध में आकर मार डाला। मारनेवाले जावरा गाँव के क्रांतिकारी थे। इसकी प्रतिक्रिया में आयरा खेड़ा और अरुआ के जाटों ने मिलकर जावरा पर आक्रमण कर दिया, जिसमें अनेक लोग मारे गए। वर्तमान में गाँव सभी प्रकार से खुशहाल है। विदेशी शासन ने इस गाँव पर 20,000 रुपया का अर्थदंड भी किया।

आयरा खेड़ा : नौहझील में किले पर आक्रमण के समय यहाँ के लोगों ने प्रतिभाग किया था। गाँव पर 106 रुपये का अर्थदंड हुआ था।

भदनवारा : यह गाँव भी क्रांति में सम्मिलित हुआ था। यहाँ के लोगों ने विदेशी शासक भक्त कुँअर दिलदार खाँ पर आक्रमण किया था। उसके विशाल भवन को जिसका निर्माण हो रहा था, को पूर्णत: नष्ट कर दिया। उसका वध भी कर दिया गया। इस गाँव के नंबदार लक्ष्मण को बंदी बनाकर जनश्रुति के अनुसार फाँसी दे दी गई थी।

अचरू लधोरा : इस गाँव ने 1857 की प्रथम क्रांति में सक्रिय भाग लिया था। इसी अपराध में धनीराम, सेठ शेष राम और कान्हा को फाँसी का दंड मिला था, यहाँ के ही दो देश-भक्त जमींदारों को भी बंदी बनाकर जेल में डाल दिया था। मुकदमे के निर्णय के पूर्व ही जेल में ही ये शहीद हो गए थे। यहीं के निवासी क्रांतिकारी राजा देवी सिंह को फाँसी पर लटका दिया था।

पानीगाँव : इस गाँव ने क्रांति में सक्रिय भूमिका निभाई थी। यहाँ के अनेक देशभक्तों ने क्रांति में भाग लेकर अपनी देशभक्ति का परिचय दिया था। इसी क्रांतिकारी स्थिति के कारण यहाँ के चार देशभक्तों को फाँसी पर लटका दिया गया था।

सिहोरा : क्रांति के समय यहाँ के जाट जमींदारों ने पटवारी और तहसील के खुशीराम चपरासी को मार डाला था।

सारस : राया की लूट में इस गाँव के लोग व हुलासी के साँवल और अकबर ने भाग लिया था। इसी कारण इन्हें कारावास में बंदी बनाकर रखा। ये देशभक्त जेल में ही शहीद हो गए।

ततरौठा : यहाँ के स्वातंत्र्य सेनानी आदि राम ने नगला बाली के धनक बौहरे पर आक्रमण किया था अतएव आदि राम को कारावास हुआ। विशेष प्रताड़ना के कारण बंदीगृह में ही आप शहीद हुए।

तिखा : इस गाँव के देशभक्त नंबरदार चैन सुख को ब्रिटिश अधिकारियों ने वाद-विवाद होने पर बंदी बनाकर बंदी गृह में डाल दिया। कारागार में ही आपकी मृत्यु हो गई थी।

वृंदावन : वृंदावन में क्रांति की अनेक घटनाएँ घटित हुईं। यहाँ के क्रांतिकारियों ने प्रत्येक आंदोलन में प्रतिभाग किया। 5 फरवरी, 1909 में श्रीमती कमला नेहरू की स्मृति में वृंदावन में एक पुस्तकालय की स्थापना हुई। पुस्तकालय में उच्च कोटि के राष्ट्रीय साहित्य का संकलन था। राष्ट्रीय समाचार-पत्र भी आते थे। नगर के प्रतिष्ठित व्यक्ति प्रबंध कमेटी में थे। 4 मार्च, सन् 1940 को श्री सुभाषचंद्र बोस

जब वृंदावन आए थे तो उन्होंने निम्न शब्दों में इस पुस्तकालय के प्रति शुभकामना यह कहकर प्रकट की थी कि "मैं तुम्हारे इस उच्च कार्य में पूर्ण सफलता एवं वर्धित समृद्धि की कामना चाहता हूँ।" यह राष्ट्रीय पुस्तकालय सन् 1942 में विदेशी सरकार की कोप दृष्टि से नहीं बचने पाया। सितंबर माह में यह पुस्तकालय जब्त कर लिया। पुस्तकालय के देव मिश्र को बंदी बनाकर प्रताड़ित किया गया, कारागार में डाल दिया गया। आपको 6 माह का कारावास हुआ। ये जेल में केवल दूध पीकर ही जीवन रक्षा कर सके। फिर कभी यह पुस्तकालय पुनर्जीवित न हो सका।

तरौली : सन् 1942 की 'करो या मरो' क्रांति में तरौली गाँव भी पीछे नहीं रहा। यहाँ के निवासी श्री हरिश्चंद ने इसमें सक्रिय भाग लेकर तोड़-फोड़ के कार्य किए। इसलिए उन दिनों इनको बंदी बनाने के लिए 2000 रुपयों का पुरस्कार घोषित किया गया था। इनका वारंट भी था। पुलिस इनको बंदी करने में असमर्थ ही रही थी। इनको बंदी बनाने के लिए पुलिस पूरे गाँव को बहुत प्रताड़ित कर रही थी। हरिश्चंद्र के मकान की कुड़की में पुलिस सोठ, किवाड़, लकड़ी-मेज आदि अचल संपत्ति कुड़क कर ले गई थी।

वृंदावन में क्रांति मार्ग : वृंदावन अपनी भक्ति भावनाओं व भगवान श्रीकृष्ण और राधारानी की माधुर्य लीला भूमि है। इसलिए यहाँ भक्तों का अनवरत आवागमन बना ही रहता है, यही कारण है कि देश के कोने-कोने से स्वतंत्रता प्रेमी, क्रांतिकारी, आंदोलनकारी लोग भी आते रहते थे। उन्हें यहाँ पूर्ण आश्रय मिलता था। यहाँ रहकर भी वे मातृभूमि को बंधन मुक्त करने की परिचर्चा निरंतर करते रहते थे। उसे क्रियान्वित करने की भी रूपरेखा तैयार होती थी। बंगाल के क्रांतिकारी, जिन्होंने बंग-भंग के समय में अनेक क्रांतिकारी कार्य किए थे, प्राय: यहाँ उन दिनों आते रहे। सन् 1911 में वृंदावन में श्री नलिनीकांत मुकर्जी जो उस समय युवक थे और उनका संबंध ढाका के सुप्रसिद्ध षड्यंत्र केस से था, वहाँ से छिपकर वृंदावन आए थे। उनके यहाँ आने पर बंगाल के अनेक क्रांतिकारी यहाँ पर आते रहे। श्री नलिनीकांत मुकर्जी प्रसिद्ध क्रांतिकारी संस्था 'अनुशीलन समिति' में सन् 1908 में सम्मिलित हुए थे। इस समिति का मुख्य केंद्र ढाका था। इसी समिति से संबंधित श्री त्रिलोकचंद्र चक्रवर्ती, श्री पी. गंगोली, श्री रमेशचंद्र चक्रवर्ती और श्री नरेंद्र सेन प्रभृति ने पदार्पण किया था और ये यहाँ पर कतिपय दिवस ठहरे भी थे। ये श्री चिरंजनदास द्वारा आयोजित किसी कार्यक्रम में दिल्ली आए थे, तभी यहाँ वृंदावन पधारे।

वृंदावन में प्राय: क्रांतिकारियों का आयोजन होता रहता था। अत: आवागमन भी निश्चित था। इसलिए बंगाल से एक गुप्तचर सदैव यहाँ बना रहता था। इसलिए क्रांतिकारियों को बहुत सतर्क रहना पड़ता था।

सन् 1911 और 1912 के मध्य सुप्रसिद्ध क्रांतिकारियों में प्रसिद्ध रासबिहारी बोस और जोगेश चक्रवर्ती ने वृंदावन में कुछ दिन व्यतीत किए थे।

'आनंद बाजार पत्रिका' संगठन के माखन लाल सेन एवं श्री शांति मुकर्जी भी क्रांति के उद्देश्य से वृंदावन आए थे। सन् 1910 में गोपीनाथ बाजार वृंदावन में गौरांग द्ररिदालय खोला गया था, जहाँ से क्रांतिकारियों की सहायता की जाती थी।

मथुरा नगर में श्रीमदनमोहन चतुर्वेदी मानिक चौक के निवास स्थान पर 20वीं शताब्दी के तृतीय दशाब्द में सुप्रसिद्ध क्रांतिकारी सरदार भगत सिंह (जन्म 1907 शहीद 1931) और चंद्रशेखर आजाद आदि क्रांतिकारी आश्रय पाते रहते थे।

सन् 1936 में बंगाल के कुछ क्रांतिकारी वृंदावन आए थे। उन्होंने यहाँ कुछ युवकों को अपनी क्रांतिमय बातों से प्रभावित भी किया था। एक प्रकार से वृंदावन का अखिल भारतीय क्रांतिकारी दल से संबंध स्थापित हो गया था। वृंदावन के युवक निर्जन वनों में क्रांतिकारी क्रिया-कलापों का प्रशिक्षण लेते थे। क्रांतिकारी दल के सदस्यों को शपथ लेनी पड़ती थी, "मैं देश, दल और नेता के साथ विश्वासघात नहीं करूँगा और यदि करूँगा तो मृत्युदंड का भागी बनूँगा।"

मथुरा स्थित सराय पुख्ता में स्वतंत्रता झंडा फहराया गया। 1857 के जुलाई माह में मथुरा जनपद के विविध अंचलों में क्रांति की अग्नि शिखाएँ प्रचंड गति से उठ रही थीं। इसी माह में मथुरा में बनी हुई सराय पुख्ता नामक मुगलकालीन सराय के भटियारों एवं स्वातंत्र्य सैनिकों ने भी सराय में मुहम्मदी झंडा (उस समय यही हरे रंग का राष्ट्रीय ध्वज था) बड़े उत्साह के साथ फहरा दिया था और इन्होंने क्रांति संबंधी सभी हलचलों में प्रत्येक प्रकार की सहायता प्रदान की थी। सादुद्दीन नामक क्रांतिकारी को जो क्रांतिकारियों के साथ आया था, मथुरा में भटियारों ने सराय में ठहरने का स्थान प्रदान किया था और उसकी क्रांतिकारी गतिविधियों में सहायता भी की थी। परिणामस्वरूप, मुकदमा चलने पर इन भटियारों में से बकर नामक भटियारे को फाँसी दे दी गई।

जनश्रुति के अनुसार उक्त सराय में इसके पास के पेड़ों पर अनेक लोगों को फाँसियाँ दी गई थीं।

स्मारकों का विवरण

स्मारक : वृंदावन की पावन धरा पर अवस्थित लक्ष्मण शहीद स्मारक का निर्माण सन् 1952 में हुआ था। यह नगर पालिका का प्रशंसनीय कार्य है। जब से यह बना है, अनेक सांस्कृतिक एवं राजनीतिक समारोह यहाँ होने लगे हैं। यह एक प्रकार से सार्वजनिक भवन है। यह स्मरण रखने योग्य बात है कि इस भवन का निर्माण जनता के उस रुपये से हुआ जो विदेशी सरकार ने यहाँ की जनता से सन् 1942 में दंड स्वरूप लिया था।

अध्याय : 8

आजादी के बाद स्वतंत्रता की रक्षा करनेवाले

विशिष्टजनों की भूमिका

1. राजा महेंद्र प्रताप : श्री राजा महेंद्र प्रताप का जन्म अगहन सुदी सन् 1884 को मुरसान के राजा बहादुर श्री घनश्याम सिंह जी के घर हुआ था। आप हाथरस के राजा बहादुर श्री हरनारायण सिंह जी के गोद आए हुए थे। आपकी शिक्षा बी.ए. प्रथम वर्ष तक ही रही। आपका विवाह महाराज जींद की छोटी बहन से हुआ था।

आपके पूर्वज ठाकुर दयाराम सिंह जी पहले वृंदावन आए थे। उन्होंने एक विशाल भवन का निर्माण कराया था, जिसे प्रेम महाविद्यालय के नाम से जाना जाता है। इस भवन का प्रयोग भारत के स्वतंत्रता संग्राम में विशेष रूप से हुआ था। इसी भवन में राजा महेंद्र प्रताप अपनी धर्मपत्नी के साथ स्थायी रूप से रहने लगे थे। राजा साहब ने सन् 1904 में अपनी धर्मपत्नी के साथ सर्वप्रथम यूरोप की यात्रा की। यूरोप में अनेक शिक्षण संस्थाओं का आपने अवलोकन किया, जिनमें शिल्प शिक्षा की व्यवस्था थी। उन संस्थाओं से प्रेरित होकर राजा साहब ने 1909 में प्रेम महाविद्यालय की स्थापना अपने ही भवन में की थी। उस समय इसके साथ पाँच गाँव भी प्रदान किए थे, जिसकी आय 33,000 रुपये होती थी। 15,000 रुपये की भूमि वृंदावन गुरुकुल विश्वविद्यालय के लिए दी थी।

सन् 1912 में आपने 'प्रेमपत्र' का प्रकाशन किया था। महायुद्ध से पूर्व आप पुन: विदेश यात्रा पर गए। युद्ध आरंभ होने पर आपने मातृभूमि की स्वतंत्रता के लिए पूर्ण प्रयास किया। आप 30 वर्ष पर्यंत विदेशों में ही रहे, स्वतंत्रता के लिए प्रयत्नशील रहे। जब आप स्वतंत्रता के बाद भारत लौटे तो चारों ओर आपका भव्य स्वागत हुआ। देश में लौटने पर राजा साहब राजनीति और धर्म के मिश्रित आंदोलन की धारा को प्रवाहित करने में प्रयत्नशील रहे। आप आर्यन की स्थापना करना चाहते थे। वृंदावन में आपने जो प्रेम केंद्र की स्थापना की, वह शायद अकबर के दीने इलाही के आधारभूत सिद्धांतों से

बहुत कुछ समता रखता है। प्रतिवर्ष सर्वधर्म सम्मेलन का आयोजन आपके तत्त्वावधान में होता था। सन् 1952 में बड़े समारोह के साथ आप आर्यन पेशवा भी बना दिए गए थे।

राजा साहब इतने सरल व सहज व्यक्तित्व के धनी थे कि कोई भी व्यक्ति कभी भी आसानी से अपनी बात आपसे कह सकता था। देखा जाए तो आप एक आदर्श मानव थे। मानव कल्याण की भावना आपको सदैव व्यथित करती रहती थी। देश-सेवा ही आपके जीवन के अंतिम क्षणों तक बनी रही, जिसकी पूजा-अर्चना और वंदना समर्पित भाव से करते रहे। शिक्षा के क्षेत्र में आपका योगदान अविस्मरणीय रहेगा। वर्तमान भारत सरकार ने राजा साहब के नाम पर अलीगढ़ में एक विश्वविद्यालय की स्थापना की है, जो अति महत्त्व का कार्य है।

सन् 1971 में आपका नश्वर शरीर केशीघाट की पावन भूमि में कालिंदी के रमणीय तट पर भूमिसात कर दिया गया। यहाँ उनका समाधि स्थल निर्मित करा दिया गया है जो सभी को त्याग-तपस्या और बलिदान की प्रेरणा के साथ देश प्रेम का संदेश प्रसारित करता रहता है।

2. श्री पुरुषोत्तम लाल जी 'लल्लो जी' : श्री पुरुषोत्तम लाल जी का जन्म क्वार वदी अमावस्या को सन् 1885 में श्री वृंदावन के लब्ध प्रतिष्ठित परिवार में बोहरे श्री गोवर्धन दास जी के प्रांगण में हुआ था। आप प्रारंभ से ही राष्ट्रीय प्रेम की उमंग में उत्साहित रहते थे। आप महात्मा गांधी जी के व्यक्तित्व से अत्यंत प्रभावित रहे। सन् 1909 में बंग-भंग का असर आपके मन-मस्तिष्क पर गहरा अंकित रहा। सन् 1921 के आंदोलन में जो महात्मा गांधी जी द्वारा घोषित था, उसमें प्रतिभाग लेने के कारण चार माह के कारावास यातना को धैर्यपूर्वक सहन किया था। उसी समय आपको 25 रुपये का आर्थिक दंड भी हुआ था।

1921 से 1930 पर्यंत गांधी जी द्वारा प्रतिपादित रचनात्मक कार्यों को संपादित करते रहे। सन् 1930 में नमक सत्याग्रह में प्रतिभाग किया। अतएव 6 महीने का कारावास और 50 रुपये अर्थदंड भी हुआ। सन् 1932-33 के आंदोलन में भी 6 माह तक बंदी रहे तथा 50 रुपये का अर्थदंड भी झेला। हरिजन आंदोलन में भी भाग लिया था। व्यक्तिगत सत्याग्रह में पुनः आपको 1 वर्ष का कारावास हुआ, 50 रुपये का अर्थदंड भी लगा। 1942 में राज्य-क्रांति के अवसर पर आपको ढाई महीने नजरबंद रखा गया। इन सभी संकटों को मुस्कराकर स्वीकार करते रहे।

मातृभूमि की स्वतंत्रता का बिगुल बज उठा चहुँओर, आनंद मग्न होकर जन उत्सव मनाया गया, लेकिन पुरुषोत्तम लाल जी ने कहा था कि अब कार्य नया रूप धारण कर

प्रारंभ होगा। आप उसी लगन के साथ कार्यों के संपादन में लगे रहे। देश की स्वतंत्रता की रक्षा-सुरक्षा की विचारधाराओं में सदैव प्रयासरत रहे। देश को आप जैसे निःस्वार्थ, कर्मठ कार्यकर्ताओं की अत्यंत आवश्यकता है। गांधीवाद की तो आप साकार मूर्ति ही थे। सन् 1951 में जो वृंदावन नगर में सर्वोदय मेला की धूम रही, उसके संचालक आप ही रहे।

चरखा के कार्यक्रम में आप विशेष रुचि रखते थे। चरखा दंगल भी आयोजित कराए। गांधीयुग के आप एक आदर्श उदाहरण कहे जा सकते हैं।

आपको जिला कांग्रेस कमेटी का मंत्री बना दिया गया। मंत्री पद पर रहते हुए आप कांग्रेस के कार्यक्रमों को पूर्ण करने के लिए तन, मन, धन से लगे रहते थे। मथुरा जनपद में उस समय आप अनेक शिक्षण संस्थानों से जुड़े व उन्हें सभी प्रकार का सहयोग प्रदान किया। इसी प्रकार राष्ट्रीय नागरिकों के हित में जो भी कार्य होते थे, उसके लिए मध्यरात्रि में भी कार्यों को सुगमता से संपन्न कराने के लिए सदैव तत्पर रहते थे।

3. गोस्वामी छबीले लाल : गोस्वामी जी का जन्म फाल्गुन कृष्णा षष्ठी सन् 1886 को आरा में श्री किशोरी लाल जी के घर हुआ था। आपके पिताश्री हिंदी साहित्य के मूर्धन्य विद्वान थे। काश्मीर में जो बाहरी लोगों से पहली लड़ाई हुई, वह आपके पूर्वजों ने लड़कर जीती थी। सम्राट अकबर आदि ने आपके पूर्वजों के यहाँ आए और सनदें भेंट कीं, लेकिन वे स्वीकार नहीं की गईं।

आपके परिवारी जन सन् 1893 में वृंदावन आकर बसे और यहाँ केशीघाट क्षेत्र में ठाकुर श्री अटल बिहारी का मंदिर निर्मित कराया था। आप निंबार्क संप्रदाय में दीक्षित थे। भारतीय संस्कृति, कला, दर्शन एवं साहित्य आदि का पोषण किया।

भारत के प्रथम स्वातंत्र्य युद्ध में जो सन् 1857 में हुआ, आपके पूर्व पुरुषों ने दृढ़ता से विदेशी शासन से संघर्ष किया। आपके घरों को तोपों से उड़ा दिया था। आपके पितामह वेश बदलकर काशी में वर्षों रहे। 1857 में ही आपका वंश छिन्न-भिन्न हो गया।

सन् 1905 की बंग-भंग घटना से आपके मानस पर अंग्रेजों के प्रति घृणा का भाव उदय हुआ। उसी समय से आप राजनीति में आ गए। 1905 में ही वाराणसी कांग्रेस में आपने सक्रिय भाग लिया। उस समय आप वहीं रहते थे। सन् 1908 से आप वृंदावन निवास करने लगे। यहाँ आप राजा महेंद्र प्रताप, श्री नारायण दास बी.ए., राधाकृष्ण भार्गव आदि के साथ राजनैतिक एवं सामाजिक कार्य करने लगे।

सन् 1916 में म्युनिसिपल बोर्ड एक्ट पास हुआ। सन् 1907 में मथुरा जिला बोर्ड तथा म्युनिसिपल बोर्ड में मथुरा जिलाधीश डेंपीयर साहब सर्व सम्मति से चेयरमैन चुने गए, किंतु वृंदावन म्युनिसिपल बोर्ड में 3 माह के संघर्ष के बाद गोस्वामी जी ने डेंपीयर

को 7 वोटों से हरा दिया। इससे पूरा अधिकारी वर्ग रुष्ट हो गया। आपने 1918 में वृंदावन म्युनिसिपल बोर्ड में उर्दू और अंग्रेजी को हटाकर हिंदी को उचित स्थान दिया। आपने सन् 1918 में मांट फोर्ड योजना का खुली सभा में विरोध किया।

सन् 1920 से 1922 तक आपकी व्याख्यान शक्ति से जनता खूब मुग्ध होकर देश के राष्ट्रीय आंदोलन की ओर आकर्षित हुई। इस काल में जितनी भी सभाएँ ब्रजभूमि में हुईं उनका सभापतित्व ग्रहण करने का सौभाग्य गोस्वामी जी को मिलता रहा। आप इस समय मथुरा जनपद का नेतृत्व करने लगे थे। जो भी नेता आते थे, महात्मा गांधी, मोतीलाल जी, मालवीय जी आदि की सभाओं का भी सभापतित्व आपने किया। एक सभा में भाषण देने पर आपको धारा 124ए के अंतर्गत एक वर्ष व छह माह का कारावास मिला।

सन् 1942 के आंदोलन में हिंदू विश्वविद्यालय कांग्रेस कमेटी की स्थापना में आपका प्रमुख हाथ था। राष्ट्र-प्रेम की भावना आपके अंदर कूट-कूटकर भरी हुई थी। उतना ही साहित्य के प्रति भी समर्पित थे। सन् 1951 में मोतीलाल नेहरू के साथ संस्मरणात्मक आलेख 'साप्ताहिक हिंदुस्तान' में प्रकाशित हुआ।

राष्ट्र सेवा और साहित्य सेवा के लिए समर्पित यह माँ भारती का पुत्र 10 मई, सन् 1952 को इस संसार से विदा हो गए।

4. प्रो. कृष्ण चंद्र जी : मथुरा जनपद के राष्ट्रीय इतिहास में प्रोफेसर कृष्ण चंद्र जी का नाम स्वर्ण अक्षरों में लिखा गया। आपने देश की स्वतंत्रता और राष्ट्र निर्माण के क्षेत्र में जो प्रशंसनीय कार्य किए हैं, वे आपकी कीर्ति को विस्तारित करते रहेंगे। आपने स्वतंत्रता के संग्राम में जब से प्रवेश किया है, तभी से वीर सेनानी की भाँति दृढ़ बने रहे और अपने मार्ग से विचलित नहीं हुए। मातृभूमि की सेवा में आप ही नहीं वरन आपका सारा परिवार दत्तचित्त रहा और हर प्रकार के संकटों को सहन किया। आपके संपूर्ण परिवार द्वारा किए गए देश-सेवा के गौरवान्वित कार्य वास्तव में सराहनीय हैं। प्रोफेसर साहब का जीवनवृत्त भावी संतान को अपने देश-सेवा की उदात्त भावनाओं से प्रेरणा देता रहेगा।

आपका जन्म मार्च सन् 1893 में मेरठ में हुआ था। वहीं आपकी शिक्षा बी.एस-सी. पर्यंत हुई। उसी समय आपकी नौकरी अध्यापन हेतु प्रेम महाविद्यालय, वृंदावन में सन् 1922 में नियुक्ति हुई। यह समय विद्यालय का स्वर्णकाल था। सदैव इस विद्यालय में कोई-न-कोई भारतीय नेता आते रहते थे, अतएव यह विद्यालय गौरवान्वित होता रहता था।

नमक सत्याग्रह के समय आप पकड़े गए और अप्रैल सन् 1930 को आपको एक वर्ष का कारावास हुआ। सन् 1932 में पुनः एक वर्ष के लिए जेल गए। पीछे से

इनके घर का ताला तोड़कर रुपया-पैसा-जेवरात आदि भी कुर्क कर लिया गया। जेल में आप सरकारी अधिकारियों को कठोर उत्तर देते थे। तत्कालीन जिलाधिकारी डाइविल से अक्सर विवाद हो जाता था।

वृंदावन की जनता आपके साहसपूर्ण कार्यों से विशेष प्रभावित थी, एक प्रकार से मुग्ध थी। इसीलिए सन् 1931 में आप म्युनिसिपल बोर्ड के चेयरमैन बने थे।

नागरिक जीवन के निर्माण में आपकी प्रतिभा कितनी प्रखर थी, इसका परिचय जनता को भी सहज हो गया। जिस म्युनिसिपल बोर्ड पर विदेशी सरकार का झंडा फहरता था, वहाँ आपके आगमन पर राष्ट्रीय पताका लहराने लगी। आपके आने से आमूल-चूल परिवर्तन हुआ।

1933 से 1941 पर्यंत आपका कार्यकाल राष्ट्र निर्माण का रहा। सन् 1937 में आप कांग्रेस की ओर से एम.एल.ए. चुने गए। राष्ट्रीय सरकार के लिए आप बहुत ही उपयोगी प्रमाणित हुए। जनवरी 1941 में 'व्यक्तिगत सत्याग्रह' में भाग लेने के कारण एक वर्ष की सजा हुई। राज्य-क्रांति सन् 1942 में आपको पुन: बंदी बना लिया गया। सन् 1944 से जब आप जेल से आए तो आर्थिक संकट की स्थिति से निकलना पड़ा। इस संकटापन्न स्थिति को धैर्यपूर्वक सहन किया।

सन् 1946 को पुन: म्युनिसिपल बोर्ड के चेयरमैन चयनित हुए। आपके कार्यकाल में दो राष्ट्रीय पर्व बड़े हर्षोल्लास के साथ मनाए गए। 15 अगस्त, 1947 और 26 जनवरी, 1950 को भी बड़ी ही धूमधाम से मनाया गया। यही नहीं, गांधी जी के निधन के बाद उस भस्मी को दिल्ली से लाकर यहाँ चारों दिशाओं में फैलाई गई।

वृद्धावस्था होने पर भी पूर्ण उत्साह के साथ राष्ट्रीय निर्माण के कार्य में संलग्न रहे। आगरा विश्वविद्यालय के सीनेट के सदस्य भी आप रहे। आपकी वक्तव्य शक्ति वाक्‌पटुता, तार्किक क्षमता अद्‌भुत थी।

सन् 1952 में आप चुनाव में मथुरा संसदीय क्षेत्र से संसद सदस्य चुने गए थे। इस प्रकार आप जीवन के अंतिम क्षणों तक राष्ट्र की सेवा में तत्पर रहे।

5. आचार्य जुगल किशोर में : आपका जन्म गाजियाबाद, उ.प्र. में एक प्रतिष्ठित वैश्य परिवार में हुआ था। भारत शिक्षा प्राप्त करने के पश्चात इग्लैंड में शिक्षा प्राप्त करने चले गए। ऑक्सफोर्ड विश्वविद्यालय से आपने स्नातकोत्तर की परीक्षा उत्तीर्ण कर एम.ए. की उपाधि से अलंकृत हुए। विदेश में रहकर भारतीय परतंत्रता की पीड़ा को समझा और आपके विचारों में मातृभूमि की सेवा का संकल्प उदय होने लगा और उसी को एक दृढ़ता के साथ आपने अपना कार्यक्षेत्र निर्धारित किया।

आपने गुजराज विद्यापीठ और नेशनल कॉलेज, लाहौर में आचार्य पद पर कार्य किया, लेकिन अल्प समय के पश्चात ही वृंदावन आ गए और यहाँ राष्ट्रीय भावनाओं की ज्योति से उद्दीप्त प्रेम महाविद्यालय में आचार्य पद पर सुशोभित हुए। बाद में प्राचार्य पद की गरिमा को गौरवान्वित करते हुए वृंदावन के स्थायी निवासी हो गए। यहाँ कार्य करते हुए आपके हृदय मंदिर में राष्ट्रीय कार्यों को संपादित करने के सहज अवसर सुलभ होते रहते। आपने अपने छात्रों में भी राष्ट्रीय भावना कूट-कूट कर भर दी। विद्यालय में उस समय ग्रामोद्धार विभाग भी था। उसके लिए आपका योगदान प्राणप्रण से सदैव समर्पित रहता था।

सन् 1929 से 1930 तक मथुरा जनपद में जो राष्ट्रीय चेतना का विस्तार परिलक्षित हुआ, उसका पूर्ण श्रेय आचार्य जुगल किशोर जी को है। सन् 1930 में जो आंदोलन हुआ था नमक कानून को लेकर, उसका प्रथम दल वृंदावन से गाँव-गाँव छात्रों को पैदल यात्रा पर आप ही लेकर गए थे। इस सत्याग्रह में आप बंदी बना लिये गए और कारावास में दंडित हुए।

सन् 1932-1933 के आंदोलन में भी आप विदेशी सत्ता के द्वारा बंदी बनाए गए।

मथुरा जनपद के गाँव परखम में आपने रचनात्मक कार्यक्रमों का संपादन करने के लिए एक आश्रम की नींव रखी और उसका संचालन किया। आसपास के गाँवों की भी इस आश्रम द्वारा सेवा ली गई थी। शिक्षा के अतिरिक्त शिल्प कला का प्रशिक्षण भी यहाँ उन युवकों को प्रदान किया जाता था। एक विशाल पुस्तकालय तथा औषधालय का भी यह उपयोगी संस्थान था।

हरिजन आंदोलन में भी आपने आगे आकर कार्य संपन्न किए। पश्चिमी उत्तर-प्रदेश में हरिजन आंदोलन को प्रगति प्रदान करने के लिए आप अध्यक्ष नामित हुए थे। आपने मथुरा को ही इस कार्य के लिए केंद्र बनाया था। इस प्रकार सन् 1940 पर्यंत आपका कार्य देश-सेवा के लिए सब प्रकार से अर्थात तन-मन-धन से समर्पित था। सन् 1940-41 में 'व्यक्तिगत आंदोलन' में पुनः आपको बंदी बनाकर करावास हुआ। 1942 की राज्य-क्रांति में कई वर्ष आपको कारागृह में ही रहना पड़ा। आपकी सहधर्मिणी श्रीमती शांति देवी भी कारावास की सहभागी रही थीं।

आचार्य अखिल भारतीय कांग्रेस कमेटी के महामंत्री भी रहे। आप नगर विभाग असेंबली के सदस्य भी रहे, विधान सभा की सदस्यता से भी आप विभूषित हुए। सन् 1947 के पश्चात आपका जीवन देश-सेवा में समर्पित रहा। अनेक विश्वविद्यालयों के उपकुलपति पद को भी सुशोभित किया। सन् 1952 विधान सभा में सदस्य बने। वहाँ शिक्षा मंत्री बने। शिक्षा के क्षेत्र में अनेक कार्य किए। आप जैसे त्यागी, देश-प्रेमी, विद्वान

एवं सरलता की सौम्य मूर्ति का अखिल भारतीय राजनीति में उच्च स्थान रहा। आप मानवता की साक्षात प्रतिमा थे। उनकी स्मृति में मथुरा जनपदों आचार्य जुगल किशोर इंटर कॉलेज संचालित है, जो उनकी स्मृति को सदैव स्मरण दिलाते हुए देश प्रेम के प्रति प्रेरित करता रहेगा।

भारतवर्ष के इतिहास का वह स्वर्णिम दिवस जब पूज्य बापू जी ने हमारे राष्ट्र के लिए पूर्ण स्वतंत्रता की प्रतिज्ञा की थी, उन्हीं के नेतृत्व में हमारे राष्ट्र ने अनुपम आत्मोत्सर्ग किया और विदेशी शासन से अपने-आपको मुक्त कराया। विदेशी शासन का अवशेष क्षीण सूत्र जो 15 अगस्त, सन् 1947 से अब तक दृष्टिगोचर होता था, वह 26 जनवरी, सन् 1950 से सदैव के लिए विलुप्त गया और हमारा भारतीय संघ एक पूर्ण जनतंत्रात्मक राजसत्ता के रूप में विकसित हुआ। हमारे देश के प्रतिनिधियों द्वारा निर्मित विधान के अधीन हमारे देश का संपूर्ण शासन कार्य इसी दिन से संपन्न होने लगा। जनसंख्या को दृष्टि में रखते हुए यह हमारा भारतीय प्रजातंत्र जगत में प्रायः सबसे बड़ा प्रजातंत्र है। इस प्रजातंत्र के महान उद्देश्य विधान की प्रस्तावना के निम्न शब्द शोभनीय हैं—

हम भारत के लोग भारत को एक संपूर्ण प्रभुत्व संपन्न लोकतंत्रात्मक गणराज्य बनाने के लिए तथा उसके समस्त नागरिकों को सामाजिक, आर्थिक और राजनीतिक न्याय, विचार, अभिव्यक्ति, विश्वास, धर्म और उपासना की स्वतंत्रता, प्रतिष्ठा और अवसर की समता प्राप्त कराने के लिए तथा उन सबमें व्यक्ति की गरिमा और राष्ट्र की एकता सुनिश्चित करनेवाली बंधुता बढ़ाने के लिए दृढ़ संकल्प होकर अपनी इस संविधान सभा में एतद द्वारा इस संविधान को अंगीकृत, अधिनियमित और आत्मार्पित करते हैं।

प्रजातंत्र के आविर्भाव से समूचा मथुरा जनपद हर्षातिरेक से झूमने लगा। चतुर्दिक दिशाएँ थिरकने लगी थीं। नवोल्लास से पूरित प्रकृति सुधंग नृत्य कर रही थी। शताब्दियों के पश्चात स्वनेत्रों से अपने अहोभाग्य पर मुग्ध थी। दीर्घ निशा की वह धारा आज नव प्रभा मंडल से आभूषित हो रही थी। उसके क्षितिज से स्वातंत्र्य की मंजुल मयूखें प्रस्फुटित हो रही थी। बालारुण अपनी ललित लालिमा से प्रमुदित था।

मथुरा जनपद में सूर्योदय : 15 अगस्त, सन् 1947 को स्वाधीनता

मथुरा जनपद के इतिहास में 15 अगस्त, सन् 1947 का दिन सदैव जन-जन की वंश परंपरा से मृद्ध रहेगा। देश के स्वतंत्र होने के हर्षातिरेक से यहाँ के जन-जन में थिरकन भरा उल्लास छा गया, जिसे बड़े ही गौरवमय भावनाओं के साथ मनाया गया। मथुरा

नगरवालों ने भी वह दिवस बड़े आनंद के साथ मनाया। गाँव-गाँव में राष्ट्रीय तिरंगा झंडा फहराया गया। चतुर्दिक दीपकों की अवलियों का आलोक मुखर होकर सभी को सुखद अनुभूति प्रदान कर रहा था। वृंदावन की नगर पालिका नववधू की भाँति दीपकों से सजाई गई थी। उस प्रकार से दूर-दूर तक अंधकार विलीन हो गया था।

चारों ओर उल्लासमय वातावरण उमंगों में भर गया। सभी के लिए वह दिन पूर्व में हुए ब्रिटिश शासन काल के कष्टों को भुला देनेवाला था। एक प्रकार से यह दिवस एक पारितोषिक ही था। यहीं का नहीं, समूचे भारतवर्ष का अभूतपूर्व सुखदानुभूतियों का दिवस था। इस दिन का सभी ने अहोध्वनि से स्वागत किया। उस नव प्रभात को कोटि-कोटि नमन।

भारत में बाह्य आक्रमणों के समय मथुरा जनपद का योगदान

15 अगस्त, 1947 को भारत के स्वतंत्र होने पर इसी वर्ष अगस्त के अंत में पाकिस्तानी कबाइलियों ने काश्मीर के क्षेत्र में घुसपैठ करना प्रारंभ कर दिया और 22 अक्टूबर, 1947 को कबाइलियों ने कश्मीर पर आक्रमण भी कर दिया। 26 अक्टूबर, 1947 को काश्मीर के राजा हरीसिंह ने प्रवेश-पत्र के द्वारा काश्मीर को भारत में सम्मिलित कर दिया। भारत में काश्मीर के विलय के बाद भारतीय सेनाओं ने आक्रांताओं का सामना कर उन्हें निकाल बाहर किया।

8 सितंबर, 1952 को पंचशील के सिद्धांतों की स्पष्ट अवहेलना कर चीन की सेनाओं ने मैकमोहन रेखा को लाँघकर भारतीय सीमा में प्रवेश किया और कुछ प्रारंभिक आक्रमणों के पश्चात विश्वासघाती चीन ने 20 अक्टूबर, 1962 को एक विशाल पैमाने पर उत्तरी-पूर्वी सीमांत पर आक्रमण कर दिया। अंत में 21 नवंबर, 1962 को पेकिंग ने एकपक्षीय युद्ध विराम की घोषणा कर दी। कोलंबो प्रस्ताव ने युद्धाग्नि को शांत कर दिया।

5 नवंबर, 1665 को पाकिस्तानी सेना ने युद्ध विराम रेखा को पार कर भारतीय चौकियों पर आक्रमण कर दिया। भारतीय सेनाओं ने विदेशी आक्रांताओं का परंपरागत वीरता से उनका सामना किया और पीछे ढकेल दिया। ताशकंद समझौते द्वारा इस युद्ध का समापन हुआ।

6 दिसंबर, 1971 को पाकिस्तान द्वारा भारत के 14 हवाई अड्डों पर आकस्मिक आक्रमण करके फिर युद्ध छेड़ दिया गया। इस बार भी उसे बुरी तरह पराजय का सामना करना पड़ा। 14 दिन के इस युद्ध में भारत ने अभूतपूर्व सफलता प्राप्त की।

उक्त कश्मीर के युद्ध से लेकर पाकिस्तान के सन् 1971 तक के युद्धों की अवधि में मथुरा जनपद में राष्ट्रीय भावना की लहर उमड़ पड़ी थी। यहाँ की जनता युद्धरत भारत सरकार को हर प्रकार की सहायता देने को प्रस्तुत हो गई थी। शिक्षण संस्थाओं और सरकारी विभाग के दफ्तरों, छात्र-छात्राओं, अध्यापकों एवं कर्मचारियों तथा जनता ने सहर्ष उदारता से युद्ध फंड में प्रचुर धनराशि एकत्रित करके दी थी। मथुरा जंक्शन स्टेशन पर फौजी जवानों की स्पेशल ट्रेनों को रोककर भोजन आदि से उनका अभूतपूर्व स्वागत किया और उनका अभिनंदन किया था। महिलाओं ने भी उनका तिलक करके बहिन-भाई की भूमिका अदा की थी। उस समय मथुरा स्टेशन का प्लेटफॉर्म 'जय जयकार' की प्रतिध्वनियों से गूँज उठा था। यही नहीं, मथुरा जनपद के लोगों ने सहर्ष फौज में भर्ती होकर अपनी देशभक्ति का परिचय दिया था और विदेशी आक्रांताओं का डटकर सामना किया था, जिसके फलस्वरूप उन्हें देश के लिए अपने प्राण तक न्यौछावर करके शहीद होना पड़ा था। मथुरा जनपद को अपने उन निम्नलिखित वीर जवानों की शहादत पर गर्व है, जिन्होंने स्वतंत्र भारत की रक्षा में अपने प्राणोत्सर्ग किए—

मथुरा जनपद के शहीद सैनिकों की सूची
(भारत-चीन युद्ध नवंबर सन् 1962)

1. बुद्ध सिंह, ग्राम सालखा, बरौठ, तहसील मांट, मथुरा (शहीद 21.11.1962)
2. जय नारायण, ग्राम पारासौली, तहसील मांट, मथुरा (शहीद 18.11.1962)

भारत-पाकिस्तान युद्ध सन् 1965

1. धर्मपाल, ब्रज की नगरिया, करहारी, मांट (शहीद 17.05.1965)
2. विजय सिंह, कटैला, राया (शहीद 08.09.1965)
3. नाहर सिंह, झुड़ावई, मथुरा (शहीद 10.09.1965)
4. किशन सिंह, हसनपुर जरारा, मांट, मथुरा (शहीद 24.07.1967)

भारत-पाकिस्तान युद्ध सन् 1971

1. नारायण सिंह, पैगाँव (शहीद 08.11.1971)
2. चरन सिंह, बछगाँव, गोवर्धन (शहीद 04.12.1971)

3. ओम प्रकाश, देविया का नंगला, सौंख, मथुरा (शहीद 05.12.1971)
4. केदार सिंह, सौंख, मथुरा (शहीद 10.12.1971)
5. गोविंद सिंह, रामनगर कॉलोनी, राजपुर बाँगर, वृंदावन (शहीद 14.12.1971)
6. जगन्नाथ, रान्हेरा, छाता, मथुरा (शहीद 09.12.1971)
7. मंगल सिंह, अरतौनी, बलदेव, मथुरा (शहीद 16.12.1971)
8. महेंद्र सिंह, जादमपुर, बलदेव (शहीद 22.12.1971)
9. महेंद्र सिंह, एदलगढ़ी, बाजना, मथुरा (शहीद 19.12.1971)
10. सोनपाल सिंह, जादौपुर, बरोली (शहीद 16.12.1971)
11. ओमप्रकाश, कारब, तहसील मथुरा (शहीद 14.12.1971)
12. रामशरन सिंह, धानौटी, जुगसना (शहीद 05.12.1971)
13. नानू सिंह, पीरपुर, शेरगढ़ (शहीद 04.12.1971)
14. विपत्ति, डोमपुरा, मथुरा (शहीद 02.12.1971)
15. कनवर पाल, ब्यौही, राया (शहीद 06.12.1971)
16. चंद्रवीर सिंह, देवाशाही, मथुरा (शहीद 10.12.1971)
17. छत्तर सिंह, भवनपुरा, गोवर्धन, मथुरा (शहीद 11.12.1971)

ऑपरेशन पवन श्रीलंका (शांति सेना) अक्टूबर 1987 से जून 1989

1. प्रथम सिंह, बरौठ, नौहझील, मांट (शहीद 18.10.1987)
2. राधेश्याम, ग्राम अर्जुन, बलदेव, मथुरा (शहीद 18.10.1987)
3. सत्यवीर, गाँव : नगला थोक, छाता, मथुरा (शहीद 15.12.1987)
4. राजवीर सिंह, ग्राम : भूड़री, सोनई, राया-मथुरा (शहीद 07.01.1988)
5. मुकेश कुमार, ग्राम : बाजना, तहसील मांट, जिला मथुरा (शहीद 29.05.1988)
6. शक्ति पाल, नगला देह, पोस्ट : ऊधर, मथुरा (शहीद 14.05.1989)
7. रामनिवास, ग्राम : हकीमपुर, पोस्ट : जुनसुटी (शहीद 03.06.1989)
8. धर्मपाल, ग्राम : मंगली गढ़ी, बरौली, बलदेव (शहीद 03.06.1989)

ऑपरेशन रक्षक

1. छैलबिहारी, ग्राम : नगला देविया, पोस्ट : कोन्हेरा, सौंख (शहीद 31.07.1992)
2. सोहन लाल, ग्राम : बछगाँव, सौंख (शहीद 30.09.1992)

3. राकेश शर्मा, राधिका विहार, कृष्णा नगर, मथुरा (शहीद 04.05.1995)
4. सुरेंद्र सिंह, चाँदपुर, मिठौली, बाजना (शहीद 21.12.1995)
5. राजेश कुमार, भवनपुरा, पोस्ट-अड़ींग, गोवर्धन (शहीद 12.05.1995)
6. बादाम सिंह, तांगर गार्डन कॉलोनी, गोवर्धन क्रॉसिंग, मथुरा (शहीद 09.06.1996)
7. लाल सिंह, लोरिया, सौंख (शहीद 09.07.1996)
8. गौरी शंकर, नंगला-दतिया, पचावर (शहीद 08.09.1997)
9. रामजीत सिंह, भवनपुरा, गोवर्धन (शहीद 05.10.1998)
10. चंद्रवीर सिंह, तेहरा, सोनई, राया (शहीद 24.11.1998)
11. महीपाल सिंह, निवासी : मिठौली, बाजना (शहीद 12.01.1999)

कारगिल युद्ध (भारत-पाक)(ऑपरेशन विजय)

1. सोरन सिंह, निवासी : गाँव नगरिया, पेंठा, गोवर्धन (शहीद 21.06.1999)
2. रवि करण सिंह, निवासी : गाँव नावली, मांट (शहीद 04.07.1999)

ऑपरेशन रक्षक (पराक्रम) (भारत-पाक)

1. फौरन सिंह, नंगला : हुमायूँ, मांट (शहीद 09.09.1999)
2. मान सिंह, गाँव : साँचौली, नंदगाँव (शहीद 07.08.1999)
3. समुद्र सिंह, गाँव : छौली, बलदेव (शहीद 23.12.1999)
4. पूरन सिंह, गाँव : अमीरपुर, बलदेव (शहीद 15.02.2000)
5. उदय सिंह, बरौली, बलदेव (शहीद 04.04.2001)
6. चंदन सिंह, दबदुआ बलदेव (शहीद 28.12.2001)
7. यशपाल सिंह, ग्राम किलौनी, पटलौनी, बलदेव (शहीद 22.04.2003)
8. लक्ष्मण सिंह, ग्राम धाना खेमा, परखम (शहीद 03.06.2003)
9. नाहर सिंह, ग्राम : सेही, छाता (शहीद 18.08.2003)
10. दिलबाग सिंह, कौरेरा, अकबरपुर छाता (शहीद 07.11.2003)
11. ओमवीर सिंह, राधाकृष्ण धाम, औरंगाबाद (शहीद 10.03.2004)
12. श्यामवीर सिंह, गढ़ी नंदा, गुडेरा राया (शहीद 27.04.2005)
13. ओम प्रकाश, नंगला लोका, पचावर (शहीद 29.10.2005)

ऑपरेशन रक्षक (पराक्रम) (भारत-पाक)

1. लोकेंद्र सिंह, गाँव : बल्टीगढ़ी, पोस्ट-बल्टीगढ़ी, महावन (शहीद 07.01.2006)
2. वीरपाल भरतिया, सकतपुर, मांट (शहीद 10.02.2006)
3. मुकेश कुमार, सहजादपुर, हरीपुरा (शहीद 04.09.2006)
4. कमल सिंह, इंदावली, बलदेव (शहीद 17.09.2006)
5. सुनील कुमार, नगला खान फोडर, सोख (शहीद 23.09.1992)
6. रमेश चंद्र वर्मा, नगला दीपा आयराखेड़ा (शहीद 01.11.2007)
7. गिरिजेश कुमार, ग्राम पातीपुरा ऊधर राया (शहीद 23.01.2008)
8. पुष्पेंद्र सिंह, महावन (शहीद 03.07.2008)
9. नाहर सिंह, मर्गोरा (शहीद 29.06.2008)
10. प्रह्लाद सिंह, चंदनवन कॉलोनी, धौली प्याऊ, मथुरा (शहीद 01.11.1999)
11. हेमराज, गाँव : शेरनगर, कोसीकलां (शहीद 08.01.2013)
12. सौदान, गाँव : अड्डा, सौंख (शहीद 28.07.2013)
13. सुधीर कुमार, मुरारी पुरम रिफाइनरी नगर (शहीद 13.09.2012)
14. कुलदीप सिंह, नगला देविया, सौंख (शहीद 09.06.2015)
15. समोद कुमार, भवनपुरा, अड़ींग (शहीद 29.10.2015)
16. बबलू सिंह, गाँव : झंडीपुर, फरह (शहीद 30.07.2016)
17. सत्येंद्र सिंह, गाँव : बेगमपुर, पींगरी (शहीद 10.03.2017)
18. पुष्पेंद्र सिंह, खुटिया पैंठा, गोवर्धन (शहीद 13.08.2018)
19. विक्रम सिंह, गाँव : लाड़पुर, छाता (शहीद 27.05.2018)
20. नेम सिंह, गाँव : गढ़ी रामबल, अवैरनी (शहीद 08.11.2018)
21. रामवीर, हुलवाना, कोसीकलां (शहीद 02.08.2019)

चित्रावली

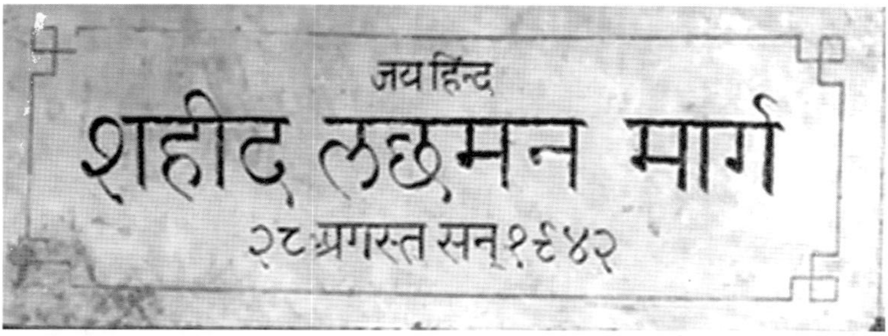

वृंदावन में वर्ष 1942 में शहीद हुए लक्ष्मण सिंह

मथुरा के ग्राम नावली (नौहझील) निवासी रविकरन की प्रतिमा
ये कारगिल युद्ध में 04.07.1999 को शहीद हुए

मथुरा का गांधी पार्क जहां गांधी जी की प्रतिमा स्थापित है।
सामने लक्ष्मीदास हॉल है, जहाँ आजादी की लड़ाई के दौरान क्रांतिकारी रणनीति बनाते थे।

मथुरा के गाँव शेरनगर कोसीकलां निवासी हेमराज, जो भारत-पाक सीमा पर
गश्त के दौरान 8.1.2013 को आतंकवादियों के हाथ शहीद हुए।

ग्राम किलौनी बलदेव निवासी यशपाल का स्मृति स्थल। यह जवान 22.04.2003 को पाक बार्डर पर आतंकियों से मुकाबला करते हुए शहीद हुआ।

मथुरा के गाँव नगला हुँमायूँ राया निवासी फौरन सिंह का स्मृति स्थल।
यह जवान कारगिल युद्ध में लाजौरी पुंज क्षेत्र में युद्ध के दौरान 09.09.1999 को शहीद हुआ।

मथुरा जनपद के ग्राम अड़ींग का जर्जर किला जहाँ 1857 के क्रांति के दौरान
अंग्रेज फौज ने स्थानीय लोगों को सामूहिक रूप से मार दिया था।

वृंदावन के केसीघाट स्थित प्रेम महाविद्यालय इंटर कॉलेज में स्थापित
राजा महेंद्र प्रताप की प्रतिमा एवं महल तथा अघबनी राजा साहब की समाधि

भारत रत्न मा. अटल बिहारी वाजपेयी जी पूर्व प्रधानमंत्री द्वारा
महाशय श्री वीरी सिंह का अभिनन्दन करते हुए

मथुरा जनपद के ग्राम हथकौली
बलदेव में स्वतंत्रता सेनानी
महाशय वीरी सिंह की प्रतिमा

मथुरा जनपद के ग्राम अचरू निवासी राजा देवी सिंह का कस्बा राया में स्मृति स्थल
राजा को वर्ष 1858 में फाँसी पर लटका दिया था

मथुरा जनपद के गाँव पचहरा निवासी स्वतंत्रता सेनानी पं. लोकमनी शर्मा की प्रतिमा

मथुरा के विकास बाजार स्थित गांधी जी की प्रतिमा का स्थल
जिस पर जनपद के समस्त स्वतत्रंता सेनानियों के नाम अंकित हैं।

इस चित्र में विकास बाजार का प्रवेश द्वार, जो स्वाधीनता सेनानी जगन प्रसाद गुप्ता की स्मृति में बना।

मथुरा जनपद के छाता की सराय का चित्र
इस सराय में अंग्रेज अपनी फौज का पड़ाव करते थे